becksche
reihe

b sr

An der Schwelle zum 21. Jahrhundert befindet sich die Weltpolitik im Übergang von der alten bipolaren Ordnung zu einer neuen internationalen Ordnung, deren Konfigurationen allmählich entstehen. Dieses Buch gibt einen prägnanten Überblick über die wichtigsten internationalen Entwicklungen seit dem Ende des Kalten Krieges und erörtert die aktuellen Grundprobleme globaler Politik: die Zukunft der Menschenrechte, die Chancen für die Weltzivilisation, den Kampf der Kulturen, das Verhältnis von Globalisierung und Regionalisierung, die Bedeutung transnationaler Wirtschaftsunternehmen und die künftige Rolle des Territorialstaates.

Werner Link ist Professor für Politische Wissenschaft an der Universität zu Köln. Er gehört zu den führenden deutschen Experten auf dem Gebiet der Außenpolitik.

Werner Link

Die Neuordnung der Weltpolitik

Grundprobleme globaler Politik an der
Schwelle zum 21. Jahrhundert

Verlag C.H.Beck

Mit 2 Karten und 9 Tabellen

Die Deutsche Bibliothek – CIP-Einheitsaufnahme

Link, Werner:
Die Neuordnung der Weltpolitik ; Grundprobleme globaler
Politik an der Schwelle zum 21. Jahrhundert/ Werner Link –
Orig.-Ausg. – 3. durchges. und um Nachwort erweiterte
Auflage – München : Beck, 2001
    (Beck'sche Reihe ; 1277)
    ISBN 3 406 45966 8

Originalausgabe
ISBN 3406 45966 8

3., durchgesehene und um ein Nachwort erweiterte Auflage, 2001
Umschlagentwurf: +malsy, Bremen
© Verlag C.H.Beck OHG, München 1998
Gesamtherstellung: Druckerei C. H. Beck, Nördlingen
Printed in Germany

www.beck.de

Inhalt

Vorwort 9

I. Internationale Ordnung
zwischen Vereinheitlichung und Differenzierung .. 11

II. Die herrschaftspolitische Perspektive: Weltweite
Demokratisierung oder Systemdifferenzierung? ... 22

III. Die zivilisatorisch-kulturelle Perspektive:
Weltzivilisation mit universellen Menschenrechten
oder Pluralität der Zivilisationen? 32
  1. Universale Menschenrechte weltweit? 32
  2. *Eine* Weltzivilisation? 36
  3. Zusammenprall der Zivilisationen – Kampf der
     Kulturen? 38

IV. Die geo-ökonomische Perspektive:
Transnationale Globalisierung
oder Regionalisierung und Regionalismus? 50
  1. Globalisierung und Transnationalisierung – der
     empirische Befund 51
  2. Der Territorialstaat in der Logik der vernetzten
     Welt 56
  3. Die Selbstbehauptung des Territorialstaats im
     Globalisierungsprozeß 61
  4. Regionalisierung und Regionalismus im
     Globalisierungsprozeß 69
     4.1. Die ökonomische Regionalisierung 70
     4.2. Der politische Regionalismus 74

    4.3. Das Verhältnis zwischen Regionalisierung und
         Regionalismus. 76
  5. Globalisierung und Regionalismus in der Logik
     von Macht- und Gegenmachtbildung 81
    5.1. (West-)Europa 82
    5.2. Eurasien 89
    5.3. Nordamerika 90
    5.4. Südamerika 92
    5.5. Asiatisch-pazifische Region 94
    5.6. Afrika 96
  6. Zusammenfassung 99

V. Die politische Perspektive:
   Universelle Institutionalisierung oder
   Konfigurationen des Mächtegleichgewichts? 103
  1. Institutionalismus oder Realismus? 104
  2. Die Vereinten Nationen (UNO) als
     Weltordnungsmacht? 108
    2.1. Die ordnungs- und sicherheitspolitische
         Bedeutung der Vereinten Nationen 108
    2.2. Die verhandlungspolitische Bedeutung der
         Vereinten Nationen 121
  3. Hegemonie und Gleichgewicht in der
     gegenwärtigen Staatenwelt 127
    3.1. Die Machtverteilung zwischen den
         Großmächten 128
    3.2. Der globale politische Führungsanspruch der
         USA 132
    3.3. Die Balancepolitik der konkurrierenden
         Großmächte 135
        3.3.1. Balancepolitik im sicherheits- und
             geopolitischen Bereich 136
        3.3.2. Balancepolitik im geo-ökonomischen
             Bereich. 142
    3.4. Exkurs: Gleichgewicht und Hegemonie
         in Europa 148

VI. Schlußbetrachtung. 151

Anhang

Nachwort 160
Anmerkungen. 175
Literaturhinweise 179
Personenregister 200

Vorwort

Entstanden ist das vorliegende Buch in den Jahren 1996 und 1997, jeweils in den vorlesungsfreien Monaten zwischen den Semestern. Die Erfahrungswelt unserer Übergangszeit ist sein Hintergrund und sein Gegenstand der Übergang von der alten bipolaren Ordnung zu einer neuen internationalen Ordnung, deren Konfigurationen allmählich entstehen. Hier Einsichten und Orientierungen zu gewinnen, um sie dann den Zeitgenossen, den Lesern, zu vermitteln, das war der Reiz beim Nachdenken, Lesen und Schreiben.

Breiten Raum nimmt die Auseinandersetzung mit den „Einheitshoffnungen" unserer Zeit ein, die sich weitgehend als Illusionen erweisen. Um sie stichwortartig zu nennen: die Hoffnungen auf weltweite Demokratisierung, auf *eine* friedliche Welt der Demokratien, auf *eine* Weltzivilisation, auf die vereinheitlichende Wirkung der „Globalisierung" und auf die Frieden und Freiheit stiftenden Vereinten Nationen (eine Hoffnung, die übrigens in unserem Lande besonders weit verbreitet ist und von jedem zweiten Deutschen schon als erfüllt angesehen wird).

Die alldem entgegengesetzte Grundthese des Buches lautet: Es entsteht heute eine internationale und interregionale Weltordnung, in der regionalistische Arrangements und Regionalverbände (mit den großen Regionalmächten als Kernstaaten) zwischen Vereinheitlichung und Differenzierung vermitteln – im Prozeß von Macht- und Gegenmachtbildung, im Spannungsfeld von Hegemoniestreben und Gleichgewichtspolitik. Bestenfalls wird ein *kooperatives* Gleichgewicht (unter Beimischung konfrontativer Mittel), eine kompetitive Kooperation zwischen den großen Mächten und Regionen bzw. Regionalverbänden charakteristisch sein für unsere Epoche. Eine solche Ordnung würde sich von derjenigen der vorausgegangenen Ära, dem bipolaren „Gleichgewicht des Schreckens", recht vorteilhaft unterscheiden. Aber zugegeben, diese Perspektive ist nicht so herzerwärmend wie die großen Einheitsvisionen; dafür dürfte sie realistischer sein.

Die Diskussion dieser Probleme fußt auf umfangreicher Literatur. Den Hinweisen im Text und im Literaturverzeichnis ist zu entnehmen, welchen Autoren ich zu besonderem Dank für Anregungen und Herausforderungen verpflichtet bin. Ebenso wichtig waren die direkten Gespräche und Diskussionen. Vor allem die konstruktiven Streitgespräche mit Ernst-Otto Czempiel möchte ich dankend erwähnen.

Meine Wissenschaftlichen Assistenten, Dr. Carlo Masala und Dr. Ralf Roloff, waren kontinuierlich anregende Gesprächspartner; sie haben das Manuskript sorgfältig gelesen und mit mir besprochen. Silvia Engels und Christian Bürger, Dominik Thesing, Olaf Zapke und Lars Hewel haben mich tatkräftig bei der Literaturbeschaffung, bei statistischen Auswertungen sowie beim Korrekturlesen unterstützt. Ihnen allen danke ich auch an dieser Stelle.

Vor allem aber gilt mein herzlicher Dank meiner Sekretärin, Frau Hildegard Maxrath. Sie hat mit viel Geduld und Fleiß, mit bewährter Zuverlässigkeit und Freundlichkeit die verschiedenen Textfassungen und das immer wieder erweiterte Literaturverzeichnis geschrieben und das druckfertige Manuskript auf dem Computer erfaßt.

Schließlich bedanke ich mich beim Verlag C.H.Beck, insbesondere bei Dr. Detlef Felken, für die solide und angenehme redaktionelle und verlegerische Betreuung.

Köln, im Frühjahr 1998 *Werner Link*

I. Internationale Ordnung
zwischen Vereinheitlichung und Differenzierung

Die großen Reiche und Imperien der Neuzeit sind zerfallen – das Osmanische und das Habsburgische Reich, ferner die Kolonialreiche der westeuropäischen Großmächte und schließlich das sowjetische Imperium. Das territorialstaatlich-nationale Ordnungsprinzip hat sich weltweit durchgesetzt. Die so entstandene Fragmentierung und Differenzierung der Welt in 192 formal souveräne Territorialstaaten, die miteinander um ihre Sicherheit und ihren Wohlstand konkurrieren, kontrastiert mit der gleichzeitig fortschreitenden Verflechtung und Vernetzung zwischen diesen politischen Grundeinheiten, den Staaten und ihren Gesellschaften. Eine solche Verflechtung war während des strukturbestimmenden Ost-West-Konflikts in der „westlichen Welt" und (in geringerem Maße und zwangsweise) in der „östlichen Welt" separat vonstatten gegangen. Nun, nach der Überwindung der bipolaren Zweiteilung, wird sie wahrhaft global, und sie erfährt eine enorme Steigerung, die unter dem Schlagwort „transnationale Globalisierung" firmiert. So trifft die Differenzierungstendenz in dem historischen Moment, in dem sie ihre weltweite Vollendung findet, mit einer dynamischen Vereinheitlichungstendenz zusammen.

Viele Zeitgenossen meinen, daß dieses gleichzeitige Nebeneinander nur das Phänomen einer Übergangszeit ist. Die Dialektik von Differenzierung und Vereinheitlichung komme nunmehr zu ihrem geschichtlichen Ende. Und damit werde auch das bisherige Spannungsverhältnis zwischen Hegemoniestreben und Gegenmachtbildung (Gleichgewicht) „aufgehoben".

Wie die politische Organisation dieser neuen Welt, der Einen Welt, aussehen wird, wird von den Vertretern der Einheitsperspektive unterschiedlich beantwortet. Die einen orientieren sich an Kants Vision eines Friedensbundes republikanischer

Staaten und hoffen, daß die USA jene Funktion übernehmen werden, die Kant einst der Französischen Republik zugedacht hatte, nämlich daß eine mächtige Republik zum „Mittelpunkt der föderativen Vereinigung für andere Staaten" wird, „um sich an sie anzuschließen, und so den Freiheitszustand der Staaten, gemäß der Idee des Völkerrechts, zu sichern, und sich durch mehrere Verbindungen dieser Art nach und nach immer weiter auszubreiten" (Kant, *Zum ewigen Frieden*, 1795).

Andere orientieren sich an der teils liberalen, teils sozialistischen Vision, daß die Staatenwelt, das dezentralisierte System konkurrierender Staaten, gänzlich überwunden wird und statt dessen eine „soziale Weltgesellschaft" entstehe, in der „die überkommenen staatlichen Schranken" fallen (so schon Karl Kautsky, 1908). In der post-marxistischen Sprache heißt dies heute „Entgrenzung der Staatenwelt" (Brock und Albert, 1995). Hält man diese Einschätzung für zutreffend, so würde sich – Ironie der Geschichte – nach dem politischen Scheitern des Marxismus schließlich doch dessen Einheitsvision erfüllen – nur mit kapitalistischem und demokratischem Inhalt![1]

Andere Vertreter der Einheitsperspektive bezweifeln, daß die neue „vernetzte Welt" nach dem Funktionsverlust des Nationalstaates demokratisch sein wird; sie sehen die Entstehung einer neuen „imperialen Welt" ohne Demokratie voraus (Jean-Marie Guéhenno, 1994). Kurzum, die Varianten des weltpolitischen Monismus sind zahlreich. Was sie verbindet, ist die Vision der *Einen* Welt – mit *einem* Weltmarkt, *einer* Weltzivilisation, *einer* Weltethik, *einer* Weltgesellschaft und konsequenterweise auch mit *einer* Weltorganisation.

Daß diese Perspektive der Vereinheitlichung der Welt eine so große Faszination ausübt, ist nicht nur das Ergebnis gegenwärtiger Entwicklungen, sondern gründet in der Tiefe historischer Erfahrungen und Sehnsüchte. Der Einheitsgedanke hat seine geistigen Wurzeln in der Geschichte des Abendlandes – in seiner weltlichen und religiösen Vergangenheit. Vor dem Hintergrund kriegerischer Konkurrenzen und Differenzen prägte sich in die kollektive Erinnerung des Abendlandes vor allem die Einheitserfahrung des Römischen Imperiums dauerhaft ein: eine einheitliche, religiös legitimierte Rechts- und Friedensordnung (*Pax Romana*) – mit dem Kaiser, dem *Imperator et Pontifex Maximus*, als Integrator und mit dem *Civis Romanus* als Rechtssubjekt; ein Imperium, das sich schließlich mit dem Christentum verband. Die religiöse Legitimation einer einheitsstiftenden Herrschaft gab den Blick frei auf die Utopie des Reiches Gottes auf Erden, mit der grandiosen Perspektive, daß einst alle eins sein würden.

Nach dem Ende des Römischen Reiches, dem Reichsteilung und Schisma vorausgegangen waren, blieb mit dem Christentum auch die universelle Einheitsvision erhalten, die in einer Vielzahl von Renaissancen ihren historischen Niederschlag fand. Im frühmittelalterlichen Reich unternahmen die karolingische Renaissance und später die ottonische *Renovatio Imperii Romanorum* den Versuch, *Sacerdotium* und *Imperium* erneut harmonisch miteinander zu verbinden und eine „Symbiose des Römischen Reiches mit der Kirche Christi im Imperium Christianum" (Ernst Günther Grimme, 1994) zu schaffen. Die Realität jedoch war geprägt vom Dualismus zwischen dem universalen Anspruch des Papstes und dem des Kaisers. Er erzeugte jene ungemein produktive geistige und politische Spannung und Dynamik des Hohen Mittelalters; aber der erbitterte Kampf hatte schließlich den Niedergang beider Universalmächte und die Entstehung des Systems der Territorialstaaten zur Folge.

Der moderne Staat der Neuzeit war in seiner Genese ein „Zerfallsprodukt der mittelalterlichen Ökumene" (Alfred Weber, 1925) – in evolutionärer Konkurrenz mit anderen Ordnungseinheiten (z.B. den Städten und Städtebündnissen und kommerziellen Assoziationen wie der Hanse; vgl. H. Spruyt, 1994). Der Territorialstaat entwickelte sich somit in einer Gegenbewegung zum transterritorialen Universalismus, der durch die Römisch-Katholische Kirche und das Heilige Römische Reich repräsentiert und dessen rechtliche Vereinheitlichung durch das Römische Recht gewährleistet wurde.

Bereits mit der Reformation ging die transterritoriale Basis der einheitlichen Religion verloren. Der Universalismus von

Papst und Kaiser konnte zwar noch vereinzelte Rückzugsgefechte führen. Nach den langen Wirren der Religions- und Bürgerkriege wurde jedoch schließlich mit dem Westfälischen Frieden (1648) die territorial verankerte Souveränität der neuzeitlichen Staaten als allgemeines Organisationsprinzip in Europa anerkannt – in eindeutiger Abgrenzung vom kaiserlichen und vom päpstlichen Universalismus (Antiprotestklausel). Im neuzeitlichen Völkerrecht wurde mit den Prinzipien der inneren und äußeren Souveränität und der Koordination zwischen den Staaten (anstelle einer Über- und Unterordnung) die Differenzierung normiert.

Diese Entwicklung fand eine Entsprechung im wirtschaftlich-kommerziellen Bereich. Auch dort gab es transterritoriale Organisationsformen, bis der souveräne Nationalstaat sie aufbrach und eine enge Verbindung zwischen Staat und Besitz- sowie Erwerbsbürgertum entstand. Im merkantilistischen Staat war wenig Raum für die freie und grenzüberschreitende Aktivität des Bürgertums, der miteinander konkurrierenden Wirtschaftssubjekte. Aber mit der Entstehung und Ausbreitung des Industriekapitalismus kam nicht nur der nationale Territorialstaat zu seiner vollen Entfaltung, sondern es änderte sich auch sein Verhältnis zum Bürgertum und seinen grenzüberschreitenden kommerziellen Aktivitäten.

Abgesehen von zeitweisen merkantilistischen Rückgriffen, eröffnete die Präferenzstruktur des bürgerlichen Staates seinem industriellen und kommerziellen Bürgertum einen breiten Freiheits- und Handlungsspielraum und ließ ihm – innerhalb der staatlichen Rahmensetzung – die Möglichkeit, den wirtschaftlichen Austausch über nationalstaatliche Grenzen hinweg, die Erschließung von Rohstoff- und Absatzmärkten und die Ausbreitung der industriellen Produktion aktiv und eigenverantwortlich durchzuführen. Nicht-gouvernementale sozioökonomische Akteure konnten so außerhalb ihrer Nationalstaaten kommerzielle und produktive Tätigkeiten entfalten, deren ökonomische Ergebnisse zumindest partiell dem Nationalstaat wiederum zugute kamen. Sie stifteten damit eine neuartige Transnationalität – nämlich grenzübergreifende Beziehungen, die relativ unabhängig von nationalstaatlichen Regierungen sind, aber in vielfacher Weise auf den Nationalstaat bezogen bleiben. Diese Kombination trifft auch noch zu für den modernen transnationalen Akteur „Multinationaler Konzern" (obwohl nach der unterschiedlichen Position der Heimat- und Gastländerregierungen zu differenzieren ist).

Dabei sind die transnationalen Konzerne in den jeweiligen Staaten den verbindlichen Entscheidungen unterworfen. Sie waren und sind auf die Gewährung und Sicherung des freien Zugangs zu fremden Territorien und auf die Garantie der freien wirtschaftlichen Betätigung angewiesen, was nur durch staatliche und zwischenstaatliche Vereinbarungen erreicht werden kann. Und das heißt, daß sie unter den Bedingungen des dezentralen Systems konkurrierender Staaten tätig werden.

Die politische Struktur dieses Staatensystems (bestimmbar nach der Machtverteilung und der Zahl der Großmächte) war bisher – in der Neuzeit – nie unipolar, sondern multipolar oder bipolar (in der Zeit des Ost-West-Konflikts). Konzentration und Dekonzentration wechselten sich ab. Im europäischen System (*dem* internationalen System bis zum Aufstieg der USA zur Weltmacht) gab es um 1500 etwa 500 mehr oder weniger unabhängige politische Einheiten; um 1900 waren es nur noch 25 Staaten (vgl. Tilly, 1975). Nach dem Ersten Weltkrieg setzte ein Dekonzentrationsprozeß ein, der sich nach dem Zweiten Weltkrieg – nunmehr im weltweiten, globalen Staatensystem – fortsetzte: mit 192 Staaten, darunter 44 europäischen.

Die Arrangements und Gruppierungen zwischen den Staaten waren und sind Ausdruck der Machtverteilung, die sich aufgrund interner Machtsteigerung oder externer Machtausdehnung verändert. So entstand – unter den Bedingungen der Konkurrenz und ohne Existenz einer übergeordneten, das Überleben sichernden Zentralgewalt („Sicherheitsdilemma", John Herz, 1974) – jener dynamische Zusammenhang zwischen Hegemoniestreben und Gegenmachtbildung/Gleichgewichtspolitik, der zunächst auf Europa beschränkt war, dann die außereuropäischen Gebiete miteinbezog (Kolonisation) und schließlich mit dem Eintritt der USA in die Weltpolitik globalisiert wurde.

Wie sich im europäischen Staatensystem seit dem 17. Jahrhundert Hegemonialstreben und Gleichgewichtspolitik wechselseitig bedingten, ist von der Geschichtswissenschaft gründlich analysiert und beschrieben worden (am überzeugendsten von Ludwig Dehio, 1948). In der Hegemonialpolitik drückte sich die Vereinheitlichungstendenz, in der Gleichgewichtspolitik die Differenzierungstendenz aus. Qualitativ neu und geschichtsträchtig bis heute war Ende des 18. Jahrhunderts die säkulare Einheitstendenz des Menschen- und Bürgerrechtsuniversalismus, mit der sich zu Beginn des 19. Jahrhunderts die hegemoniale und imperiale Politik des napoleonischen Frankreichs verband.

In dieser historischen Situation haben die großen politisch-philosophischen Denker der Zeit die Vermittlung zwischen Vereinheitlichung und Differenzierung als zentrales Problem begriffen und es zu lösen versucht: Immanuel Kant (bezeichnenderweise vor der napoleonischen Erfahrung schreibend) mit der *idealistischen* Begründung der friedenssichernden Funktion einer (Kon-)Föderation, eines *Foedus Pacificum*, der die friedliche Zusammenarbeit zwischen unabhängigen und unabhängig bleibenden republikanisch verfaßten Rechtsstaaten organisieren soll (*Zum Ewigen Frieden*, 1795); und Friedrich Gentz, sein Schüler und Kontrahent (nunmehr im Lichte der imperialen Bedrohung durch Napoleon schreibend), mit der *realistischen*, auch heute noch gültigen Begründung der freiheitsichernden Funktion des politischen Gleichgewichts als einer Organisation der Beziehungen zwischen den Staaten, in der „jedem Gewicht in der großen politischen Masse irgendwo ein Gegengewicht" entspricht, als ein *„système de contrepoids"* (*Über den Ewigen Frieden*, 1800).

Mit Kant teilte Gentz sowohl die Ablehnung der Idee von einem Weltstaat („unerträgliche Tyrannei", „Ungeheuer einer Universalregierung") als auch die Vernunftsforderung nach einer Verrechtlichung der internationalen Beziehungen. Allerdings wies er mit großer Klarheit die „gänzliche Unmöglichkeit" eines dauerhaften Friedensbundes nach, da keine übergeordnete Zwangsgewalt, die die Einhaltung des Bundesvertrags garantieren könnte, existiert. Gentz sah statt dessen im politischen Gleichgewicht (das er im oben zitierten Sinne definierte) „eine Art von unvollkommener Nachbildung dieser beim ersten Anblick so reizenden und bei einer näheren Prüfung so unhaltbaren Idee". Und er zeigte, daß eine am Gleichgewicht orientierte Organisation der internationalen Beziehungen ihre Ratio darin hat, die Hegemonie *eines* Staates zu verhindern oder – falls doch ein übermächtiger Staat entsteht – die negativen Wirkungen seines Übergewichts zu neutralisieren. Auf diese Weise wird das politische Gleichgewicht bzw. die Gegenmachtbildung zu einem regulativen Prinzip, das zwischen Vereinheitlichung und Differenzierung vermittelt, ohne die machtpolitische Dynamik von Hegemoniestreben und Gleichgewichtspolitik aufzuheben.

Das „Europäische Konzert" des 19. Jahrhunderts war in diesem Sinne *„Europe's Classical Balance of Power"* (Edward Gulick, 1955), Ausdruck eines kooperativ-kompetitiven Gleichgewichts, mit dem *Ius Publicum Europaeum* als verbindender Völkerrechtsnorm. Es lebte von dem bereits erwähnten dynamischen Verhältnis und erwies sich als friedensfördernd zwischen den Großmächten. Zwischen 1815 und 1914 gab es nur einen Krieg mit Beteiligung *aller* Großmächte – nämlich den Krim-Krieg (1853–1856). In der Zeit nach diesem lokal begrenzten Krieg fanden 1859, 1866, 1870/71 und 1904/05 jeweils kurze Kriege zwischen zwei Großmächten statt, ein großer und allgemeiner europäischer Krieg konnte jedoch vermieden werden, obwohl es zu 35 eskalationsträchtigen Krisen kam – „vermiedene Kriege" (wie Jost Dülffer u.a., 1997, sie bezeichneten).

Zunächst schien sich auch das 1871 gegründete Deutsche Reich in die europäische Mächtebalance einzufügen. Aber dieser neue Machtstaat war „für das Gleichgewicht Europas zu stark und für die Hegemonie über den Kontinent zu schwach" (Klaus Hildebrand, 1997). Sein „Griff nach der Weltmacht" (Fritz Fischer, 1967) und der kriegsentscheidende Eintritt der

USA in den Ersten Weltkrieg zur Verhinderung einer deutschen Hegemonie zerstörten das europäische Gleichgewicht.

Seither ist der dynamische Zusammenhang zwischen Hegemonie und Gleichgewicht, Vereinheitlichung und Differenzierung, keineswegs obsolet geworden, sondern in einen globalen Kontext übergegangen. Seinen bisher intensivsten Ausdruck hat er im Ost-West-Konflikt gefunden, und zwar zunächst (seit 1917) unter den Bedingungen der Multipolarität, dann unter denen der Bipolarität, zu deren Entstehung dieser strukturelle Konflikt selbst entscheidend beigetragen hat.[2]

In diesem globalen Konflikt standen sich, jeweils in Verbindung mit einer aufsteigenden Großmacht, konträre Ordnungsprinzipien diametral gegenüber: Klasse gegen Nation; „Proletarier aller Länder vereinigt euch" (*Kommunistisches Manifest*) gegen „*to make the world safe for democracy*" (Wilson); sozialistische Weltordnung gegen demokratisch-kapitalistische Weltordnung; jeweils ein universeller Anspruch gegen einen anderen – beide mit der *einen* Welt als Ziel.

In der multipolaren Welt der zwanziger Jahre war dieser Antagonismus noch nicht strukturbestimmend, aber bereits existent und wirksam. Er wurde dann Ende der dreißiger Jahre überlagert von dem Hegemonie- und Weltherrschaftsstreben des Dritten Reichs, das einerseits in der Tradition nationalstaatlichen Hegemoniestrebens stand, zugleich aber – wie der sowjetische Hegemonieanspruch mit seinem klassenpolitischen Ordnungsprinzip – auf einem revolutionär anderen Prinzip beruhte: Rasse gegen Nation *und* gegen Klasse.

Nach dem Scheitern dieses historischen Zwischenaktes infolge der antagonistischen Kooperation zwischen den Kontrahenten des Ost-West-Konflikts war zunächst die universalistische Vision der Einen Welt vorherrschend. Sie konkretisierte sich in der Institutionalisierung der internationalen Zusammenarbeit (UNO) unter kollektiver Führung (Kollektiv-Hegemonie) der Großmächte im Sicherheitsrat der Vereinten Nationen – auf der Basis eines kooperativen Gleichgewichts im Binnenverhältnis der Großmächte. Dabei wäre den USA aufgrund der realen Machtverteilung eine herausragende Rolle und der Sowjetunion eine Art Juniorpartnerschaft zugefallen, was den Verzicht auf die Weltrevolution und den kommunistischen Universalismus bedeutet hätte. Weil Stalin dazu nicht bereit war, wurde der Ost-West-Antagonismus zum bestimmenden Charakteristikum der bipolaren Staaten- und Gesellschaftswelt (mit Allianz und Gegenallianz sowie mit der transnationalen Aktivität der kommunistischen Parteien, organisiert in der Komintern bzw. im Kominform, und den transnationalen Verflechtungen zwischen den westlichen Demokratien). Das atomare Gleichgewicht, vor allem die beidseitige atomare Zweitschlagfähigkeit seit den sechziger Jahren mit der *mutual assured destruction*, schuf jenes vitale gemeinsame Interesse an der Vermeidung einer militärischen Entscheidung, das dem Konflikt seine lange Dauer verlieh, bis der östliche Antagonist zusammenbrach.

In dieser langen Ära des Ost-West-Konflikts, die durch den Wechsel von Kaltem Krieg und Détente geprägt war, der aus den Veränderungen in der Machtverteilung resultierte, erahnten global denkende Analytiker (wie L. Dehio, 1948, Nachwort von 1960) in der „Verzweiheitlichung" die „Welttendenz zur Vereinheitlichung", die schon nach dem Ersten Weltkrieg deutlich hervorgetreten sei (mit der Konzeption des Völkerbundes und der Möglichkeit einer „*Pax Anglosaxonica*"). Nunmehr werde endgültig „die alte europäische Tendenz zur Zerklüftung" beiseite gedrängt „durch die junge Welttendenz zur Vereinheitlichung" – im „ununterbrochenen Anstieg der raumüberwindenden Dynamik der Zivilisation". Zwar sei die Welt erst bei der „Verzweiheitlichung" angelangt. Aber dies seien nur die „furchtbaren Geburtswehen" einer neuen einheitlichen Weltordnung: „Der Dualismus von heute wird in einen Monismus von morgen übergehen."

Ganz ähnlich sahen Publizisten wie Rüdiger Altmann (1987) die „Entzweiung der Welt im Fortschritt zu einer planetarischen Zivilisation", die aus der „Dynamik des industriellen Systems" begründet wurde. Und der Soziologe Norbert Elias (1987) warb – gemäß der Logik seiner Theorie vom fortschreitenden „Prozeß der Zivilisation" (^{2}1969) – für die Einsicht, daß

„der Kampf zwischen Rußland und Amerika eigentlich nur die Vorstufe einer Integration auf menschheitlicher Ebene" sei. Völkerbund und Vereinte Nationen waren für ihn „die schwachen Vorformen eines möglichen, nicht notwendigen Weltbundesstaates".

In Anbetracht dieser Einschätzungen nimmt es nicht wunder, daß nach dem Ende des Ost-West-Konflikts und der Zweiteilung der Welt die globale Vereinheitlichung endgültig realisierbar schien oder gar bereits als Realität unterstellt wurde bzw. wird – mit den drei Aspekten der Vereinheitlichung, die die vorausgegangene Diskussion bestimmt hatten, d.h. aus herrschaftspolitischer, zivilisatorisch-kultureller und ökonomischer Perspektive. Würde sich nicht jetzt, nach dem Sieg des „Westens", dessen Ordnung (Demokratie, Marktwirtschaft und westliche Kultur und Zivilisation) mangels ordnungspolitischer Alternativen tatsächlich weltweit durchsetzen? Dieser Erwartung entsprechen anscheinend einige angeblich globale Entwicklungstendenzen:

– die weltweite Ausdehnung der westlichen Demokratie, d.h. „die Universalisierung der westlichen liberalen Demokratie als die endgültige Regierungsform" (Francis Fukuyama, 1992);
– die Entwicklung der westlichen Zivilisation zur Weltzivilisation;
– die transnationale Globalisierung vom kapitalistischen Westmarkt zum Weltmarkt infolge der Dynamik des industriell-technologischen Systems des Westens.

Dies alles scheint überdies durch die universelle Institutionalisierung der „zivilisierten Weltgemeinschaft" in einem Kantschen „Friedensbund", in Gestalt einer revitalisierten UNO als einer Art Weltföderation politisch abgestützt zu werden.

Wird sich auf diese dreifache Weise die abendländische Einheitsvision erfüllen – politisch institutionalisiert in einer „Weltgemeinschaft demokratischer Staaten" mit einer „Pax Universalis" (Bush, 1991)? Oder sieht die Ordnungsfrage und die machtpolitische Antwort ganz anders aus? Wird nach dem

„unipolaren Moment" (Krauthammer, 1990/91), in dem mit dem Ende des Ost-West-Konflikts die „Führungsmacht des Westens" zur „Führungsmacht der Welt" (Bush, 1992) avancierte, Gegenmacht gebildet werden (vgl. Layne, 1993)? Wird so ein neues Gleichgewicht entstehen, freiheitsichernd gegenüber dem Hegemoniestreben einer Großmacht? Ein kooperatives Gleichgewicht im Verhältnis der Großmächte zueinander und partiell eine kollektive Führung (Kollektivhegemonie) im internationalen Gesamtsystem – mit der Möglichkeit des Umschlags in ein neues antagonistisches Gleichgewicht?

Diese Probleme sollen im folgenden behandelt werden. Zunächst wird – Kapitel für Kapitel – nach dem Realitätsgehalt der drei Einheitsperspektiven und der mit ihnen verbundenen Erwartungen und Hoffnungen internationaler Neuordnung zu fragen sein; dann, ob sich die politisch-institutionelle Perspektive, die Abstützung der Vereinheitlichungstendenz durch eine globale Institutionalisierung der Zusammenarbeit (im Rahmen der Vereinten Nationen), als realistisch erweist oder ob sich das Problem von Vereinheitlichung und Differenzierung in der oben angedeuteten Weise neu stellt und eine neue Antwort findet – der Logik von Macht- und Gegenmachtbildung folgend.

II. Die herrschaftspolitische Perspektive: Weltweite Demokratisierung oder Systemdifferenzierung?

Beim Zusammenbruch des kommunistischen Herrschaftssystems in Ost- und Mitteleuropa sowie in der Sowjetunion war die Hoffnung weitverbreitet, daß nun eine weltweite Ausbreitung der westlichen Demokratie erfolgen werde. Von der demokratischen Herrschaftsordnung *in* den Staaten und Gesellschaften erhoffte und erhofft man sich eine friedliche Weltordnung *zwischen* den Staaten und Gesellschaften. Wie stichhaltig sind diese herrschaftspolitisch begründeten Hoffnungen?

Daß die herrschaftspolitische Perspektive für die weltpolitische Ordnung relevant ist, entspricht dem allgemeinen Verständnis. Dies wird auch (allen gegenteiligen Behauptungen zum Trotz) von der neo-realistischen Theorie nicht bestritten, obwohl sie nicht die Außenpolitik eines Staates, sondern die internationale Politik auf der gesamtsystemischen Ebene zu erklären versucht und mit guten Gründen vor einem verfehlten „Reduktionismus" warnt (nämlich davor, die Prozesse auf der Systemebene der internationalen Politik aus den internen, innerstaatlichen Eigenschaften der Systemmitglieder abzuleiten!). Die neo-realistische Annahme lautet: „Jeder Staat gelangt zu seinen Politiken und entscheidet über Aktionen gemäß seines internen Prozesses, aber seine Entscheidungen werden durch die bloße Existenz anderer Staaten und durch die Interaktionen mit ihnen gestaltet" (Waltz, 1975). Faktoren auf der einen Ebene stehen in einem Wirkungszusammenhang mit Faktoren auf der anderen. Bei dieser neo-realistischen Betrachtungsweise handelt es sich also um eine wechselseitige Bedingtheit, um eine Wechselwirkung zwischen der herrschaftspolitischen Organisation in den Staaten und Gesellschaften und der internationalen Struktur, deren Beschränkungen freilich für alle Staaten gelten und wirksam sind.

Demgegenüber ist aus liberal-idealistischer Sicht die innere Ordnung in Staat und Gesellschaft das Schlüsselproblem für die internationale Ordnung und von größerer Bedeutung als die Bedingungen des internationalen Systems. Diese Sichtweise hat – bezogen auf unsere Frage – zu dem extremen Axiom geführt, daß Demokratien eine friedliche Außenpolitik und eine friedliche internationale Ordnung gewährleisten, während diktatoriale Herrschaftssysteme die größte Gewaltursache seien – größer als das Sicherheitsdilemma zwischen den Staaten.

Das Axiom „Demokratien sind friedlich" (vgl. Rummel, 1995) steht jedoch in so offenkundigem Widerspruch zur Wirklichkeit, daß es bald durch eine modifizierte Version abgelöst wurde. Empirische Studien über die Gesamtheit der Zweierbeziehungen zwischen allen Staaten im 19. und 20. Jahrhundert, die oftmals mit großem statistischem Aufwand durchgeführt wurden, zeigen, daß demokratische Staaten mindestens ebenso häufig Kriege führten wie nicht-demokratische, dabei in der Regel aber untereinander den Frieden wahrten. Daraus wurde das modifizierte Axiom abgeleitet, daß Demokratien gegenüber Demokratien friedlich sind und gewissermaßen einen natürlichen Kantschen „Friedensbund" bilden (vgl. u.a. Russet, 1993; Fukuyama, 1992). Demzufolge wird die weltweite Ausdehnung von demokratischer Herrschaft *in* den Staaten und die Institutionalisierung der Zusammenarbeit *zwischen* den demokratischen Staaten als die zentrale Aufgabe weltpolitischer Neuordnung angesehen. Sicherheit könne für Demokratien „letztlich nur durch Demokratisierung der Umwelt erreicht werden" (Czempiel, ²1993). In der Realität sei durch die Entstehung der friedlichen „OECD-Welt" und der transatlantischen „Sicherheitsgemeinschaft" unter Führung der amerikanischen Demokratie der Ansatzpunkt für diese weltweite Sicherheits- und Friedensordnung vorhanden. Kants Hoffnung, „daß ein mächtiges und aufgeklärtes Volk sich zu einer Republik (die ihrer Natur nach zum ewigen Frieden geneigt sein muß) bilden kann", dann „einen Mittelpunkt der föderativen

Vereinigung für alle Staaten" abgebe und der Freiheitszustand der Staaten „sich durch mehrere Verbindungen dieser Art nach und nach immer weiter auszubreiten" (*Zum Ewigen Frieden*, 1795) in der Lage sei, scheint sich aus dieser Perspektive zu bestätigen.

Bei diesem Rekurs auf Kants philosophische Argumentation wird meist großzügig darüber hinweggesehen, daß die Gleichsetzung von Kantschem „Republikanismus" und moderner Demokratie problematisch ist. Denn Kant wertete ja die nichtgewaltenteilige Demokratie als Despotismus, und da die moderne parlamentarische Demokratie – mit der Handlungseinheit von Regierung und der sie tragenden Parlamentsmehrheit – faktisch die klassische Gewaltenteilung aufhebt, ist sie somit „despotisch" und nicht „republikanisch".

Gravierender als dieser Schönheitsfehler beim Kant-Rekurs sind empirische und methodische Einwände gegen die Stichhaltigkeit und Überzeugungskraft des modifizierten Axioms (vgl. zum folgenden Oren, 1995).

(1) Ob das Axiom „Demokratien führen keinen Krieg gegen Demokratien" tatsächlich durch die empirischen Analysen bestätigt oder durch Gegenbeispiele (die dann bestenfalls als Ausnahmen von der Regel gedeutet werden können) widerlegt wird, hängt in hohem Maße von den gewählten Kriterien ab:
– Der Krieg zwischen den USA und Großbritannien im Jahre 1812 ist nur dann kein Gegenbeispiel, wenn Großbritannien erst mit der Wahlrechtsreform von 1832 als Demokratie eingestuft wird.
– Der nordamerikanische Sezessionskrieg zwischen der Union und den Konföderierten Staaten (1861–1865) ist nur dann als Gegenbeispiel irrelevant, wenn er als Bürgerkrieg unberücksichtigt bleibt.
– Der Erste Weltkrieg fügt sich nur dann in die Regelaussage ein, wenn das Wilhelminische Deutsche Reich nicht als demokratischer Rechtsstaat angesehen wird, was insofern zutreffend ist, als es keine parlamentarische Regierung besaß. Dennoch war das Deutsche Reich zweifellos ein Rechtsstaat mit strikter Gewaltenteilung. Es hatte zudem das modernste

demokratische Wahlrecht: der Reichstag ging aus allgemeinen, gleichen, direkten und geheimen Bürgerwahlen hervor und war Träger der Legislative, einschließlich des Budgetrechts. So bewilligte er mit großer Mehrheit die Kriegskredite, ohne die der Krieg nicht zu führen gewesen wäre.

– Der Ruhrkampf von 1923 war ein militärischer Sanktionsakt der demokratischen Staaten Frankreich und Belgien gegen die demokratische Weimarer Republik, die sich nur deshalb auf den „passiven Widerstand" beschränkte, weil sie zum militärischen Widerstand aufgrund der bestehenden Machtverteilung nicht in der Lage war.
– Im Zweiten Weltkrieg ist schließlich der Fall Finnland eine eindeutige Widerlegung des Axioms. Wegen der Bedrohung durch die Sowjetunion kämpfte Finnland (nach seiner Niederlage im sowjetisch-finnischen Winterkrieg 1939/40) an der Seite des Dritten Reiches gegen die Sowjetunion und befand sich ab Dezember 1941 auch offiziell im Kriegszustand mit dem demokratischen Großbritannien (das im Sommer Finnland bombardierte).

(2) Betrachtet man nicht nur die historischen Fakten, sondern analysiert man mit geschichtswissenschaftlichen Methoden die Konfliktprozesse, so zeigt sich, daß auch im Verhältnis zwischen Demokratien Krieg durchaus eingeplant und vorbereitet wurde. Selbst zwischen den USA und Großbritannien wurde noch in der Hochzeit des Friedens Mitte der zwanziger Jahre ein Krieg für „*nicht* undenkbar" gehalten (so in einer internen Analyse des Foreign Office vom 12. 11. 1927) und auf Ministerebene als Eventualfall diskutiert. Christopher Layne (1994) hat anhand ausgewählter gravierender Konflikte zwischen demokratischen Großmächten gezeigt, daß nicht die Rücksichtnahme auf gemeinsame demokratische Normen oder innenpolitische demokratische Beschränkungen für eine letztlich friedliche Beilegung geltend gemacht werden kann, sondern strategische Überlegungen und die internationale Machtverteilung dafür maßgeblich waren.

(3) Insbesondere für die Zeit nach 1948 dürften eher die pazifizierende Rolle der demokratischen Hegemonialmacht

USA und die gemeinsame Bedrohung durch die Sowjetunion den Frieden zwischen den Demokratien gewährleistet haben als die innenpolitischen demokratischen Normen und Reglementierungen, womit eine allianztheoretische Erklärung plausibler erscheint als eine demokratietheoretische.

(4) Schließlich schwächen auch immanent methodische Überlegungen die Aussagekraft der angesprochenen statistischen Untersuchungen. Die Behauptung, daß die These „Demokratien führen keinen Krieg gegen Demokratien" durch die umfangreichen statistischen Analysen aller Zweierbeziehungen (Dyaden) im 19. und 20. Jahrhundert erfolgreich getestet und damit verifiziert worden sei, wäre nur überzeugend, wenn der Nicht-Krieg bei demokratischen Dyaden statistisch keine Zufallserscheinung wäre. Genau dies ist aber der Fall, wie vor allem David E. Spiro (1994) gezeigt hat. Der Wert Null ist deshalb statistisch insignifikant, weil die Zahl der Demokratien und mithin die Dyaden zwischen Demokratien im Verhältnis zu der Gesamtheit der Staaten und Dyaden so gering waren (von 1816 bis 1829 nur eine demokratische Dyade, zudem zwischen weit entfernten Staaten, nämlich den USA und der Schweiz; bis 1871 nicht mehr als 5%). Die Zahl der Demokratien stieg zwar in unserem Jahrhundert erheblich an, ebenso wie Zahl und Ausdehnung der Kriege und damit die Zahl der kriegerischen Dyaden (der kriegerischen Zweierbeziehungen), aber auch hier zeigt der von Spiro durchgeführte Wahrscheinlichkeitstest, „daß die Abwesenheit von Kriegen zwischen liberalen Staaten im großen und ganzen zufällig ist". Die einzige Ausnahme, die freilich durch die Allianztheorie besser zu erklären ist als durch die Demokratietheorie, bildet der Erste Weltkrieg.

So ist als *Ergebnis* aller Bemühungen festzuhalten, daß es bisher nicht gelungen ist, das Axiom, zwischen demokratischen Staaten werde kein Krieg geführt, im Sinne eines Kausalzusammenhanges zwischen demokratischer Herrschaftsform und friedlichem Verhalten zu begründen. Der statistische Befund erscheint wenig aussagekräftig, und es gibt zumindest eine bzw. mehrere Ausnahmen. Vor allem detaillierte geschichtswissenschaftliche Fallanalysen zeigen, daß für die Vermeidung eines Krieges zwischen demokratischen Großmächten nicht die demokratischen, sondern die internationalen Beschränkungen ausschlaggebend waren.

Im Gegensatz zu dem Versuch, die internationale Ordnung in Abhängigkeit von der herrschaftspolitischen innerstaatlichen Ordnung zu sehen und zu diskutieren, ist in der älteren deutschen Geschichtswissenschaft (vor allem von Otto Hintze, 1902) die Abhängigkeit der internen Herrschaftsform von der Stellung des Staates im internationalen System als wahrscheinlich angesehen worden. Die internationale Sicherheit wird aus dieser Sicht zu einer Voraussetzung von Demokratie. Wie eingangs angedeutet, dürfte jedoch eine wechselseitige Konditionierung durch interne und internationale Bedingungs- und Wirkungsfaktoren wahrscheinlicher sein, ohne daß dies bisher hinreichend untersucht und geklärt worden wäre. Auf jeden Fall wird die Bedeutung der herrschaftspolitischen Perspektive dadurch relativiert, daß die Strukturbedingungen des internationalen politischen und ökonomischen Systems sowohl demokratische als auch autoritäre oder diktatoriale Staaten in ihrem außenpolitischen Handeln beschränken. Ebenso können umgekehrt Veränderungen in der internen Herrschaftsstruktur Veränderungen im außenpolitischen Handeln und im internationalen System bewirken.

Alle diese Überlegungen gemahnen also zur Vorsicht und widersprechen den optimistischen Erwartungen, die mit einer Ausdehnung der Demokratie hinsichtlich der weltpolitischen Neuordnung verbunden werden. Mehr noch: Auch die Erwartung, daß sich die Demokratie nach dem Bankrott der kommunistischen Herrschaft weltweit ausdehnen werde, erscheint mehr als zweifelhaft. Zwar hat die (dritte) Welle der Demokratisierung, die bereits Mitte der siebziger Jahre begann, 1989 einen kräftigen Impuls erhalten; insgesamt ist in etwa vierzig Staaten der Übergang zur Demokratie eingeleitet (aber noch keineswegs erfolgreich abgeschlossen) worden. Samuel Huntington (1991 und 1996) hat dies im einzelnen beschrieben und analysiert. Er hält es für möglich, daß diese jüngste Demokratisierungswelle, ähnlich wie die beiden vorausgegangenen Wellen, ihre Dynamik verlieren und sich von einer Phase der Expansion zu einer Phase der Konsolidierung entwickeln wird (wobei die Konsolidierung keineswegs in allen Fällen wahrscheinlich ist). Und er hat darauf verwiesen, daß nunmehr alle diejenigen Staaten von der Demokratisierungswelle erfaßt worden sind, die günstige ökonomische und kulturelle Voraussetzungen für eine demokratische Herrschaftsform besitzen, während die nicht-demokratisierten Länder entweder arm oder nicht-westlich oder beides sind, und zahlreiche nicht-westliche Gesellschaften „zunehmend den westlichen Versuchen, westliche Werte und Institutionen zu exportieren, Widerstand entgegensetzen und nach sinnstiftender Identität in ihrer eigenen kulturellen Tradition suchen". Es könnte also durchaus sein, daß die Demokratisierungswellen ihr Länderpotential ausgeschöpft haben oder auch, daß die jüngste Demokratisierungswelle wie ihre Vorgängerinnen in eine rückläufige Welle (*„reverse wave"*) umschlägt. Die Statistik des Freedom House (1996) zeigt, daß sich diese Umkehr, die bereits kurz vor der Verstärkung der positiven Tendenz durch die Demokratisierung in Ost-Mittel-Europa eingetreten war, seit 1992 tatsächlich erneut abzeichnet.

Insgesamt ist die empirische Wirklichkeit der heutigen Staatenwelt nicht durch eine Vereinheitlichung der Herrschaftsform nach dem Ordnungsprinzip der Demokratie gekennzeichnet, sondern – aus der herrschaftspolitischen Perspektive – durch eine Differenzierung zwischen „freien Ländern" (76) und „nicht-freien Ländern" (53), mit einer etwa gleich großen Gruppe von Ländern, die als „teilweise frei" eingestuft werden können (62) (siehe die Graphik von Freedom House, 1996, am Ende dieses Kapitels).

Anhand der Graphik ist deutlich zu erkennen, daß flächenmäßig die „freien Staaten" keineswegs überwiegen. Und was die Bevölkerungszahlen anbelangt, so leben dort nur etwa 20% der Weltbevölkerung. Aber sie besitzen die größten Machtpotentiale. Allerdings ist auch bei den derzeitigen Großmächten eine interne, herrschaftspolitische Einheitlichkeit nicht vorhanden. So ist etwa die aufsteigende Großmacht China keine Demokratie, und Rußland gehört zur Zwischengruppe – mit ungewisser Entwicklung. Weltweit ist das demokratische Herrschaftsmodell keineswegs, weder theoretisch noch praktisch, ohne konkurrierende Alternativen. Es ist vielmehr mit dem islamistischen und dem asiatisch-autoritären Ordnungsmodell konfrontiert. Darauf hat ebenfalls Samuel Huntington wiederholt nachdrücklich verwiesen, und er hat aus der zivilisatorisch-kulturellen Differenz einen die künftige weltpolitische Struktur prägenden Antagonismus hergeleitet – die Perspektive des „Zusammenpralls der Zivilisationen". Schließlich wird die herrschaftspolitische Perspektive der weltpolitischen Neuordnung und ihre Demokratisierungshoffnung nicht nur relativiert, sondern durch die transnationale Globalisierung grundsätzlich in Frage gestellt.

Landkarte der Freiheit
Quelle: Freedom House. Freedom in the World, Washington 1996, S. 96.

Nicht freie Länder (54)

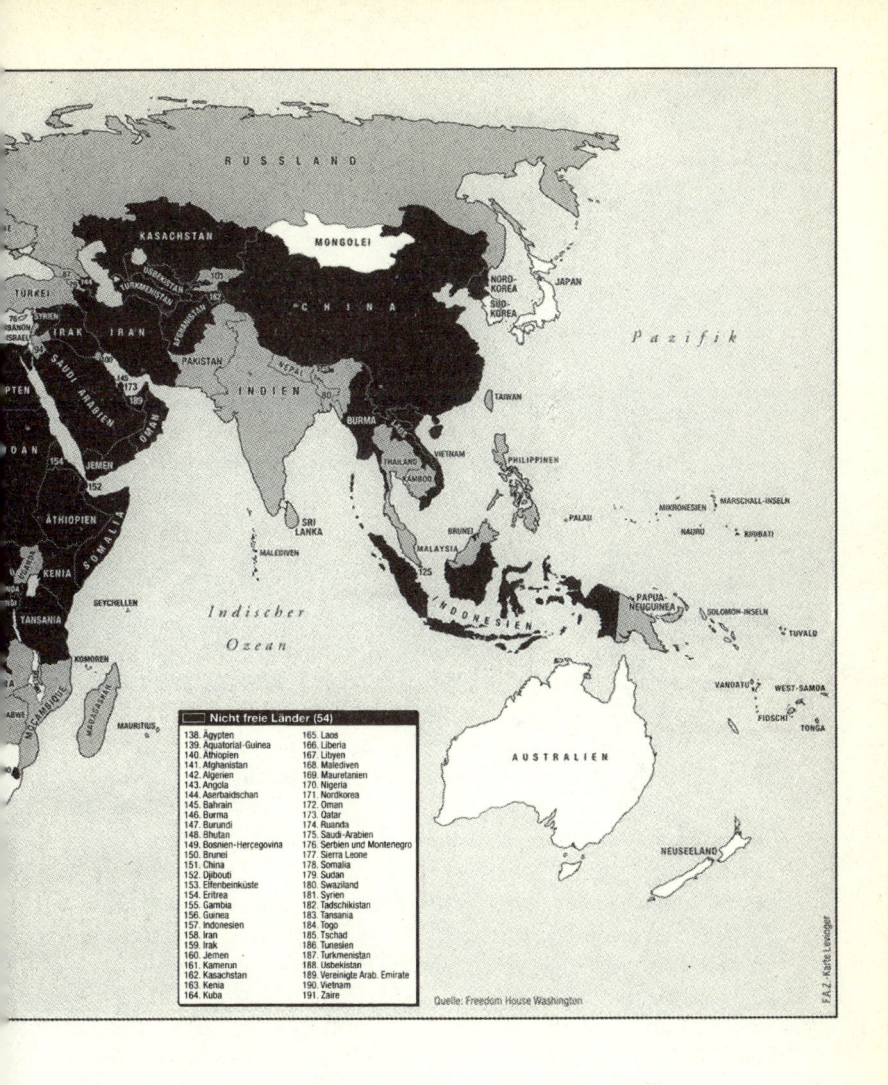

138. Ägypten
139. Aquatorial-Guinea
140. Äthiopien
141. Afghanistan
142. Algerien
143. Angola
144. Aserbaidschan
145. Bahrain
146. Burma
147. Burundi
148. Bhutan
149. Bosnien-Hercegovina
150. Brunei
151. China
152. Djibouti
153. Elfenbeinküste
154. Eritrea
155. Gambia
156. Guinea
157. Indonesien
158. Iran
159. Irak
160. Jemen
161. Kamerun
162. Kasachstan
163. Kenia
164. Kuba
165. Laos
166. Liberia
167. Libyen
168. Malediven
169. Mauretanien
170. Nigeria
171. Nordkorea
172. Oman
173. Qatar
174. Ruanda
175. Saudi-Arabien
176. Serbien und Montenegro
177. Sierra Leone
178. Somalia
179. Sudan
180. Swaziland
181. Syrien
182. Tadschikistan
183. Tansania
184. Togo
185. Tschad
186. Tunesien
187. Turkmenistan
188. Usbekistan
189. Vereinigte Arab. Emirate
190. Vietnam
191. Zaire

Quelle: Freedom House Washington

III. Die zivilisatorisch-kulturelle Perspektive: Weltzivilisation mit universellen Menschenrechten oder Pluralität der Zivilisationen?

1. Universale Menschenrechte weltweit?

Obschon – wie wir sahen – die herrschaftspolitische Perspektive einer weltpolitischen Neuordnung durch die weltweite Ausdehnung der westlichen Demokratie unrealistisch erscheint, wird die Hoffnung gehegt, die ersehnte Vereinheitlichung könnte immerhin durch weltweite Durchsetzung der Menschenrechte erreichbar sein. Die häufig unterstellte Verbindung zwischen liberaler Demokratie und Menschenrechten mag von vornherein skeptisch stimmen, zumal längst nicht alle Staaten liberale Demokratien sind. Aber haben sich nicht die Staaten in der Erklärung der Wiener Menschenrechtskonferenz vom Juni 1993 – um nur ein Beispiel zu nennen – verpflichtet, „ohne Rücksicht auf ihre jeweilige politische, wirtschaftliche und kulturelle Ordnung" alle Menschenrechte und Grundfreiheiten zu fördern und zu schützen (vgl. Globale Trends, 1996)? Sind die Menschenrechte nicht bereits die Normen der „Weltzivilisation"? Sind sie nicht „die lingua franca, der große gemeinsame Nenner dieser Weltgesellschaft" (Kondylis, 1992)? So liegt folgende These nahe: Wenn die Menschenrechte als universale Ordnungsprinzipien anerkannt und verwirklicht würden, könnte dies als Indiz für die Existenz einer einheitlichen Weltzivilisation gelten – mit den Individuen, den Weltbürgern, statt der Staaten als Bezugseinheit. Ist dem tatsächlich so? Betrachten wir den analytischen Befund.

Im Anschluß an die nationalen Normierungen in der Amerikanischen Unabhängigkeitserklärung (1776) und in der französischen Erklärung der Menschen- und Bürgerrechte (1789) sowie entsprechender Varianten in einigen nationalen Verfassungen im 19. Jahrhundert wurden die Menschenrechte zunächst nach dem Ersten Weltkrieg und verstärkt nach dem Zweiten Weltkrieg in ein umfassendes Normensystem mit universalem Geltungsanspruch vertraglich kodifiziert, und zwar – ausgehend von der Allgemeinen Erklärung der Menschenrechte (1948) – vor allem in den beiden Internationalen Pakten über bürgerliche und politische Rechte und über wirtschaftliche, soziale und kulturelle Rechte (1966) (vgl. die Übersicht in Globale Trends, 1996; Tomuschat, 1992; Kühnhardt, 1991; Maier, 1997).

Diese vielfältigen Normen haben – wie in der umfangreichen völkerrechtlichen Literatur herausgearbeitet wurde – einen „Kerngehalt", nämlich „die Grundkategorien Freiheit, Gleichheit und Teilhabe bzw. Solidarität" (Delbrück, 1979). Ausgehend von der – fragwürdigen – Annahme allgemein akzeptierter Werte, werden „den Menschen schlechthin" Rechtsansprüche gegenüber dem Staat international vertraglich zugesprochen. „Der Menschenrechtsschutz soll letztlich unmittelbar diesem Individuum gelten, d.h. es ungeachtet der staatlichen Souveränität bzw. durch diese hindurch zum Träger des menschenrechtlichen Schutzanspruchs machen" (Delbrück, 1979).

Daß mithin die eingangs genannte These bestätigt sei, wäre indes eine voreilige Schlußfolgerung. Deutlich wird dies schon bei den Regeln zur prozeduralen Umsetzung der Menschenrechte und zu deren Kontrolle, speziell bei der (fakultativen) Individualbeschwerde: Ausnahmsweise werden zwar „Einzelmenschen zu partiellen Völkerrechtssubjekten" (Simma, 1979), aber eine „echte Individualrechtsbeschwerde" mit der letzten Stufe eines gerichtlichen Schutzes ist nur in Europa (Europäische Menschenrechtskonvention) und in Amerika eingeführt worden, nicht im System der Vereinten Nationen.[3] So sind in der dezentralisierten Staatenwelt, in der die „Staatengemeinschaft" selbst „keine Rechtspersönlichkeit besitzt" (Simma, 1979), die Staaten die Schöpfer und Träger der Menschenrechtsnormen. Insofern sie diese Normen vereinbart haben, wird deren Respektierung zu ihrer aller Angelegenheit.

Wenn ihre Einhaltung von einzelnen oder mehreren Staaten eingefordert wird, so ist dies rechtens. Es bleibt aber dem Ermessen der Staaten überlassen, „ob und gegenüber welchen verpflichteten Staaten sie die Erfüllung von Rechtsansprüchen einfordern und mit welchem Nachdruck sie das tun" (Simma, 1979).

Ob die Menschenrechte verwirklicht werden oder nicht, wird also *von* und *in* den jeweiligen Staaten entschieden. „Die Sicherung der Menschen- und Bürgerrechte erfordert eine öffentliche Macht", so steht es schon in der „Erklärung der Menschen- und Bürgerrechte" von 1789. Wer für den Übergang von der Staaten- zur Gesellschaftswelt plädiert, sollte dies bedenken. Nicht zufällig geschehen die größten Menschenrechtsverletzungen heute dort, wo die staatliche Macht zerfällt, also in Bürgerkriegsländern.

Was, insgesamt betrachtet, die Verwirklichung der Menschenrechte anbelangt, so ist der empirische Befund niederschmetternd: Von 1982 bis 1986 hat sich die Zahl der Länder mit systematischen und schweren Menschenrechtsverletzungen verdreifacht; sie ging in den folgenden drei Jahren leicht zurück und steigt seit 1990 kontinuierlich weiter an (siehe das Schaubild in „Globale Trends 1996"). Der Jahresbericht von Amnesty International 1997 dokumentiert in 152 Staaten Menschenrechtsverletzungen. Von einer Tendenz zur weltweiten Durchsetzung der Menschenrechte kann also gar keine Rede sein. Nur in einer Minderheit der Staaten werden die Menschenrechte gewahrt.

Die reale Situation auf der *internationalen* Ebene *zwischen* den Staaten ist noch ungünstiger als *in* den Staaten. Denn dort fehlt ja generell eine effektive „force publique" zur Durchsetzung der Menschenrechte.

Die Realität der dezentralisierten, konkurrierenden Staaten- und Gesellschaftswelt ist charakterisiert durch materielle und ideelle Unterschiede und Gegensätze, die ihrerseits durch unterschiedliche Kultur und Geschichte, durch unterschiedliche Entwicklung und extrem unterschiedliche Machtverteilung sowie durch die unterschiedliche Positionierung im internationalen System begründet sind. Die Werte, die angeblich als allgemein anerkannte Werte in den „universalen" Menschenrechten kodifiziert sind, basieren tatsächlich keineswegs auf einem Wertekonsens. Die Einheitlichkeit in der Menschenrechtssprache ist vielmehr weitgehend nur eine verbale, rhetorische Einheitlichkeit – ganz ähnlich der Friedens- und Demokratierhetorik. Die Allgemeine Erklärung der Menschenrechte wurde 1948 von der pro-westlich beherrschten Generalversammlung der Vereinten Nationen verabschiedet und enthält primär westliches Gedankengut. Damals enthielten sich die kommunistischen Staaten der Stimme, nicht um gegen „die" Menschenrechte zu votieren, sondern weil sie „ihre" Menschenrechte verallgemeinern wollten und der Welt hymnisch versprachen, die kommunistische „Internationale erkämpft das Menschenrecht". Als die ehemaligen Kolonien als selbständige Staaten auf der weltpolitischen Bühne auftauchten, schufen sie auf UN-Ebene jene „dritte Generation" der Menschenrechte, die das Recht auf Entwicklung mannigfach thematisiert und die klassischen individuellen Freiheitsrechte um kollektive erweitert.

Die heute „gültigen" Menschenrechte sind also insgesamt weder mit dem Etikett „westlich" noch mit dem Etikett „universal" zutreffend gekennzeichnet. Es gibt unterschiedliche Bestandteile und unterschiedliche Interpretationen, sogar eine „Universelle Islamische Deklaration der Menschenrechte" (vgl. Balic, 1996). Sie dienen der Durchsetzung der jeweiligen universalen Ansprüche und Mitwirkungsmöglichkeiten in einer weltpolitischen Situation der Neuordnung. Weil die realen Gegensätze fortbestehen und sich im Verteilungskampf der Globalisierung verschärfen, werden die universalen Menschenrechte nicht zum weltpolitischen Integrator, sondern zum „gemeinsamen Schlachtfeld", „auf dem jede der konkurrierenden Seiten um die Durchsetzung der eigenen Interpretation [...] und gegen alle anderen Interpretationen" kämpft (Kondylis, 1992). Das gilt für den „Westen" ebenso wie für die „asiatischen" und die „islamischen" Interpretationen, die den „westlichen Universalismus" und eine westliche „Wertediktatur" ablehnen. Es geht um den Kampf um eine neue Weltordnung, bei dem die erstarkten und selbstbewußt gewordenen Staaten Asiens ebenso wie Staaten der islamischen Welt statt einer westlichen Hegemonie eine konsortiale Führung in einem neuen Gleichgewicht anstreben – als Konsequenz der neuen Machtverteilung. Die Menschenrechtsrealität beweist: Die Welt ist nicht durch Wertekonsens, sondern durch Wertedissens und Wertestreit gekennzeichnet.

2. *Eine* Weltzivilisation?

Da die Menschenrechte unbestreitbar einen Aspekt der Zivilisation/Kultur darstellen, es sich zugleich aber um „kulturell differente Menschenrechtskonzeptionen" (Hans Maier, 1997) handelt, läßt sich vermuten: So wie der Einheitsanspruch des menschenrechtlichen Universalismus mit der Realität der menschenrechtlichen Differenzierung kontrastiert, so wird die These von einer einheitlichen Weltzivilisation oder Weltkultur durch die Realität unterschiedlicher Zivilisationen und Kulturen widerlegt.

Die empirische Beweisführung hat in jüngster Zeit Samuel Huntington (1993 und 1996) in umfassender und überzeugender Weise vorgenommen. Eine Zivilisation bzw. ein Kulturkreis ist – nach seiner Definition – ein Identifikationszusammenhang, nämlich „die höchste kulturelle Gruppierung von Menschen und die allgemeinste Ebene kultureller Identität des Menschen unterhalb der Ebene, die den Menschen von anderen Lebewesen unterscheidet". Diese kulturelle Gruppierung definiert sich somit „sowohl durch gemeinsame objektive Elemente wie Sprache, Geschichte, Religion, Sitten, Institutionen als auch durch die subjektive Identifikation der Menschen mit ihr" (Huntington, 1996, S. 54). Dieser übergreifende Lebens- und Sinnzusammenhang bestimmt die Einstellungsmuster in den Beziehungen zwischen Gott und Mensch, Individuum und Gruppe, Bürger und Staat, Eltern und Kindern, Mann und Frau sowie das relative Gewicht zwischen Rechten und Pflichten, Freiheit und Autorität, Gleichheit und Hierarchie.

Anhand dieser Kriterien hat Huntington gezeigt, daß die oft behauptete einheitliche Zivilisation bzw. Kultur in der heutigen Welt nicht existiert und auch in absehbarer Zukunft nicht entstehen dürfte. Der zivilisatorische Homogenisierungseffekt, der der weltweiten Ausdehnung der westlichen kapitalistischen Produktionsweise und Technologie zugeschrieben wurde, ist nicht eingetreten. Modernisierung ist nicht mit Verwestlichung gleichzusetzen, im Gegenteil. Sie hat gerade dazu beigetragen, daß die sich modernisierenden Länder (insbesondere in der islamischen und asiatischen Welt) ihre kulturelle Eigenart stärker betonen, meist in Rekurs auf die eigenständige religiöse Tradition. Einerseits haben die Schwierigkeiten bei der Industrialisierung und Modernisierung zur Stärkung der kulturell-zivilisatorischen Identität beigetragen. Andererseits haben gerade die ökonomischen Modernisierungserfolge (so z.B. in Asien) ein größeres kulturelles Selbstbewußtsein erzeugt: „Ost- und südostasiatische Staaten sind sich zunehmend ihrer eigenen Zivilisation bewußt und neigen dazu, die Quellen ihres wirtschaftlichen Erfolges in ihren eigenen Traditionen und Institutionen zu sehen" (Bilahari Kausikan, zit. bei Huntington, 1993b). Zivilisatorische Gemeinsamkeiten, gemeinsame Kultur und Religion, haben die Organisation der ökonomischen Zusammenarbeit in verschiedenen Regionen gefördert, wie auch umgekehrt der wirtschaftliche Regionalismus besonders erfolgreich zu sein scheint, wenn er in einer gemeinsamen Zivilisation wurzelt. Schließlich ist auch die Betonung der eigenen Sprache gegenüber den Sprachen der ehemaligen meist englischen oder russischen Kolonialherren ein wichtiges Kennzeichen zivilisatorischer Identitätssuche. Auch an der „Sprachfront" überwiegt die „Babelisierung" die Universalisierung (nach Huntingtons Berechnungen ist der prozentuale Anteil der großen Sprachen, bezogen auf die Weltbevölkerung, im Jahre 1992 wie folgt anzunehmen: Mandarin 15,2; Englisch 7,6; Hindi 6,4; Spanisch 6,1; Russisch 4,9; Arabisch 3,5; Bengali 3,2.)

Statt einer Weltzivilisation identifiziert Huntington sieben oder acht große Zivilisationen bzw. Kulturkreise mit jeweiligen „Kernstaaten" – die westliche, die sinische, die japanische, die islamische, die hinduistische, die slawisch-orthodoxe, die lateinamerikanische und – mit Einschränkungen – die afrikanische. Es sei dahingestellt, ob diese Klassifikation im einzelnen überzeugt, zumal Huntington selbst schwankt. Entscheidend für unsere Fragestellung ist die unbestreitbare zivilisatorisch-kulturelle Pluralität: statt *einer* Weltzivilisation bzw. *einer* Weltkultur eine zivilisatorisch-kulturelle Differenzierung.

3. Zusammenprall der Zivilisationen – Kampf der Kulturen?

Ist also nicht *eine* Weltzivilisation, sondern sind mehrere Zivilisationen bzw. Kulturen feststellbar, so erhebt sich die Frage, wie das Verhältnis zwischen ihnen aussieht bzw. in absehbarer Zukunft aussehen wird. Wird – wie Huntington prognostiziert – ein zivilisatorisch-kultureller „Zusammenprall" die künftige internationale Politik bestimmen? Zwar widerspricht Huntington ausdrücklich der Auffassung, daß die Differenzen zwischen den Zivilisationen notwendigerweise zu Konflikten führen müssen. Aber er behauptet eine große Konflikträchtigkeit und -wahrscheinlichkeit, und zwar mit dem zweifachen Verweis: (1) auf die geschichtliche Erfahrung, daß Differenzen zwischen Zivilisationen die längsten und gewalttätigsten Konflikte erzeugt haben, und (2) auf die aktuelle Situation, die nach dem Ende des Ost-West-Konflikts, den er als Konflikt zwischen zwei „westlichen" Ideologien begreift, dadurch gekennzeichnet sei, daß die nicht-westlichen Zivilisationen in Abwehr der Dominanz der westlichen Zivilisation als konkurrierende Herausforderer auftreten. Seine zentrale These lautet: „Die großen Trennungslinien der Menschheit und die vorherrschende Quelle von Konflikt werden kultureller Art sein. Nationalstaaten werden weltpolitisch die mächtigsten Akteure bleiben, aber die Hauptkonflikte der Weltpolitik werden zwischen Nationen und Gruppen verschiedener Zivilisationen entstehen. Der Zusammenprall der Zivilisationen wird die Weltpolitik dominieren. Die Bruchstellen zwischen Zivilisationen werden die Frontlinien der Zukunft sein" (Huntington, 1993a).

Diese behauptete *Dominanz* der zivilisatorischen Dimension, bezogen sowohl auf die Konfliktquelle als auch auf die Konfliktlinien und -fronten entlang der zivilisatorischen Bruchstellen, ist das Problematische an Huntingtons These, nicht der zutreffende Hinweis auf die zivilisatorische Dimension wichtiger Konflikte in und zwischen Staaten und Gesellschaften. Anders ausgedrückt: Niemand wird bestreiten, daß zivilisatorische Differenzen *ein* Element der Konfliktentstehung und -austragung sind und insbesondere die Verbindung mit religiösen Gegensätzen ihre Eskalation zur Gewaltanwendung fördert. Das ist bei vielen aktuellen Konflikten mit religiösem Hintergrund zu beobachten (siehe Schaubild). Fraglich ist, ob inter-zivilisatorische Differenzen und entsprechende Konflikte, wie Huntington meint, künftig in der Weltpolitik und ihren Konfliktstrukturen *dominant* sein werden; fraglich ist auch die Prognose, daß der nächste Weltkrieg, wenn er denn stattfinden sollte, ein „Krieg zwischen Zivilisationen" sein wird.

Gegen die Widerlegung seiner These hat sich Huntington von vornherein zu immunisieren versucht, indem er einräumt, daß Konflikte auch zwischen Staaten und Gruppen ein- und derselben Zivilisation bzw. Kultur auftreten; aber in solchen Fällen sei, so meint er, Gewalt weniger wahrscheinlich oder werde doch weniger intensiv angewandt – was freilich fragwürdig ist (wie z.B. der intra-zivilisatorische amerikanische (Bürger-)Krieg oder – um ein aktuelles Beispiel zu nennen – der Bürgerkrieg in Afghanistan zeigen). In Antwort auf seine Kritiker hat Huntington dann ein Argument aus der Wissenschaftstheorie geltend gemacht und sich auf Thomas Kuhns Feststellung bezogen, daß eine neue Theorie, um akzeptiert zu werden, zwar eine höhere Erklärungsleistung haben müsse als konkurrierende Theorien, deshalb aber nicht alle relevanten

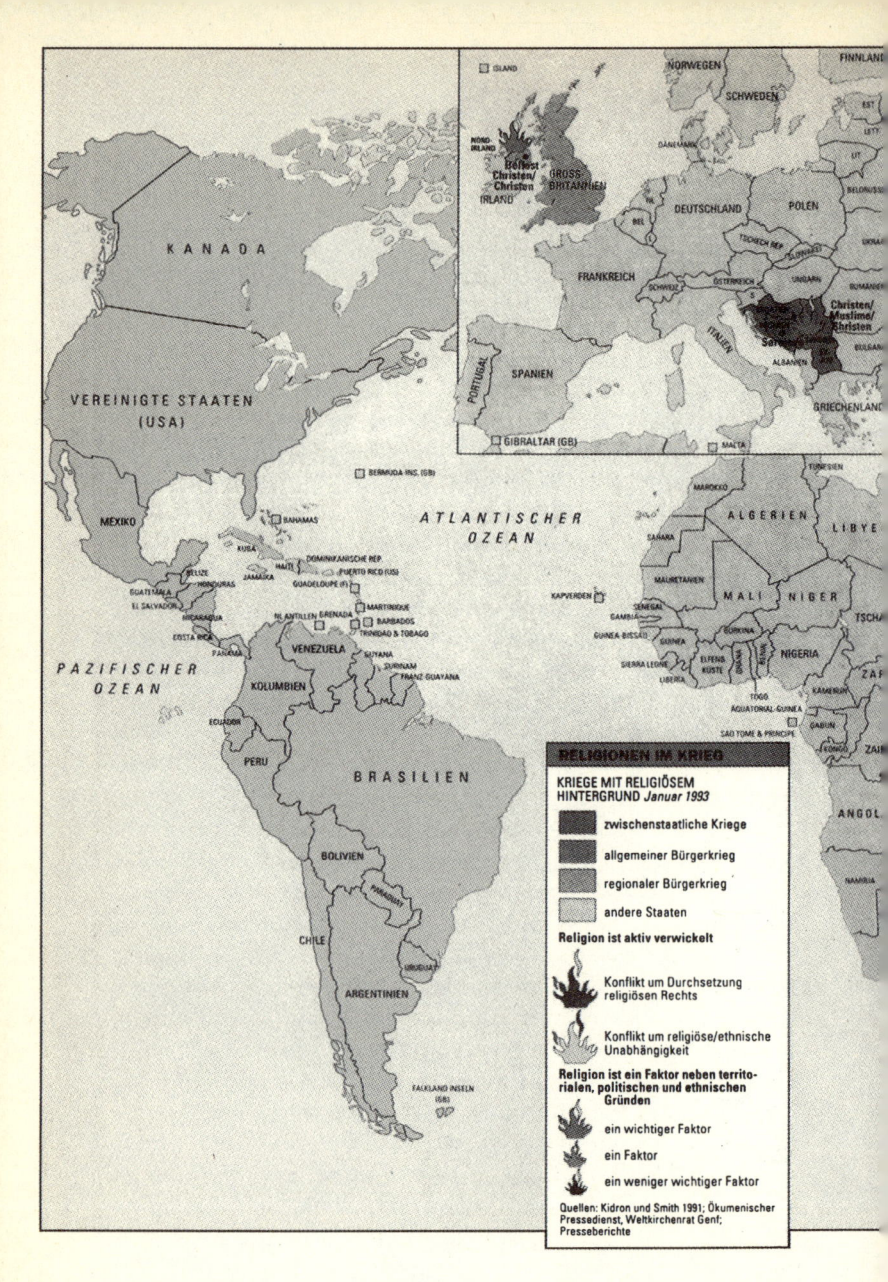

Quelle: DIE WOCHE 1/94 vom 29. Dezember 1993, S. 18f.

41

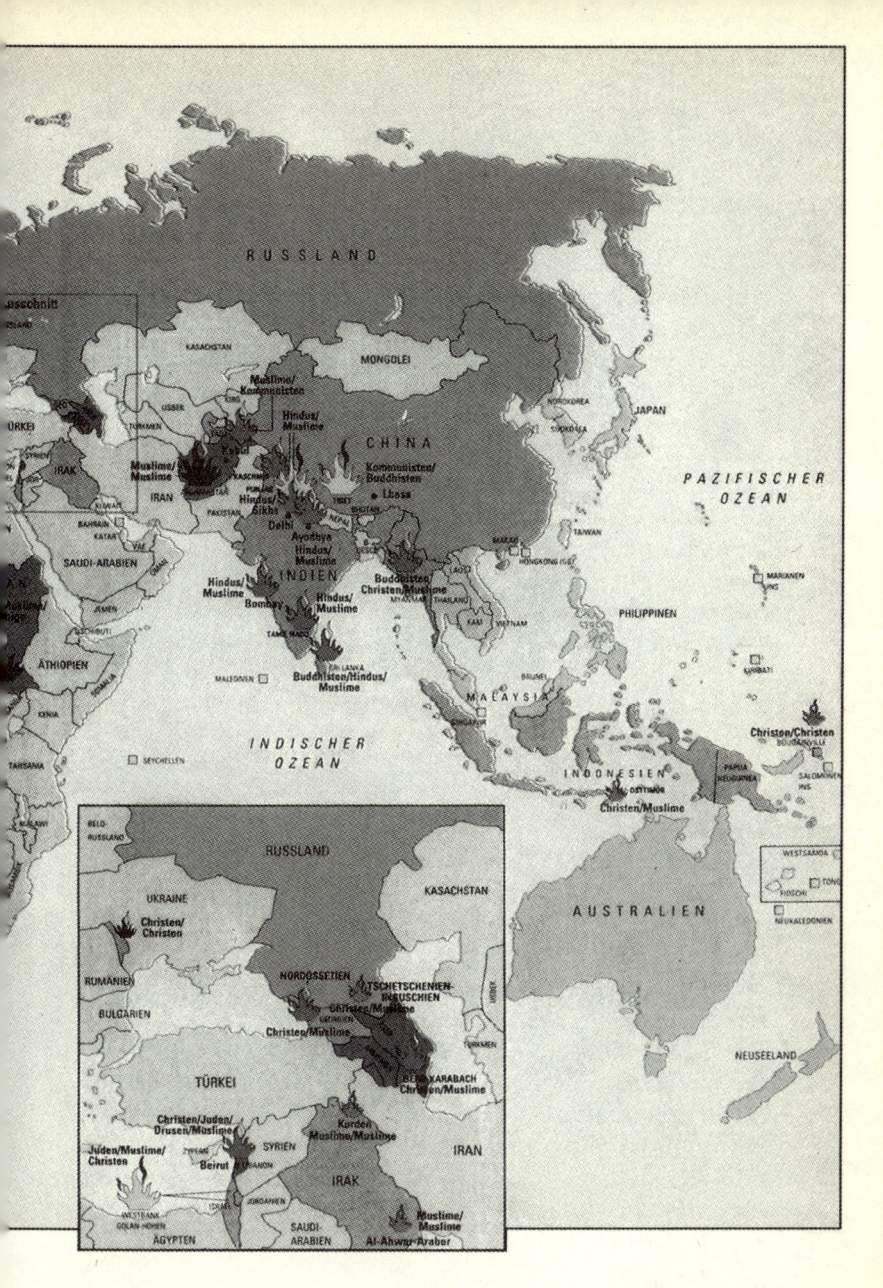

Fakten erklären können müsse und dies auch tatsächlich niemals tue.

Wenn man sich auf diese Argumentation einläßt, so muß man die Fakten und Ereignisse unter die Lupe nehmen, die Huntington selbst als durch seine Theorie besser erklärt ansieht. In der Tat hat sich die Kritik darauf konzentriert. Verlauf und Ergebnisse dieser Debatte können und müssen in unserem Zusammenhang nicht ausführlich dargestellt werden. Der Befund ist nicht eindeutig, und er kann es auch deshalb nicht sein, weil die von beiden Seiten herangezogenen „Fakten" keine abgeschlossenen Vorgänge sind. Um nur drei Beispiele zu nennen:

(1) Bei der Erörterung des Konflikts im ehemaligen Jugoslawien bzw. in Bosnien-Herzegowina, der in der Auseinandersetzung aus evidenten Gründen eine große Rolle spielt, wenden Kritiker gegen Huntingtons zivilisatorische Konfliktinterpretation nicht nur ein, daß die serbischen und die kroatischen Konfliktparteien von dem Gedanken nationalistischer Machtexpansion bestimmt und bereit waren, mit dem Ziel der Aufteilung Bosnien-Herzegowinas gemeinsame Sache zu machen. Dieses „Faktum" spricht nicht gegen Huntingtons These, derzufolge sich gerade das Zivilisatorische mit dem Nationalen verbindet. Und bei einer Aufteilung würde der nationale und religiöse Gegensatz zwischen Serbien und Kroatien ja bestehen bleiben. Die Kritiker führen darüber hinaus als Argument ins Feld, nicht die muslimische Staatenwelt (und ihre kleinen Freiwilligen-Verbände), sondern die westlichen USA hätten den Staat Bosnien-Herzegowina – übrigens unter Mitwirkung des slawisch-orthodoxen Rußland – gerettet. Das mag einstweilen richtig sein. Aber bei den internen „westlichen" Überlegungen spielte eine, wenn nicht *die* entscheidende Rolle, daß man nicht einen muslimischen Staat retten, sondern gerade die Entstehung eines solchen (ein muslimisches Rest-Bosnien mit wahrscheinlich fundamentalistischer Ausrichtung) in Europa verhindern wollte. Deshalb wurde die bosnisch-kroatische Föderation als „Herz" in den Korpus des Dayton-Friedens implantiert, das – trotz der amerikanischen „Blutzufuhr"

(in Form von Waffenlieferungen) – vielleicht nie schlagen wird.

(2) Ein anderes Gegenargument bestreitet, daß vom Iran die Gefahr der Ausdehnung islamistischer Regime ausgeht, und behauptet statt dessen, „der Traum einer pan-islamischen Revolte nach dem Bilde Irans" habe sich in Luft aufgelöst (Ajami, 1993). Diese Ansicht wird allerdings durch die fortgesetzte Unterstützung islamistischer Bewegungen durch den Iran sehr in Frage gestellt. Die Stichhaltigkeit des Gegenarguments wird sich deshalb erst in Zukunft erweisen können. Ebenso ist derzeit nicht zu entscheiden, ob die fundamentalistisch-islamischen Bewegungen in Algerien, Ägypten, der Türkei usw. und die hinduistisch-fundamentalistische Bewegung in Indien tatsächlich – wie Ajami und andere behaupten – zum Scheitern verurteilt sind.

(3) Der gegen Huntingtons These vom Kampf *zwischen* verschiedenen Zivilisationen bzw. Kulturen vorgebrachte Einwand, die islamistischen Fundamentalisten in einzelnen Ländern sähen primär ihre eigenen, der islamischen Zivilisation angehörigen Regierungen und nicht andere Zivilisationen als Zielscheibe ihrer Aktivitäten, ist sicher im Augenblick zutreffend, sagt aber nichts über die Zukunft aus. Denn selbstverständlich muß man erst im eigenen Staat die Macht erobern, bevor man machtvoll nach außen aktiv werden kann (auch die sozialistisch-kommunistischen Bewegungen kämpften erst gegen die eigenen Regierungen, um dann, unterstützt durch das Machtpotential der UdSSR und die transnationale Organisation der Komintern, gegen die „imperialistischen" Länder vorzugehen). Manche Autoren, die die These vom zivilisatorisch-kulturellen Kampf *in* den Staaten und Gesellschaften – auch in westlichen Gesellschaften – als zutreffende Beschreibung ansehen, lehnen die Wahrscheinlichkeit der „Transnationalisierung" und „Internationalisierung" ab (so z.B. Senghaas, 1994), andere tun dies mit guten Gründen nicht (so z.B. Tibi, 1995).

Jenseits dieses Streits um „Fakten" und Einschätzungen, bei dem Evidenz gegen Evidenz und Zukunftseinschätzung gegen Zukunftseinschätzung steht, läßt sich die Relevanz und Überzeugungskraft der Huntingtonschen These klären, wenn man fragt, wodurch die in den Staaten und Gesellschaften vorhandenen zivilisatorischen Gegensätze zu weltpolitischen Konflikten werden können und wie die internationalen Konfliktformationen aussehen.

Was die erste Frage anbelangt, so kann zu ihrer Beantwortung der Hinweis auf den Ost-West-Konflikt hilfreich sein. Vor 1917 war die Herausforderung durch den Sozialismus/Kommunismus nur ein innerstaatliches Problem (und partiell – durch die Sozialistische Internationale – ein transnationales). Ein „Gespenst" ging um in Europa, aber keine kommunistische Großmacht existierte! Erst durch die Verbindung von bolschewistischer Partei und russischer Staatsmacht entstand 1917 die Konstellation des Ost-West-Konflikts, zunächst in einem multipolaren und seit 1947/48 in einem bipolaren System. Entsprechend dürfte für zivilisatorische Weltkonflikte entscheidend sein, ob sich heute oder in absehbarer Zukunft die zivilisatorisch-kulturelle Dimension mit einer machtpolitischen verbindet: mit großer staatlicher Macht, mit Großmächten oder großen Mächtegruppierungen. Zivilisationen bzw. Kulturkreise sind keine Akteure – ebensowenig wie „Sozialismus" oder „Kommunismus" oder „Kapitalismus". Indem Huntington sie zu Akteuren stilisiert, die gegeneinander kämpfen oder gar Krieg führen, andererseits aber selbst hervorhebt, daß die Staaten, vor allem die „Kernstaaten", die eigentlichen Akteure sind und bleiben, entsteht eine begriffliche Verwirrung. Geht man hingegen von der Verbindung von machtpolitisch-staatlicher und zivilisatorischer Dimension aus, dann ist die von Huntington selbst erwähnte Charakterisierung Chinas als „eine Zivilisation, die den Anspruch erhebt, ein Staat zu sein" (Lucian Pye, zit. bei Huntington, 1993a) höchst bedeutsam. Das gilt gleichermaßen für den Sachverhalt, daß die westliche Zivilisation durch die überragende Großmacht USA und die Mittelmächte Frankreich, Großbritannien und Deutschland staatlich-machtpolitisch ausdifferenziert ist (mit der möglichen Entstehung einer europäischen Großmacht). Und bezüglich der islamischen Zivilisation ist es eine offene Frage, ob sich zwischen islamischen Staaten über die lose Zusammenarbeit mit der Islamischen Konferenzorganisation hinaus eine machtpolitisch bedeutsame regionale Gruppierung oder Koalition bilden wird und ein epochaler Einschnitt ähnlich wie 1917 entsteht. Die islamischen Staaten des südlichen „Gürtels" von Nord-Afrika bis Pakistan wären am ehesten mögliche Kandidaten für eine neue – der kommunistischen Herausforderung vergleichbare – regionale Polbildung um islamische „Kernstaaten".

Damit ist die Frage der internationalen Formationen oder Konfigurationen angesprochen. Auch hier sind die Ausführungen Huntingtons widersprüchlich. Einerseits sieht er die zivilisatorischen Bruchlinien und Fronten zwischen den einzelnen von ihm identifizierten Zivilisationen und Kulturkreisen verlaufen, was der Logik seiner Theorie entspricht: westliche gegen islamische, westliche gegen slawisch-orthodoxe, slawisch-orthodoxe gegen islamische, hinduistische gegen islamische, konfuzianische bzw. sinische gegen westliche Zivilisation. Andererseits konstruiert er Bruchlinien und Fronten zwischen der westlichen Zivilisation und einer slawisch-orthodoxen *und* islamischen Zivilisation sowie zwischen der westlichen und einer konfuzianischen bzw. sinischen *und* islamischen Zivilisation, um schließlich mit der Konstruktion einer bipolaren zentralen Konfliktachse „Westen gegen Rest der Welt" zu enden. Damit relativiert Huntington selbst die Bedeutung des zivilisatorischen Faktors und der Differenzen zwischen den von ihm identifizierten nicht-westlichen Zivilisationen. Das weltpolitische Gruppierungskriterium ist mit anderen Worten nicht mehr die Zugehörigkeit zur jeweils eigenständigen Zivilisation, sondern die Nicht-Zugehörigkeit zur westlichen Zivilisation. Die Bipolarisierung des Ost-West-Konflikts feiert so auf zivilisatorischer Ebene eine Auferstehung, obwohl sich Huntington bei der Begründung der Pluralität der Zivilisationen (sieben oder acht an der Zahl) von einem überholten Denken in bipolaren Kategorien gerade absetzen wollte.

Der immanente Widerspruch ist evident! Mehr noch: Durch die Bipolarisierung des Theorems vom Zusammenprall der

Zivilisationen bzw. Kulturen demonstriert Huntington selbst die beschränkte Erklärungsfähigkeit seines neuen Paradigmas. Die drei Reaktionstypen, die er – bezogen auf die von ihm konstruierte zentrale weltpolitische Achse – als mögliche Antworten des „Rests der Welt" auf die macht- und wertepolitischen Herausforderungen des Westens unterscheidet, werden nicht aus der Logik seiner Zivilisationstheorie, sondern aus der allgemeinen internationalen politischen Theorie hergeleitet und beschrieben, nämlich Isolation, Anlehnung an den Stärkeren (*„band-wagoning"*) und Gegenmachtbildung (*„balancing"*). Das heißt dann aber konsequenterweise auch: Nicht das zivilisatorische Kriterium, sondern machtpolitische Kriterien (Machtverteilung, Bedrohungsgrad, Verfügbarkeit oder Nicht-Verfügbarkeit von Partnern für die Gegenmachtbildung usw.) erklären diese oder jene Reaktion. Von einer Überlegenheit des zivilisatorischen Paradigmas bzw. der zivilisatorisch-kulturellen Perspektive kann also nicht die Rede sein, sondern bestenfalls von einer Ergänzung bzw. Komplementarität.

So läßt sich folgendes Zwischenresümee ziehen: Huntington hat die zivilisatorische Dimension in idealtypischer Weise überzeichnet. Es ist allerdings sein Verdienst, nachdrücklich auf diese Dimension der weltpolitischen Ordnung und den Sachverhalt der Pluralität von Zivilisationen, samt ihrer konfliktträchtigen Gegensätze, aufmerksam gemacht zu haben. Die Pluralität der menschenrechtlichen Interpretationen fügt sich in diesen Sachverhalt ebenso ein wie das Phänomen der gegenseitigen Unterstützung von regional vorherrschenden Zivilisationen und entsprechenden ökonomischen Regionalisierungen (siehe dazu weiter im folgenden Kapitel).

Relativiert man die Hauptthese, verzichtet man auf die Behauptung der Dominanz zivilisatorischer Konflikte und auf die Hypostasierung der Zivilisationen zu weltpolitischen Akteuren, dann werden die zivilisatorischen Gegensätze zu Elementen der „normalen" Staatenkonkurrenz, insbesondere der Großmächte und der „Kernstaaten". Dann wird die Zugehörigkeit zu einer Zivilisation bzw. zu einem Kulturkreis, vermittelt über den Staat, zu *einem* Element des Identität und Loyalität stiftenden Gesamtzusammenhangs. Anders ausgedrückt: Die Zivilisation bzw. Kultur legitimiert, neben anderen Faktoren, die interne Ordnungspolitik und den externen machtpolitischen Anspruch auf Mitgestaltung der internationalen Ordnung – bis hin zur Legitimation von Hegemoniestreben, zumindest in der eigenen Region, um so die Verhandlungsmacht gegenüber anderen Großmächten und regionalen Gruppierungen zu vergrößern. So fügt sich die zivilisatorische Perspektive in die Gesamtperspektive internationaler Staatenkonkurrenz und Ordnungspolitik ein und wird durch sie relativiert.

Für die Konfliktprävention wie für die friedliche Konfliktregulierung ist diese Relativierung eine notwendige Voraussetzung. Sieht man hingegen die Staatenkonkurrenz *primär* aus zivilisatorisch-kultureller Perspektive und überhöht man die zivilisatorischen Gegensätze sowie die Differenzen bei der Interpretation der „universalen Menschenrechte" zum ausschlaggebenden Faktor, so dürfte – wenn die praktische Politik dem folgte – eher eine Konfliktverschärfung als eine friedliche Konfliktregulierung die Konsequenz sein.

Für diese Einschätzung spricht übrigens auch die bemerkenswerte Volte, die Huntington am Ende seiner Ausführungen – sowohl in seinem ersten Aufsatz als auch in seinem Buch – schlägt, um dem „Westen" politische Handlungsanleitungen zu geben. Er kehrt dort das Verhältnis von Herausforderung und Antwort, von Macht- und Gegenmachtbildung plötzlich um: Während die weltpolitischen Gruppierungen bis dahin durchgängig unter dem überzeugenden Aspekt betrachtet wurden, daß die verschiedenen nicht-westlichen Zivilisationen auf die Herausforderung durch die westliche Dominanz reagierten (und darin liegt ja der richtige Kern des erwähnten Dualismus), so erscheint nun umgekehrt „der Westen" bedroht und herausgefordert durch die sich steigernde ökonomische und militärische Macht der nicht-westlichen Zivilisationen. So ergibt sich im Handumdrehen für den Westen die Notwendigkeit zur Gegenmachtbildung, und zwar über eine ganze Palette von internen und externen Strategien wie Stärkung des innerwestlichen Zusammenhangs, Erhaltung der westlichen militärischen Überlegenheit und Begrenzung der militärischen Machtausweitung der konfuzianischen und islamischen Länder, Ausbeutung von Konflikten zwischen ihnen und Unterstützung derjenigen Gruppen in diesen Zivilisationen bzw. Kulturen, die mit den westlichen Werten und Interessen sympathisieren.[4] Ein Blick auf die derzeitige Politik macht jedoch deutlich, daß innerhalb des „Westens" erhebliche Meinungsverschiedenheiten über die Strategien, die in den Beziehungen zu Staaten mit einer anderen Zivilisation und Menschenrechtsinterpretation eingeschlagen werden sollten, bestehen. Vor allem bei der Iran- und der China-Politik ist der heftige Disput zwischen den USA und einzelnen europäischen Staaten (wie auch innerhalb dieser Gesellschaften) deutlich hervorgetreten: Eindämmung gegen Einbindung, Isolierung gegen „konstruktiver Dialog".

Es zeichnet sich ein ähnliches Muster ab wie in den Zeiten des Ost-West-Konflikts (vgl. Link, 1988). Sollte sich tatsächlich die von Huntington vorausgesagte zentrale Konfliktachse bilden, wäre bei diesem neuen strukturellen Konflikt – ähnlich wie beim Ost-West-Konflikt nach 1945 – eine Wellenbewegung zwischen einer stärker integrativ-kooperativ und einer verstärkt regressiv-konfrontativ ausgerichteten Konfliktregulierung zu erwarten – in Abhängigkeit von realen oder perzipierten Machtverschiebungen.

Da aber die derzeitige Machtverteilung nicht bipolar ist, mag ein Vergleich mit den zwanziger und frühen dreißiger Jahren erhellend sein. Damals betrieben im multipolaren internationalen System zur gleichen Zeit einige westliche Staaten eine Isolierungs-, Abgrenzungs- und Konfrontationspolitik gegenüber Sowjet-Rußland bzw. der Sowjetunion, andere eine Kooperations- und Einbindungspolitik bei gleichzeitiger Bekämpfung der kommunistischen Bewegungen *in* ihren Gesellschaften und Staaten; die Herausforderung aus dem „Osten" erzeugte keine gemeinsame Strategie des „Westens", sondern scharfe Auseinandersetzungen über die richtige Strategie. Analog war für die Übergangszeit vom „unipolaren Moment" (Krauthammer, 1990/91) zu einer multipolaren Machtverteilung eine ähnlich uneinheitliche Strategie des „Westens" gegenüber den zivilisatorischen Herausforderungen zu erwarten. Dies ist tatsächlich eingetreten – mit exakter Analogie der jeweiligen Argumentationsmuster. Eine Fortsetzung dieser innerwestlichen Dispute ist mehr als wahrscheinlich.

So ist aus den erwähnten Gründen die Alternative zur nichtexistenten Weltzivilisation nicht oder doch nicht allein in dem Zusammenprall der Zivilisationen und der Herausbildung einer zentralen Konfliktachse „Westen gegen den Rest der Welt" zu sehen. Auch andere Alternativen kommen in Betracht. Schon an dieser Stelle sei angemerkt, daß auch unter dem Aspekt der wirtschaftlichen „Globalisierung" eine bipolare Konfliktachse unwahrscheinlich ist. Die „interne" Konkurrenz zwischen den Staaten der westlichen Zivilisation kann sich im Prozeß der Globalisierung steigern. Die ökonomischen Bruchlinien und Fronten decken sich nicht mit den zivilisatorisch-kulturellen. Am ehesten dürfte die Entsprechung zwischen ökonomischer und zivilisatorisch-kultureller Regionalisierung politisch bedeutsam sein bzw. werden.

IV. Die geo-ökonomische Perspektive: Transnationale Globalisierung oder Regionalisierung und Regionalismus?

Die „Globalisierung", speziell die ökonomische Globalisierung, genießt heute sicherlich die größte Aufmerksamkeit in der Diskussion über die internationale Neuordnung; sie ist in aller Munde und *das* Schlagwort unserer Zeit. Die These vom freien, staatlich „entgrenzten" Weltmarkt ist die ökonomische Entsprechung zur Weltzivilisationsthese, und sie ist ebenso umstritten. Die These von der einheitlichen Weltzivilisation ist durch ihre Gegenthese von der Pluralität oder gar Gegensätzlichkeit der Zivilisationen und Kulturen widerlegt worden. Findet die ökonomische These der Globalisierung ihre Relativierung in der Regionalisierung? Wie wirkt sich der globale und der regionale ökonomische Zusammenhang politisch aus? Emanzipieren sich Ökonomie und Gesellschaft von der Politik, das heißt vom Staat, oder paßt sich der Territorialstaat an, indem er sich durch regionale Zusammenarbeit behauptet?

Die weit verbreitete Annahme lautet: Indem die gesellschaftlichen, vor allem die ökonomischen Akteure, autonom grenzüberschreitende globale Aktivitäten entfalten und sich selbständig transnational organisieren, sei es in transnationalen Konzernen, sei es in nicht-gouvernementalen transnationalen Organisationen (wie z. B. Greenpeace, Amnesty International oder Sozialistische Internationale), werde die „Staatenwelt" von der „Gesellschafts- und Wirtschaftswelt" (Czempiel, ²1993) verdrängt. Globalisierung und Transnationalisierung gelten mithin als die beiden epochalen Zwillingstendenzen, die – so wird unterstellt – den Staat entmachten, das territorialstaatliche Ordnungsprinzip obsolet werden lassen und eine völlig neuartige globale Ordnung hervorbringen.

Um diesen komplexen und kontroversen Zusammenhang argumentativ zu durchdringen und zu klären, muß das, was eigentlich zusammengehört, zunächst abschnittsweise getrennt behandelt werden. So wird erst das Phänomen der Globalisierung beschrieben, dann werden die Kontroversen über deren politische Auswirkungen behandelt, um schließlich das Phänomen des Regionalismus als Anpassung des Territorialstaats an die „Globalisierung" und als Macht- und Gegenmachtbildung zu begründen.

1. Globalisierung und Transnationalisierung – der empirische Befund

Weltweite Wirtschaftsverflechtungen und Transaktionen sowie transnationale bzw. multinationale Konzerne als deren ökonomische Hauptträger sind keineswegs völlig neue Phänomene. Sie entstanden im Prozeß der Ausdehnung des Kapitalismus und der industriellen Produktion. Transnationale Akteure befanden sich dabei stets in einem ambivalenten Verhältnis zum Territorialstaat, teils ihn stützend, teils ihn relativierend (vgl. oben Kap. I). Als die Zahl der transnationalen Konzerne in den sechziger und siebziger Jahren anstieg, erreichte die Transnationalismusdebatte bereits einen ersten Höhepunkt – vor allem im Zusammenhang mit der Forderung der Entwicklungsländer nach einer neuen Weltwirtschaftsordnung, durch die nicht zuletzt auch die Macht der „Multis" eingeschränkt und der nationalen Kontrolle unterworfen werden sollte. Schon damals hat Hedley Bull (1977) darauf hingewiesen, daß keines der modernen transnationalen Unternehmen einen Einfluß besitzt, der mit der English East India Company des 17. Jahrhunderts vergleichbar wäre. Und Daniel Frei (1985) hat wie Bull den Sachverhalt hervorgehoben, daß gleichzeitig mit dem gewaltigen Anschwellen der grenzüberschreitenden Güterströme, Verkehrsflüsse, Informationsmassen und Kreditbeziehungen die Binnenbeziehungen ebenfalls und in gleicher Weise angewachsen sind, so daß das Verhältnis zwischen Außen- und

Binnenbeziehungen (d. h. der Quotient zwischen beiden) im 19. Jahrhundert sogar höher lag als Mitte der achtziger Jahre, als der Begriff „Globalisierung" populär wurde. Speziell die Finanzmärkte waren um die Jahrhundertwende stärker integriert als jemals zuvor oder danach (Robert Wade, 1996).

In jüngster Zeit hat sich freilich die internationale Verflechtung enorm verdichtet, gesteigert und beschleunigt. Das, was bisher ein Phänomen der nicht-kommunistischen industriellen Welt war, ist nunmehr – nach dem Zusammenbruch der Zweiten Welt und dem Auftauchen von Mitspielern aus der Dritten Welt – zu einem wahrhaft globalen Zusammenhang geworden.

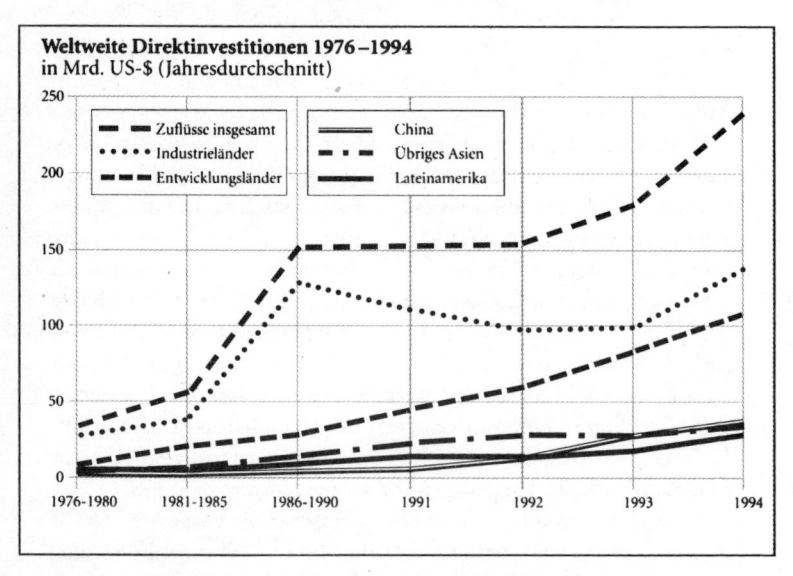

Weltweite Direktinvestitionen 1976–1994
in Mrd. US-$ (Jahresdurchschnitt)

Quelle: Stiftung Entwicklung und Frieden (Hrsg.), Globale Trends 1996. Fakten, Analysen Prognosen, Bonn 1995, S. 194.

Träger dieser grenzüberschreitenden Aktionen und Transaktionen – ausländische Investitionen und Austausch von Waren, Kapital und Informationen – sind nicht staatliche, sondern gesellschaftliche Akteure, hauptsächlich industrielle Unternehmen, Banken und Finanzmaklerfirmen. Ihr Handeln ist global konzipiert und organisiert. Diese globale Strategie bestimmt bei den industriellen transnationalen Unternehmen die Entwicklungs- und Produktionszyklen, die sich erheblich verkürzen, und die gesamte Wertschöpfungskette (Forschung/Entwicklung, Produktion, Verkauf) (vgl. Borrmann u.a., 1995). Einige Zahlen sollen diesen Sachverhalt veranschaulichen und die empirische Evidenz vermitteln[5]:

(1) Das Welthandelsvolumen ist in den letzten Jahren real um ca. 5% p.a. gestiegen, doppelt so schnell wie die Weltproduktion.

(2) Die jährlichen weltweiten Direktinvestitionen haben sich innerhalb des vergangenen Jahrzehnts von 56 auf 208 Milliarden US-Dollar vervierfacht und in einigen Entwicklungsländern, vornehmlich in den asiatischen Schwellenländern, neue Anlagenschwerpunkte geschaffen (siehe Schaubild).

(3) Im Vergleich mit dem Welthandelsvolumen hat sich der Devisenhandel noch rapider gesteigert. Während 1986 die Umsätze auf den Devisenmärkten noch das 25fache des Welthandelsvolumens ausmachten, betrugen sie 1990 bereits das 70fache (N. Walter, 1995).

(4) Die *täglichen* Devisenhandelsumsätze betrugen Ende der siebziger Jahre ca. 75 Milliarden US-Dollar, Mitte der achtziger Jahre 150 Milliarden und werden Mitte der neunziger Jahre mit ca. 1 000 Milliarden angegeben.

(5) Der Wert der an den Börsen gehandelten sogenannten derivaten Instrumente (d.h. abgeleitete Rechte aus Aktien, Kaufs- und Verkaufsoptionen bzw. -verpflichtungen) stieg von 1 306 Milliarden US-Dollar 1988 auf 8 837 Milliarden 1994 (zuzüglich eines etwa gleich hohen Betrages außerbörslich gehandelter Finanzderivate). Nach Schätzungen des Internationalen Währungsfonds wachsen die Märkte für Derivate jedes Jahr um rund 40 Prozent (FAZ, 30. 9. 1996).

(6) Die großen Banken sind in diesem Prozeß zu transnationalen Akteuren mit großer Finanzkraft und mit einem Kreditvolumen von 6700 Milliarden US-Dollar (1994) geworden.

(7) Die Zahl der industriellen transnationalen Konzerne betrug Anfang der sechziger Jahre rund 3500; heute wird sie von

der UNCTAD auf 44 000 (mit rund 280 000 Tochtergesellschaften im Ausland) (World Investment Report 1997) geschätzt.

(8) Der Anteil des Intra-Konzern-Handels am Welthandel nimmt zu. Er machte Anfang der siebziger Jahre ein Fünftel aus und betrug 1993 bereits mehr als ein Drittel.

(9) Bei den zehn größten transnationalen Konzernen (von denen fünf in den USA, drei in Japan und je einer in den Niederlanden, Großbritannien und in Deutschland „beheimatet" sind) betrug 1990 der Auslandsanteil an den gesamten Anlagen ca. 50% und am gesamten Umsatz ca. 60%.

(10) Die Importe und die ausländischen Firmen tragen in den USA mit 17% bzw. 13% und in Europa mit 14% bzw. 19% zum Bruttoinlandsprodukt bei, d. h. die „Internationalisierung" der amerikanischen Wirtschaft beträgt 33% und die der europäischen 30% (vgl. OECD, Regional Integration and Multilateral Trading System, 1995).

(11) Von allen registrierten bzw. angemeldeten Patenten kamen in den USA und in der EU 1990 45% aus dem Ausland, von ausländischen Erfindern (Wade, 1996).

Dieser hier nur grob skizzierte Prozeß wurde ermöglicht und vermittelt durch die modernen Kommunikations- und Informationstechnologien, deren Entwicklung und Anwendung treffend als „Zweite industrielle Revolution" (Seitz, 1995) bezeichnet worden ist.

Die informationstechnische Revolution hat sieben Teilindustrien hervorgebracht: Halbleiter, Computer, Unterhaltungselektronik, Telekommunikation, Industrieautomatisierung, Autoelektronik und Medizinelektronik. Die Informationswirtschaft ist zur „größten Industrie der Welt" geworden (vgl. Seitz, 1995). Sie erzeugt eine zunehmend globale Informations- und Wissensgesellschaft (Drucker, 1993). Nicht nur die transnationalen Unternehmen, Banken und Broker-Firmen, sondern die Millionen und Abermillionen einzelner Individuen, die Zugang zu den modernen Informations- und Kommunikationssystemen haben, sind grenzüberschreitend global „vernetzt".

Seit 1957 sind mehr als 3 000 Kommunikationssatelliten auf die Erdumlaufbahn gebracht worden, die die „globale Telekommunikation" ermöglicht haben. Nach der Öffnung des Internets (infolge des Endes des Ost-West-Konflikts) partizipieren an dieser globalen „Informationsbörse" zwischen 30 und 40 Millionen Organisationen und Einzelnutzer in mehr als siebzig Ländern – mit einer steigenden Tendenz von rund 150 000 zusätzlichen Nutzern monatlich (Globale Trends, 1996).

Die verschiedenen Branchen der Informationsindustrie verbinden sich ihrerseits. Die Informationswirtschaft wird zum größten Arbeitsmarkt. Schätzungsweise werden Anfang des 21. Jahrhunderts dreiviertel der Werktätigen „Informationsarbeiter" sein, d.h. „mit der Produktion von Wissen und mit seiner Verarbeitung und Verteilung" beschäftigt sein (Seitz, 1995).

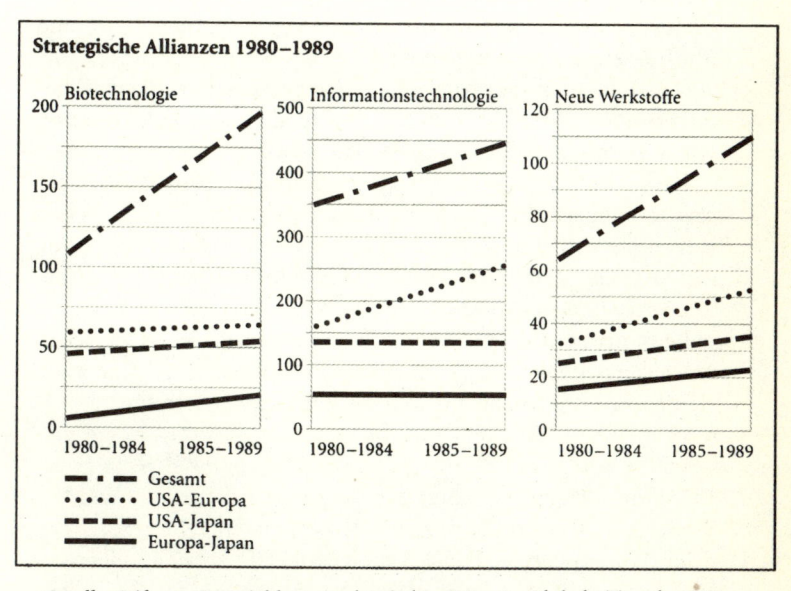

Strategische Allianzen 1980–1989

– · – Gesamt
· · · · · · USA-Europa
– – – USA-Japan
—— Europa-Japan

Quelle: Stiftung Entwicklung und Frieden (Hrsg.), Globale Trends 1996. Fakten, Analysen Prognosen, Bonn 1995, S. 484.

Die technologische Innovationsdynamik ist ungebrochen. Eine „zweite Welle" der Informationstechnik kündigt sich bereits an: die Bio- und Gentechnik, die „Informationstechnik des Lebens" (Seitz, 1995). Neue Werkstoffe (Metalle, Keramiken, Verbundstoffe und Polymere), neue Energiesysteme, Raumfahrt- und Umwelttechniken werden entwickelt und gelten als die Wachstumsbranchen der Zukunft.

Gerade in diesen neuen Technologiebereichen haben die „strategischen Allianzen" zwischen den transnationalen Konzernen im vergangenen Jahrzehnt rapide zugenommen (siehe Schaubild). Sie sind für die Neugestaltung des geo-ökonomischen Wettbewerbs von großer Bedeutung.

Globale Unternehmensstrategien, globalisierte Forschung, Produktion und Distribution, globale Märkte des Austauschs von Waren, Kapital und Informationen, „vernetzte Welt" und Cyberspace – mit diesen Stichworten ist also der empirische Befund zu beschreiben, der unter dem Oberbegriff der Globalisierung zusammengefaßt wird.

Diese „Globalisierung" ist allerdings weitgehend ein Phänomen der Industriestaaten des Nordens, der „OECD-Welt" und der Triade USA-Europa-Japan sowie einiger Neu-industrialisierten Länder (NICs) als neue globale Mitspieler. Die Entwicklungsländer werden höchst ungleichmäßig in diesen Prozeß einbezogen, aktiv nur die Schwellenländer in Ost- und Südost-Asien und in Mittel- und Südamerika. Die Globalisierung integriert und vereinheitlicht nicht nur, sondern sie differenziert und trennt auch, vertieft alte und schafft neue Trennungslinien zwischen Zentrum und Peripherie und geht in Peripherie-Ländern mitten durch die Gesellschaften.

2. Der Territorialstaat in der Logik der vernetzten Welt

Welche Folgen ergeben sich aus der beschriebenen Globalisierung für die Politik, speziell für das territorialstaatliche Ordnungsprinzip, das innergesellschaftlich und international seit der Ablösung des mittelalterlichen Universalismus idealtypisch bestimmend ist? Sind damit Staat und Staatenwelt obsolet geworden? Die vorherrschende Antwort ist die bereits genannte

These vom Bedeutungsverlust des Staates – mit zahlreichen Varianten und mit konträren Bewertungen von extrem positiv bis zu extrem negativ.

Auf den ersten Blick erscheint es plausibel, daß die Globalisierung den Staat, auch den großen Staat, der Fähigkeit zur eigenverantwortlichen Gestaltung seiner inneren und äußeren Angelegenheiten beraubt, die Instrumente einer eigenständigen Politik stumpf werden läßt, also seine „Souveränität" aushöhlt. Insbesondere dort, wo die Globalisierung am weitesten fortgeschritten ist, nämlich bei den Finanz- und Kapitalmärkten und bei den „Informationsbörsen", ist die Kontroll- und Gestaltungsmöglichkeit tatsächlich erheblich eingeschränkt. Mehr noch: Das Abhängigkeitsverhältnis scheint sich umgekehrt zu haben; nicht die gesellschaftlich-wirtschaftlichen Akteure sind von staatlichem Regierungshandeln, von der Politik, abhängig, sondern die Regierungen müssen sich nach den Finanzmärkten richten: „Die Finanzmärkte sind hinsichtlich der Beurteilung der Qualität der Wirtschaftspolitiken, die ihren Niederschlag in den Zinsen, im Wechselkurs, in den Aktienkursen etc. finden, im Zuge der Liberalisierung und Deregulierung der Finanzmärkte mehr und mehr in die Rolle eines ‚Weltpolizisten' geschlüpft, der z.B. die schlechte Politik eines Landes mit Kapitalabflüssen, höheren Zinsen und Abwertung der Landeswährung ‚bestraft'." (Norbert Walter, 1995)

Im Informations- und Kommunikationsbereich ist zwar der Widerstand der Staaten gegen eine Liberalisierung noch nicht völlig gebrochen (wie die Ausklammerung der audiovisuellen Industrie bei dem GATT-Abkommen von 1993 demonstriert). Aber der „kulturelle Protektionismus" der Territorialstaaten wird nach Einschätzung kompetenter Beobachter „je länger, desto schneller" ökonomisch-technologisch „ausgehebelt" werden (Globale Trends, 1996).

Auch nicht-kommerzielle transnationale Organisationen – wie Greenpeace und Amnesty International – können auf Regierungen *und* transnationale Konzerne zumindest erheblichen Druck ausüben und deren Handlungsfreiheit einschränken (wie die Aktionen gegen Shell und gegen Frankreich gezeigt haben). Ihre Mitglieder und Anhänger stellen im Konfliktfall ihre Loyalität und ihr Engagement für die Ziele dieser transgesellschaftlichen Organisationen über die für „ihren" Staat.

So wie das territorialstaatliche Ordnungsprinzip einst (grundlegend im Westfälischen Frieden von 1648) die mittelalterliche Ordnung mit ihrem dualen Universalismus von Kaisertum und Papsttum und ihren sich überlappenden Autoritäten, Vasallenbeziehungen und multiplen Loyalitäten abgelöst hatte, scheint die neuzeitliche Staatenordnung ihrerseits von einem „neuen Mittelalter" mit sich überlappenden Loyalitäten abgelöst zu werden. Ansätze dafür glaubt man schon in den achtziger Jahren zu erkennen. Heute wird dies als Gewißheit empfunden – wie ein gleichnamiger Bestseller (Minc, 1995) zu zeigen versucht.

Vertreter eines „minimalen Staates" begrüßen es lebhaft, daß der „Megastaat" (Peter F. Drucker, 1993), der sich in unserem Jahrhundert zum „Herrn über die Wirtschaft" gemacht habe, infolge der Globalisierung entmachtet werde, und sehen in einem aufgabenreduzierten, liberalen Staat eine adäquate Entsprechung zum liberalen Weltmarkt. Auch die Entwicklung einer neuen, global vernetzten Informationsgesellschaft wird von vielen emphatisch gefeiert. Der amerikanische Vizepräsident Al Gore sieht ein „neues athenisches Zeitalter der Demokratie" heraufziehen, in dem die vernetzten Individuen als Weltbürger in einer „elektronischen Agora" (Bredekamp, 1996) unmittelbar miteinander kommunizieren.

Andere Autoren, wie Ernst-Otto Czempiel (1993), begrüßen ebenfalls die Entstehung einer „Gesellschaftswelt" durch transnationale intergesellschaftliche, vom Staat emanzipierte Aktivitäten. Czempiel sieht darin letztendlich einen Demokratisierungsprozeß; er räumt zwar ein, daß sich dadurch und durch die gleichzeitige Entstehung einer „Wirtschaftswelt", die sich ebenfalls vom Staat emanzipiere, eine Entdemokratisierung ergibt – aber nur „zunächst"; denn er glaubt, daß die Entdemokratisierungstendenz durch die Zusammenarbeit in der Gesellschaftswelt und durch Schaffung globaler gesellschaftlicher Repräsentationsversammlungen überwindbar sei, was freilich ziemlich utopisch erscheint. Ähnlich argumentiert David Held (1991), der offen eingesteht, daß eine solche demokratische Repräsentationsversammlung auf globaler Ebene vermutlich „ein unmöglicher Traum" bleiben werde.

Wenn man sich die Mammutkonferenzen der UNO und die Parallelkonferenzen der nicht-gouvernementalen Organisationen (NGOs) vor Augen hält, ist man eher geneigt, von einem Alptraum zu sprechen. Und gerade aus demokratiepolitischer Sicht müßte es ein Ärgernis sein, daß die NGOs – deren Zahl in den letzten Jahrzehnten enorm zugenommen hat – einer demokratischen Legitimation durch die Gesamtgesellschaft bzw. ihre Bürger entbehren.

Im Gegensatz zu den positiven oder gemäßigt positiven Erwartungen, die hier beispielhaft zitiert wurden, befürchten andere Autoren die Entstehung einer unkontrollierten und unkontrollierbaren Weltwirtschaft, eines „transnationalen Frankensteinmonsters" (Stanley Hoffmann, 1995). Sie sehen die Gefahr einer Teilung der Welt in ein überstarkes Zentrum und in eine bedeutungslose Peripherie, eine globale Klasse „digitaler Literaten", deren Angehörige vornehmlich in den großen Industrieländern wohnen, aber auch in sich entwickelnden Ländern eine kleine Elite bilden, und eine zersplitterte Klasse derjenigen, die nicht über Informations- und Kommunikationssysteme bzw. über die Fähigkeit ihrer Nutzung verfügen.

So gelangt Christiano German (1996) zu dem Schluß, daß der Vorsprung an Technologie und Infrastruktur in den Industrieländern für die „Informationshabenichtse" nicht mehr aufholbar sei. Das Beispiel Indien verdeutliche den doppelten gesellschaftlichen Schaden eines raschen Anschlusses an das Informationszeitalter durch die Schaffung einer neuen Informatikerkaste vor Ort bei gleichzeitiger Wegrationalisierung von Arbeitsplätzen in den Industrieländern. Es komme zur „Entstehung einer weltweit operierenden ‚Aristokratie des Informationszeitalters', die – losgelöst von staatlichen Gesetzen, demokratischen Ordnungsvorstellungen und Sozialsystemen – die Richtlinien zum Ausbau der globalen Informationsgesellschaft derzeit weitgehend alleine bestimmen kann".

Diese Gefahren für die Demokratie und den demokratischen Staat steigern sich bei Jean-Marie Guéhenno zum „Ende der Demokratie" (so der Titel seines Buches, 1994). Seine Argumentation ist die radikalste Verneinung der Möglichkeit nationalstaatlicher Politik unter den Bedingungen der vernetzten Welt und verdient deshalb eine etwas ausführlichere Wiedergabe. Indem sich durch die Revolution in den Kommunikationstechnologien die Verkehrswege von den Territorien lösen, werde nicht die Herrschaft über ein abgegrenztes Territorium, sondern der Zugang zu Kommunikationsnetzen wichtig. „Mächtig sein heißt dann, Kontaktstellen zu haben, im Netz verbunden zu sein, so daß Macht durch Einfluß, nicht durch Herrschaft definiert wird." Die Gesellschaft als Solidarverband, die als Staat organisierte Gesellschaft löse sich in einzelne Individuen auf, die ihre Interessen im Kampf aller gegen alle verfolgen – mit „befristeten Interessengemeinschaften".

Die neo-cartesische Selbstvergewisserung laute: „Ich stelle Verbindungen her, also bin ich." Das Individuum sei nicht Person, nicht Bürger, sondern „Gesellschaftspartikel". (Hinzufügen könnte man: nicht *zoon politicon*, sondern *ideotes*.) Und da es keine Gesellschaft der Bürger mehr gebe, könne es auch keinen demokratischen Staat mehr geben und keine Politik, die auf der demokratischen Verantwortlichkeit gegenüber dem Bürger beruht.

Der Entscheidungsprozeß werde zersplittert, so wie die Funktionen des Staates ausdifferenziert werden. Die Logik der Institutionen und der staatlichen Souveränität werde ersetzt durch die Logik pluraler funktionsorientierter Strukturen einer mehrdimensionalen Welt – „ein Gewebe ohne erkennbare Nähte", mit einer immer effizienteren Verknüpfung der „Knotenpunkte" im komplexen Beziehungsnetz, „wobei unentwegt abzuwägen ist zwischen der Notwendigkeit, die Schnittstellen im Netz zu vereinheitlichen, und der Notwendigkeit einer Differenzierung".

In der Netzwerke-Welt werde die Gewalt diffuser, jedoch keineswegs seltener: „Die Unterscheidung zwischen den Staaten, die, nach Max Weber, das ‚legitime Gewaltmonopol' hätten, und allem übrigen wird problematischer werden: Einerseits wird die Ausübung der Gewalt durch einen Staat, der in die Netze der imperialen Welt eingebunden ist, illegitim, ja sogar unmöglich werden, während andere Strukturen entstehen – Polizeikräfte, die eher für die Einhaltung von Normen sorgen als Ausdruck von Souveränität sein werden; andererseits wird die Verwundbarkeit vernetzter Gesellschaften durch jede Störung von außen mit einer weiteren Vervollkommnung der Waffen einhergehen, die sowohl schlagkräftiger als auch leichter zu handhaben sind, so daß die Grenze zwischen öffentlicher und privater Gewalt schwer zu ziehen sein wird."

Alle diese Aussagen sind – wie die Zitate zeigen – im Futur gemacht. Guéhennos These vom Ende des Territorialstaats, nationalstaatlicher Politik und der Demokratie ist eine Projektion in die Zukunft anhand heute erkennbarer Tendenzen, die nicht zu leugnen sind, aber leicht überbewertet werden. Die Logik des Nationalstaates und die Logik von Macht- und Gegenmachtbildung im Staatensystem ist heute nach wie vor wirksam und wird vermutlich lange neben der Logik der vernetzten Welt gelten. Das räumt übrigens auch Guéhenno ein. Und da er selbst darauf verweist, daß unter der neuen Logik der vernetzten Welt „Anpassungsfähigkeit" und „Anpassung" „zum entscheidenden Trumpf" geworden sind, liegt die Frage nahe, warum sich nicht auch der territoriale Nationalstaat als anpassungsfähig erweisen und behaupten sollte.

3. Die Selbstbehauptung des Territorialstaats im Globalisierungsprozeß

Daß das territorialstaatliche Ordnungsprinzip nach wie vor real und politikbestimmend ist, beweist bereits ein flüchtiger Blick auf die zahlreichen ausgetragenen Konflikte in unserem Jahrzehnt (der zweite Golfkrieg, die Kriege im ehemaligen Jugoslawien, der israelisch-palästinensische Konflikt und die kriegerischen Konflikte auf dem Territorium der ehemaligen Sowjetunion und Rußlands). Dabei geht es jeweils um den Organisations- und Herrschaftsanspruch über ein und dasselbe Territorium. Solche Territorialkonflikte als Phänomene einer alten, untergehenden Epoche abzutun, dürfte ziemlich gewagt sein, zumal sich zahlreiche neue derartige Konflikte abzeichnen, von denen die konkurrierenden Ansprüche auf die Spratley-Inseln und die Diaoyu-Inseln im Chinesischen Meer und das Taiwan-Problem regional- wie weltpolitisch von größter Sprengwirkung sein könnten.

Zudem – und das erscheint in unserem Zusammenhang noch wichtiger – muß sich die Diskussion über die Bedeutung des Territorialstaates und der Staatenwelt unter den Bedingungen der Globalisierung nicht auf die kleinen und mittleren Staaten, sondern auf die großen Staaten und Wirtschaftsmächte konzentrieren, denn sie sind struktur- und prozeßbestimmend. Wie irreführend die umgekehrte Vorgehensweise ist, illustriert die Gegenüberstellung der beiden folgenden Schaubilder (wobei davon abgesehen werden kann, daß wirtschaftswissenschaftlich der Vergleich von Firmen-Umsatz und Bruttosozialprodukt schon an sich problematisch ist). Wenn man nicht wie in dem ersten Schaubild das Bruttosozialprodukt mittlerer Volkswirtschaften, sondern dasjenige der großen Volkswirtschaften als Vergleichsgröße nimmt, ergibt sich ein ganz anderes, weitaus realistischeres Bild: Die Bedeutung der transnationalen Unternehmen wird so stark relativiert, daß sie ohne eine Änderung des Maßstabs in der graphischen Darstellung gar nicht mehr auftauchen würden.

Betrachtet man die Verfügungsgewalt über materielle Ressourcen insgesamt im historischen Vergleich, so ergibt sich ebenfalls, daß die großen Staaten „über größere Ressourcen, absolut und im Verhältnis zu den Mitteln ihrer Gesellschaften, verfügen und Kapazitäten haben, um menschliche und materielle Ressourcen im Dienste ihrer Politik organisieren und einsetzen zu können, die größer sind als diejenigen anderer politischer Gebilde der Vergangenheit, einschließlich der großen Imperien" (Ted Robert Gurr, 1989).

Auch die ökonomische Auslandsabhängigkeit der großen Wirtschaftsmächte relativiert sich bei genauerem Hinsehen. So

Umsatz der größten multinationalen Unternehmen und das BSP mittlerer Volkswirtschaften

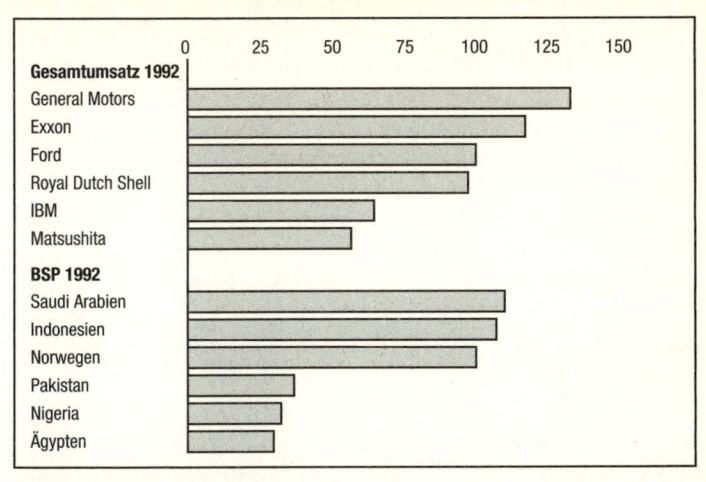

	0	25	50	75	100	125	150
Gesamtumsatz 1992							
General Motors						▬	
Exxon						▬	
Ford					▬		
Royal Dutch Shell					▬		
IBM			▬				
Matsushita			▬				
BSP 1992							
Saudi Arabien					▬		
Indonesien					▬		
Norwegen					▬		
Pakistan		▬					
Nigeria		▬					
Ägypten		▬					

Quelle: Stiftung Entwicklung und Frieden (Hrsg.), Nachbarn in einer Welt, Bonn 1995, S. 194.

Umsatz der größten multinationalen Unternehmen im Verhältnis zum BSP der größten Volkswirtschaften (in Milliarden US-Dollar)

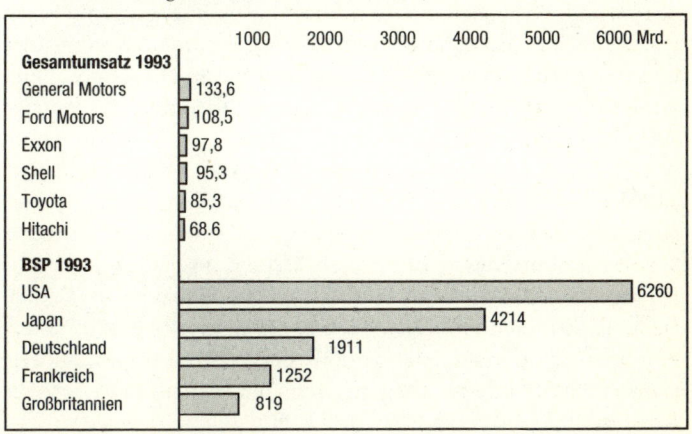

	1000	2000	3000	4000	5000	6000 Mrd.
Gesamtumsatz 1993						
General Motors	133,6					
Ford Motors	108,5					
Exxon	97,8					
Shell	95,3					
Toyota	85,3					
Hitachi	68.6					
BSP 1993						
USA						6260
Japan				4214		
Deutschland		1911				
Frankreich	1252					
Großbritannien	819					

Quelle: Stiftung Entwicklung und Frieden (Hrsg.), Globale Trends 1996, Bonn 1995, S. 164 und S. 504 ff.

hat z. B. Robert Wade (1996) errechnet, daß die inländischen Investitionen von heimischem Kapital sowohl die eigenen Direktinvestitionen im Ausland als auch die Direktinvestitionen ausländischer Unternehmen bei weitem übersteigen. Die privaten Kapitalinvestitionen der USA im Ausland machen weniger als 7% des amerikanischen Bruttoinlandprodukts aus; ein Prozentsatz, der sogar ein wenig niedriger ist als der von 1900. Andere Berechnungen (vgl. Borrmann u. a., 1995) ergeben für 1992 einen etwas höheren Prozentsatz, nämlich 9%. Noch niedrigere Werte verzeichnen Japan (6%) und Italien (5%), etwas höhere hingegen Deutschland und Frankreich (jeweils 11%) und Kanada (14%), weit höhere Werte weisen Großbritannien (26%), die Schweiz (31%) und die Niederlande (38%) auf.

Was die staatlichen Einflußmöglichkeiten auf den Handel anbelangt, so sind zwar in den GATT-Runden die Zölle weitgehend abgebaut worden, die anderen, nicht-tarifären Instrumente hingegen, wie Quoten-Regelungen, „freiwillige" Handelsbeschränkungen und „managed trade", haben den Abbau der zollpolitischen Handelsschranken vollauf kompensiert. Der „Grauzonenprotektionismus" der Staaten ist heute so hoch wie die früheren Zollschranken (siehe Schaubild). „Nationale Grenzen bleiben Kontrollpunkte, an denen Regierungen die Quantität und den Preis grenzüberschreitender Warentransaktionen beeinflussen können" (Robert Wade, 1996).

Daß die transnationalen Konzerne, die Hauptträger der Globalisierung, sich und ihre Aktivitäten der Einflußnahme der Staaten bzw. Regierungen entzögen und so den Territorialstaat entmachteten, ist eine weitere fragwürdige Schlußfolgerung. Die transnationalen Unternehmen haben eine Heimatbasis in den führenden Territorialstaaten der OECD-Welt, und „wenn eine Firma versucht, mehrere 'Heimatbasen' zu haben, ist die Wahrscheinlichkeit groß, daß sie nirgendwo ihre Vorteile ernten wird" (Michael E. Porter, 1990). Forschung und Entwicklung werden von den transnationalen Unternehmen zum überwiegenden Teil in ihren Heimatländern betrieben, in den USA zu 90%, in Japan zu 98%. Allerdings ist bei den in europäischen Ländern beheimateten transnationalen Konzernen

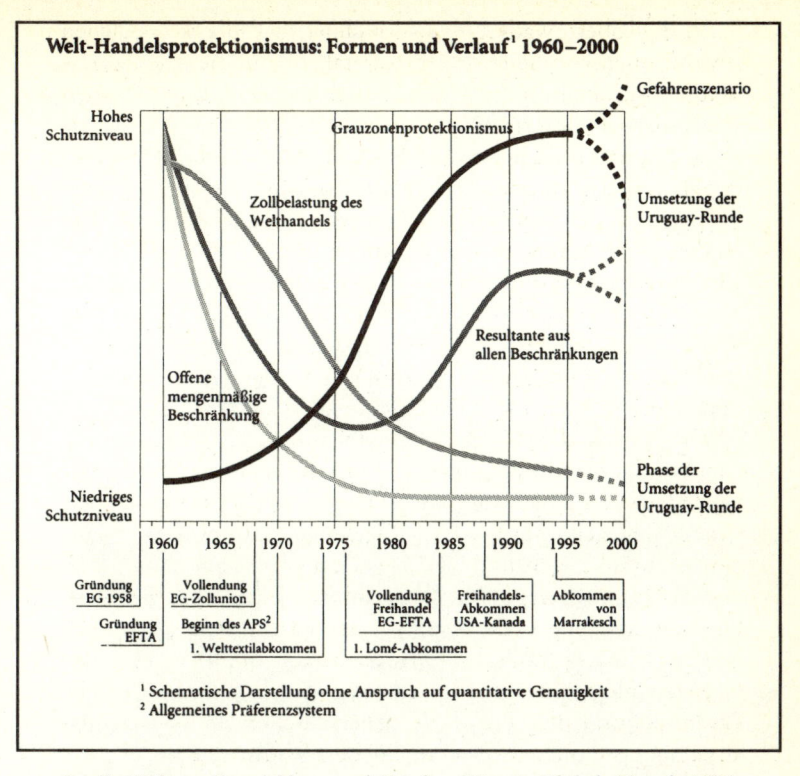

Welt-Handelsprotektionismus: Formen und Verlauf[1] **1960–2000**

Quelle: Stiftung Entwicklung und Frieden (Hrsg.), Globale Trends 1996. Fakten, Analysen, Prognosen, Bonn 1995, S. 219.

der Prozentsatz niedriger; und es gibt eine Tendenz zur stärkeren Auslandsverlagerung, auch in Deutschland, wo seit 1990 die Ausgaben für Forschung und Entwicklung im Inland stagnieren, im Ausland jedoch um rund 50% gestiegen sind (vgl. BMFT, 1997). Selbst der Philips-Konzern, der nur 15% seiner Anlagen in den Niederlanden hat, betreibt dort 40% seiner Forschung und Entwicklung (Wade, 1986).

Bezeichnenderweise stammt auch das Topmanagement der transnationalen Konzerne hauptsächlich aus den jeweiligen Heimatländern; 1991 waren nur 2% der Board-Mitglieder der großen amerikanischen transnationalen Konzerne Ausländer (Wade, 1996). Gewiß, die Manager der zweiten industriellen Revolution sind „global players", deren Firmen im Ausland investieren und produzieren; aber sie sind ebensowenig „vaterlandslose Gesellen" wie dies die Proletarier der ersten industriellen Revolution (entgegen marxistischer Hoffnungen) waren. Nach wie vor ist der nationale Standort des Unternehmens bedeutsam für beide Seiten – für das Unternehmen und für den Staat. Eine gründliche Untersuchung, wie sie Michael Porter (1990) durchgeführt hat, kommt denn auch zu dem Schluß: „So lange wie das ortsansässige Unternehmen (the local company), indem es die strategische, kreative und technische Leitung und Steuerung (control) tatsächlich behält, die wirkliche Heimatbasis bleibt, wird die Nation von den Vorteilen, die dem Unternehmen eingeräumt werden, die meisten Früchte ernten, und zwar selbst dann, wenn das Unternehmen ausländischen Investoren oder einer ausländischen Firma gehört."

Wie die Staaten und Regierungen durch die Schaffung günstiger Rahmenbedingungen, durch die Ausbildung und Qualifizierung der „Informationsarbeiter" und durch gezielte Förderungsmaßnahmen in zukunftsträchtigen Technologiefeldern die Infrastruktur und Anreize für entsprechende Investitionen schaffen, kann hier nicht ausführlich dokumentiert werden. Einige Beispiele mögen genügen: Die amerikanische Regierung unterstützt die Entwicklung der Informationstechnologie für die nationale Netzinfrastruktur mit ca. 1,2 Milliarden Dollar auf zehn Jahre. Für die Verwirklichung von transeuropäischen Netzwerken hat die EU bis 1999 240 Millionen ECU zur Verfügung gestellt. Das vierte Rahmenprogramm der EU für die Forschung und technologische Entwicklung sieht für die Jahre 1995 bis 1998 insgesamt 24 Milliarden DM vor (Europäische Kommission, 1995). Hinzu kommen große nationale Technologieförderungsprogramme der EU-Mitgliedstaaten. Die staatliche Außenwirtschaftsförderung ist ein weiterer Bereich, der eine Ausdehnung in allen Industrieländern erfährt. Die diesbezüglichen Bundesmittel wurden in Deutschland –

trotz der angespannten Haushaltslage – für 1997 von 5 Millionen auf 60 Millionen DM aufgestockt (FAZ, 11. 10. 1996). Die Unternehmen, auch die transnationalen Konzerne, nehmen ihrerseits gerne diese Förderungsmaßnahmen entgegen. Sie sind darüber hinaus hinsichtlich der Sicherheit ihrer Aktivitäten und Investitionen, hinsichtlich sicherer und günstiger Rahmenbedingungen (einschließlich der Deregulierung), von den Staaten und deren Politik abhängig, von den *verbindlichen* Staatsentscheidungen, also der Gesetzgebung.

Daß der Staat einseitig von den Entscheidungen der Wirtschaft abhängig sei, trifft nicht zu. Gewiß, der Staat benötigt im Zeitalter der Globalisierung die Wirtschaft „mehr denn je", aber die Wirtschaft benötigt den Staat ebenfalls „mehr denn je" – und daraus ergibt sich das, was der ehemalige U.S. Under Secretary of Commerce for International Trade Jeffrey E. Garten (1997) als eine „neue Partnerschaft" zwischen beiden definiert und propagiert. Wie intensiv die „neue Partnerschaft" in den staatlichen Außenbeziehungen bereits praktiziert wird, vermittelt schon ein Blick auf die Zusammensetzung der Reisegruppe bei offiziellen Auslandsbesuchen der Regierungschefs; die Spitzenmanager sind jeweils zahlreich vertreten. Eine qualitative Steigerung erfährt diese „neue Partnerschaft" durch das Zusammenspiel von internationalen Regierungskonferenzen und transnationalen Managerkonferenzen. So ging 1995 dem Madrider Gipfeltreffen des „Transatlantischen Dialogs" (der 1990 zwischen der EG und den USA organisiert wurde) die Konstituierung des „Transatlantic Business Dialogue" voraus, und der Regierungsgipfel übernahm weitgehend das Programm, das von dem transatlantischen Managergipfel erarbeitet worden war. Auch zwischen anderen Regionen gibt es ähnliche transnationale Koordinationsgremien: die EU-ASEAN Business Conference und das Europe-Asia Business Forum. Auch das Konsultations- und Koordinierungsgremium der führenden Industriestaaten (G-7) schaltet bei Spezialgipfeln Treffen der Spitzenmanager transnationaler Unternehmen vor. Die Staaten vergewissern sich der Unterstützung der Wirtschaft und greifen intern und international deren Anregungen und Forderungen in flexiblen Koalitionen mit transnationalen Unternehmensmanagern auf.

Daß mit der Globalisierung generell die Notwendigkeit globaler Zusammenarbeit zunimmt, ist evident. Die Weiterentwicklung des GATT zur Welthandelsorganisation (WTO) ist das herausragende Beispiel für eine erfolgreiche globale Antwort auf neue Herausforderungen. Aber auch hier gilt: Die Staaten kooperieren bei der Festlegung internationaler Regeln nicht mit dem Ziel, sich aufzugeben, sondern sich und den Wohlstand ihrer Bürger zu erhalten.[6]

Der Staat wird so zur „strategisch placierten Vermittlungsinstanz zwischen subnationalen und supranationalen Politikanforderungen" (Maull, 1995). Er bleibt zugleich bzw. ist *in noch höherem Maße als früher Entscheidungsinstanz*; d. h. er entscheidet, mit welchen Staaten und Organisationen er zusammenarbeitet und was verbindlich vereinbart wird, wobei diese internationalen Vereinbarungen selbstverständlich – wie von jeher in der internationalen Politik – nur durch die Koordination der Interessen aller beteiligten Staaten zustande kommen. Ihre Umsetzung hängt dann wiederum von den jeweiligen Staaten, ihren Regierungen und Parlamenten, ab.

So erfolgt – insgesamt betrachtet – die Selbstbehauptung des Staates im Globalisierungsprozeß durch die Schaffung günstiger Standort- und Wettbewerbsbedingungen im Innern und durch internationale Kooperation – auf globaler wie auf regionaler und interregionaler Ebene.

Die Staaten geben ihre unternehmerischen Aufgaben durch Privatisierung ab. Sie entlasten sich von Aufgaben, die sie sich in der Ära des Interventionsstaates aufgebürdet haben. Aber sie sind weit davon entfernt, obsolet oder funktionslos zu werden. Bestimmend für den technologischen Erfolg eines Landes im globalen Wettbewerb sind, wie es in der angelsächsischen Literatur heißt, *„national systems of technological and entrepreneurial capacity"*, die mit einer klugen Politik unter Nutzung der staatlichen Entscheidungskompetenz geschaffen werden können. Dabei sind manche Staaten erfolgreicher als andere. Territorialstaatliche Grenzen werden nicht bedeutungslos, ganz im Gegenteil: Sie grenzen Gebiete mit unterschiedlichen Wirtschaftspolitiken und politischen Institutionen voneinander ab. Diese Unterschiede in der Qualität ihrer Institutionen und ihrer Wirtschaftspolitik sind „die einzige plausible Erklärung" (Mancur Olson, 1996) für die großen Wohlstandsunterschiede zwischen den Staaten. „Nationale Grenzen demarkieren die national spezifischen Systeme in den Bereichen der Erziehung, der Finanzen, des Managements und der Regierung, die soziale Konventionen, Normen und Gesetze schaffen und dadurch Investitionen in Technologie und Unternehmertum nachhaltig beeinflussen" (Robert Wade, 1996). Die Erfolgsunterschiede bei der Erfüllung dieser Aufgaben durch die jeweiligen Staaten entscheiden über den „Wettbewerbsvorteil der Nationen" (Porter 1990)[7] sowie darüber, ob die finanziellen Mittel erwirtschaftet werden, die den Staat in die Lage versetzen, durch Sozialpolitik die negativen Folgen der Globalisierung zu kompensieren.

4. Regionalisierung und Regionalismus im Globalisierungsprozeß

Das regionale Element im Imperativ der internationalen Kooperation ist einer gesonderten Erörterung wert, weil es für die Anpassung der Territorialstaaten an die Globalisierung und damit für die weltpolitische Neuordnung von großer Bedeutung werden könnte. Es vermittelt zwischen der Logik der global vernetzten Welt und der Logik der Territorialstaaten.

In der Literatur wird sinnvollerweise unterschieden zwischen der ökonomischen „Regionalisierung" (d.h. der Verdichtung der ökonomischen Beziehungen zwischen Staaten einer Region mittels der „natürlichen" Marktkräfte) und dem politischen „Regionalismus" (d.h. der politischen Organisation dieser Beziehungen durch zwischenstaatliche Abkommen wie Zollunionen, Freihandelszonen und Integrationsverbunde). Um welche Sachverhalte handelt es sich dabei?

4.1. Die ökonomische Regionalisierung

Der erste Aspekt bezieht sich auf die prozentuale Verteilung des Welthandels. Drei Regionen treten als Gravitationszentren oder Pole deutlich hervor – die westeuropäische Region (WE), die nordatlantische Region (NA) und die asiatisch-pazifische Region (AP), wobei in den Statistiken – um der neueren Entwicklung Rechnung zu tragen – zur nordatlantischen Region Mexiko hinzugerechnet wird. Der Welthandel hat eine tripolare Struktur (folgende Angaben nach Borrmann u. a., 1995).

Diese regionale Tripolarität ist jedoch nicht erst neuesten Datums. Bereits in den zwanziger Jahren (Stichjahr 1928) entfielen 47% des Welthandels auf Westeuropa und jeweils 18% auf Nordamerika (plus Mexiko) und auf Asien, also insgesamt 83% auf diese drei Regionen (Triade) – mit einem ausgeprägten Übergewicht Westeuropas. Nach dem Zweiten Weltkrieg änderten sich die Gewichte zugunsten Nordamerikas. Das Bild sah nun (1950) folgendermaßen aus: WE 33%, NA 22% und AP 17%. Dann vollzog sich bis Anfang der siebziger Jahre der (Wieder-)Anstieg des WE-Anteils auf 45%, der Rückgang des NA-Anteils auf 19% und des AP-Anteils auf 13%. Bis Mitte der achtziger Jahre sanken erneut der WE-Anteil auf 38% und der NA-Anteil auf 16%, während der AP-Anteil auf 21% stieg und damit die NA-Region überholte. In der zweiten Hälfte der achtziger Jahre erhöhten sich der WE-Anteil und der AP-Anteil kontinuierlich, während der NA-Anteil stagnierte. 1991 betrugen die Anteile 45% (WE), 25% (AP) und 16% (NA). Die Triade hat jetzt einen Gesamtanteil am Welthandel von 86%, was etwa der Situation von 1928 entspricht (siehe Graphik).

Verändert haben sich also die Gewichte zwischen den drei Regionen, und zwar ganz erheblich und mit beachtlichen Schwankungen. Westeuropa hat nach seinem Abstieg heute seine frühere Position zurückgewonnen. Das herausragende Merkmal und die heute bestimmende Tendenz ist jedoch der dynamische Aufstieg der AP-Region, zunächst Japans und dann Chinas und der ostasiatischen „Neu-industrialisierten Länder" (New Industrialized Countries, NICs).

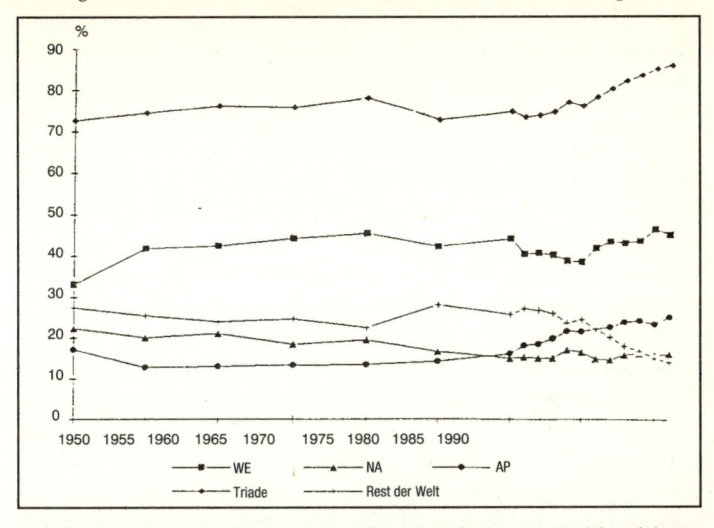

Regionalstruktur des Welthandels 1950–1991 in % der Weltexporte

Quelle: Borrmann, Axel u. a., Regionalismustendenzen im Welthandel. Erscheinungsformen, Ursachen und Bedeutung für Richtung und Struktur des internationalen Handels, Baden-Baden 1995, S. 18.

Dieser Aufstieg wird noch klarer erkennbar, wenn man, auf die einzelnen Länder bezogen, die Veränderungen in der Rangfolge für die Stichjahre 1965 und 1991 betrachtet: Japan hatte 1965 bereits Platz 5 (hinter den USA, Deutschland, Großbritannien und Frankreich) erreicht und stieg 1991 auf Platz 3. Hongkong stieg von Platz 26 auf Platz 10, Taiwan von 45 auf 11, VR China von 25 auf 12, Süd-Korea von 49 auf 13, Singapur von 48 auf 15.

Richtet man schließlich den Blick auf diejenige Branche des Welthandels, die in den letzten Jahrzehnten am stärksten expandierte und bei der technologischen Revolution eine bestimmende Rolle spielte, nämlich auf den Elektromarkt (mit den Teilbereichen Informationstechnik, Elektrotechnik, Meßtechnik und Foto/Optik), so ist die Gewichtsverschiebung zugunsten der AP-Region und ihrer führenden Länder noch ausgeprägter:

1950 waren die USA mit 34% und Großbritannien mit 29% auf dem Elektro-Exportmarkt führend, gefolgt von Frankreich (8%) und Deutschland (6%); Japans Anteil war minimal. 1993 ist Japan auf Platz 1 mit 21% des Elektro-Weltexports, gefolgt von den USA, Deutschland, Singapur und Hongkong. Nimmt man freilich die EU-Region als eine Einheit, so liegt sie an der Spitze (im Teilbereich Foto/Optik gleichauf mit Japan).

Der zweite Aspekt der ökonomischen Regionalisierung, der als deren eigentliches Bestimmungselement gilt, ist die kontinuierliche Zunahme des *intra*-regionalen Handels. Dieser Handel *in* den drei Regionen ist – zusammengenommen – zwischen 1955 und 1990 von 32% des Weltaußenhandels auf 49% gestiegen, macht also fast die Hälfte des Welthandels aus.

Der intra-regionale Verdichtungsgrad ist in den drei Regionen unterschiedlich hoch; die Anteile des intra-regionalen Handels am jeweiligen Gesamtaußenhandel betragen in Westeuropa über 70%, in der Asiatisch-Pazifischen Region 50%, in Nordamerika um 30%. Vergleicht man diese Prozentzahlen mit denjenigen von 1928, so zeigt sich, daß die intra-regionale Verdichtung heute in zwei Regionen nur vier bis fünf Prozentpunkte höher liegt als 1928 (AP 46%, NA 25%), aber bedeutend gestiegen ist – ca. 20 Prozentpunkte (womit dann der Stand von 1913 wieder erreicht wurde) – in Westeuropa (1928: 51%).

Auch die gesamtwirtschaftliche Bedeutung des intra-regionalen Außenhandels (gemessen in Prozent des regionalen Bruttoinlandsprodukts, 1990) ist in allen drei Regionen in den vergangenen Jahrzehnten gestiegen und sehr unterschiedlich: 33% in WE, 14% in AP und 7,9% in NA. (Bei diesen Gegenüberstellungen ist allerdings zu berücksichtigen, daß der Handel zwischen den „vereinigten Staaten" der nordamerikanischen Union als Binnenhandel logischerweise in die Außenhandelsstatistiken nicht einbezogen wird, wohl aber der Handel zwischen den Staaten in der westeuropäischen und in der asiatisch-pazifischen Region.)

Auffällig – und für den Zusammenhang mit der Globalisierung wichtig – ist schließlich, daß trotz des Anstiegs und Bedeutungszuwachses des intra-regionalen Handels auch die *in-*

ter-regionale Verflechtung erheblich ist. Die Unterschiede sind freilich auch hier zum Teil beachtlich. Die inter-regionale Handelsverflechtung liegt heute bei der NA-Region und der AP-Region jeweils über 40%, bei der WE-Region nur bei 16%. Der transatlantische Handel (WE-NA) hat im Laufe der letzten Jahrzehnte seine herausragende Stellung (über 10% der Weltexporte) verloren. Der transpazifische Handel (NA-AP) nimmt jetzt dessen frühere Stellung ein. Sogar der WE-AP-Handel übertrifft seit der zweiten Hälfte der achtziger Jahre den transatlantischen Handel.

Die Triade der Direktinvestitionen 1990

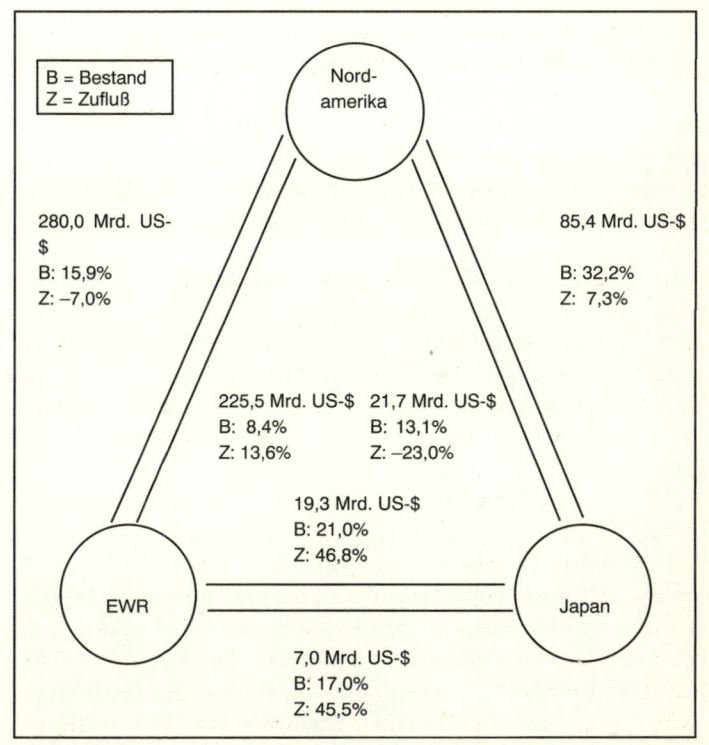

```
B = Bestand
Z = Zufluß

                        Nordamerika

280,0 Mrd. US-$                            85,4 Mrd. US-$
B: 15,9%                                   B: 32,2%
Z: -7,0%                                   Z: 7,3%

        225,5 Mrd. US-$   21,7 Mrd. US-$
        B: 8,4%           B: 13,1%
        Z: 13,6%          Z: -23,0%

              19,3 Mrd. US-$
              B: 21,0%
              Z: 46,8%

    EWR                                    Japan

              7,0 Mrd. US-$
              B: 17,0%
              Z: 45,5%
```

Quelle: Stiftung Entwicklung und Frieden (Hrsg.), Globale Trends 1996. Fakten, Analysen, Prognosen, Bonn 1995, S. 161.

Ein abschließender Blick auf die Verteilung der ausländischen Direktinvestitionen zeigt, daß dort ebenfalls eine tripolare Regionalstruktur vorhanden ist. Im Unterschied zum interregionalen Handel dominieren allerdings bei den Direktinvestitionen die transatlantischen Verflechtungen und Austauschbeziehungen nach wie vor (siehe Schaubild). Auch die weltweiten Aufwendungen für industrielle Forschung und Entwicklung zeigen eine tripolare Verteilung; sie konzentrieren sich auf die USA (43,4%), auf die EU (32,4%) und auf Japan (19,3%) (BMFT, 1996).

Was sowohl den Handel der Triade-Staaten mit dem „Rest der Welt" als auch die dortigen Direktinvestitionen, also die Nord-Süd-Verflechtung, anbelangt, so ist ebenfalls eine starke Regionalisierung festzustellen. Die lateinamerikanischen Staaten handeln vornehmlich mit Nordamerika; Osteuropa, Afrika und der Mittlere Osten mit Westeuropa; Ost- und Südost-Asien haben die stärksten Handelsbeziehungen mit Nordamerika und – an zweiter Stelle – mit Japan (Wade, 1969). Bei den Direktinvestitionen sind – analog – die USA in Lateinamerika führend; Westeuropa in Osteuropa und Nordafrika; Japan sowie die USA (hier an zweiter Stelle) in Ost- und Südostasien (Wade, 1996).

Diese ökonomische Regionalisierung – mit ihrer Tripolarität und den Machtverschiebungen zwischen den drei Hauptregionen – muß in Beziehung gesetzt werden zum politischen Regionalismus, um dessen struktur- und prozeßpolitische Bedeutung in der Staatenwelt erörtern zu können.

4.2. Der politische Regionalismus

Zunächst sei auch hier der empirische Sachverhalt skizziert. In der Nachkriegszeit und speziell in der jüngsten Vergangenheit sind regionale Zollunionen, Freihandelszonen und Integrationsverbunde in den internationalen Wirtschaftsbeziehungen, allein quantitativ, zu einem bemerkenswerten Phänomen geworden. Ein Blick auf das folgende Schaubild veranschaulicht die Entwicklung.

Anzahl der dem GATT gemeldeten regionalen Integrationsabkommen, 1948 bis 1994

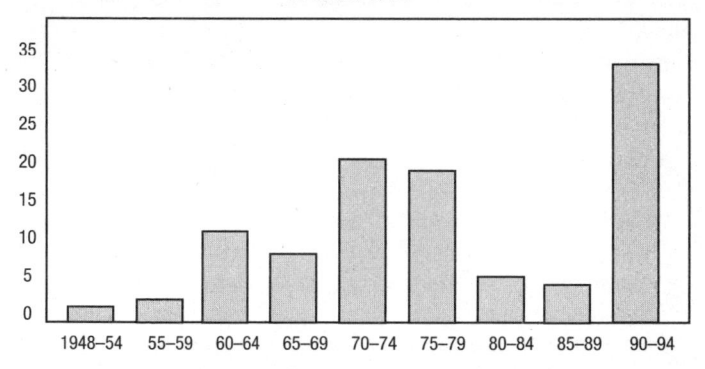

Quelle: World Trade Organization (Hrsg.), Regionalism and the World Trading System, Genf 1995, S. 25.

Insgesamt wurden zwischen 1947 und 1994 109 regionale Integrationsabkommen unterschiedlicher Art abgeschlossen und dem GATT notifiziert. Die tatsächliche Zahl ist noch größer, weil nicht alle Regionalabkommen dem GATT gemeldet wurden. Eine ganze Reihe von ihnen wurde freilich nicht umgesetzt, de facto außer Kraft gesetzt oder durch neue Abkommen ersetzt. Immerhin sind heute mit Ausnahme von Japan alle Mitgliedstaaten der WTO mindestens an einem der gültigen Regionalabkommen beteiligt.

Der politische Regionalismus hat also weltweit Platz gegriffen. Er hat jedoch seinen Schwerpunkt und ist am erfolgreichsten in Europa. Dort hat er auch seine stärksten historischen Wurzeln – Zollunionen zwischen europäischen Staaten, gesamteuropäische Initiativen (wie der französische Vorschlag einer Europa-Union, 1930) und zahlreiche europäische Einheitsbewegungen (siehe die Untersuchungen von Lipgens, 1977). Daran anknüpfend, haben nach dem Zweiten Weltkrieg – in innovativer Mischung von Supranationalismus und Intergouvernementalismus – EGKS (1952) und EWG/Euratom (1958) jenen bekannten Prozeß in Gang gesetzt, der nach und nach zur Ausweitung und Vertiefung der Integration zwischen den westeuropäischen Staaten und mit anderen Ländern geführt hat (mittels Präferenz- und Assoziationsabkommen, von denen die sogenannten Lomé-Verträge mit den Staaten Afrikas, der Karibik und des Pazifiks, AKP, geographisch am weitesten greifen – in Anknüpfung an die alten Kolonialbeziehungen). An mehr als zwei Drittel aller dem GATT notifizierten Regionalabkommen waren bzw. sind westeuropäische Länder beteiligt. Der hohe Anstieg in den neunziger Jahren, den das Schaubild zeigt, resultiert weitgehend aus der großen Zahl der Abkommen der EG/EU mit den Staaten Ost-Mittel-Europas (24 von 33 Abkommen).

Diese quantitative Betrachtung darf freilich nicht den qualitativen Einschnitt durch die Entwicklung außerhalb Europas in den neunziger Jahren verdecken: Mit der Gründung der NAFTA haben die USA mit ihrem riesigen Binnenmarkt als Kern eine neue Großregion organisiert; der Neue Regionalismus in Lateinamerika (mit dem wichtigsten Fall MERCOSUR) hat größere Erfolgschancen als frühere Regionalismen; und das APEC-Projekt zielt auf die Organisation des transpazifischen Raumes, der bereits eine ökonomische Realität und von größter Bedeutung für die Zukunft ist.

Regionalisierung und Regionalismus sowie ihre tripolare Struktur sind also eindeutig identifizierbare Phänomene der ökonomischen und politischen Realität unserer Zeit. Nicht deren Existenz selbst, sondern die Zusammenhänge zwischen beiden Aspekten und deren heutige und künftige Auswirkungen auf die internationale Politik sind offene Fragen.

4.3. Das Verhältnis zwischen Regionalisierung und Regionalismus

Wie ist das Verhältnis zwischen der ökonomischen Regionalisierung und dem politischen Regionalismus, sowie zwischen diesen Regionalismen und der Globalisierung bzw. universellen Multilateralisierung zu sehen und zu bewerten? Die Antworten sind in der wirtschaftswissenschaftlichen Literatur widersprüchlich und strittig. Sie können und müssen hier nicht im einzelnen referiert werden, sondern sind nur insoweit zu berücksichtigen, als sie zu der politikwissenschaftlichen Frage überleiten, die für die weltpolitische Neuordnung relevant ist – ob nämlich der Regionalismus als politisches Instrument zu begreifen ist, das die Staaten angesichts der Herausforderungen der Globalisierung nutzen, um handlungsfähig zu bleiben.

In der wirtschaftswissenschaftlichen Diskussion wächst die Zustimmung zu der Auffassung, daß zumindest eine „offene Regionalisierung" (Detlef Lorenz, 1991) den ökonomischen Globalismus „supplementiert" und „modifiziert", daß die Tendenzen der Globalisierung und Regionalisierung eher „symbiotisch" als entgegengesetzt sind (Wyatt-Walter, 1995). Zudem werden die Auswirkungen der politischen Regionalabkommen auf die regionale ökonomische Integration als relativ gering eingeschätzt. Es wird auf den zweifachen Sachverhalt verwiesen, (a) daß sich die ökonomische Regionalisierung – gemessen an den Welthandelsanteilen und dem intra-regionalen Verflechtungsgrad – in der asiatisch-pazifischen Region seit den siebziger Jahren dynamisch entwickelt hat (s. oben), ohne daß es dort Zollunionen und Freihandelsabkommen gegeben hat, und (b) daß die transpazifische Handelsverflechtung *vor* der Gründung der APEC gestiegen ist. Entsprechendes gilt für die nordamerikanische Region vor der Gründung von CAFTA bzw. NAFTA. Europa erscheint dann entweder als eine Ausnahme von der Regel, daß regionale ökonomische Integration aus der „natürlichen" Entwicklung benachbarter Märkte resultiert, oder diese Regel wird auch in Europa als wirksam unterstellt und die Wirkung der politischen Integration entsprechend gering veranschlagt.

Indes erscheint es weitaus plausibler, genau umgekehrt zu argumentieren: Da in Europa die regionale Zusammenarbeit am intensivsten *politisch* organisiert und die politische Integration am weitesten entwickelt ist – intensiver und weiter als in anderen Regionen –, konnte sich die ökonomische Regionalisierung so außergewöhnlich stark, stärker als in anderen Regionen, entwickeln. Diese Argumentation wird durch den

Hinweis zu relativieren versucht, heute habe sich nur der Zustand wieder hergestellt, wie er vor dem Ersten Weltkrieg bestand und wie er danach 1928 wieder erreicht worden war. Das trifft allerdings nur für den Anteil am Welthandel, nicht für die intra-regionale Verflechtung in Europa zu (s. oben). Die gegenteilige Meinung von André Sapir (1993), auf die gelegentlich Bezug genommen wird, ist nicht überzeugend begründet. Die Tabelle, die Sapir präsentiert, zeigt nicht – wie er schreibt –, daß der Anteil des intra-europäischen Handels an Europas Gesamthandel „seit 1870 praktisch stabil geblieben ist", sondern genau das Gegenteil, nämlich große Schwankungen. Und der intra-regionale Anteil des „Industrialisierten Europa" (EG der Zwölf minus Griechenland, Portugal und Spanien, plus Österreich, Norwegen, Schweden und Schweiz) betrug 1913 51%, derjenige Westeuropas (EG der Zwölf plus EFTA und Türkei und Jugoslawien) 1990 72%; er lag also um gut 20 (!) Prozentpunkte höher. Politische Integration scheint durchaus wirkungsvoll zu sein.

Ferner ist bemerkenswert, daß derjenige außereuropäische Integrationsversuch, der in seiner Anlage dem EG/EU-Modell am nächsten kommt, nämlich MERCOSUR, in kurzer Zeit zu einer alle Erwartungen übersteigenden Erhöhung des intra-regionalen Handels geführt hat – von 4,7 Milliarden US-Dollar 1991 auf 8,3 Milliarden US-Dollar 1993; dabei macht der Anteil Brasiliens am Gesamthandel Argentiniens über 20% aus (1989 nur 10%), der Argentiniens am Gesamthandel Brasiliens über 13% (1989 nur 3,7%) (Hurrell, 1995c).

Die neueste OECD-Studie zu diesem Problem (Regional Integration and the Multilateral Trading System, 1995) kommt zu einer vermittelnden Gewichtung zwischen „marktgeleiteter" und „politikgeleiteter" Integration sowie zwischen Regionalisierung/Regionalismus und Globalisierung/multilateralem Globalismus:
– Die Marktkräfte hätten im Prozeß erfolgreicher regionaler Integration eine *„overriding importance"*; ökonomische Regionalisierung sei eine notwendige, aber *nicht* eine hinreichende Voraussetzung. Die Regierungen seien es, die durch

ihre Politik die Hemmnisse für die Integration wegräumten oder die Integration aktiv förderten.
– Die Handels- und Investitionsströme und die Firmenstrategien ließen keine schlüssige Evidenzaussage über den definitiven Trend der Entwicklung in Richtung Regionalisierung oder Globalisierung zu. Die Strategie der Firmen sei regional *und* global. Die technologischen Innovationen seien die treibenden Kräfte sowohl für Regionalisierung als auch für Globalisierung, und Regionalisierung könne als eine „erste Phase der Globalisierung" angesehen werden. Die privaten Unternehmen spielten diesbezüglich eine große Rolle; sie seien bestrebt, eine starke Position auf dem nationalen Markt und nun mehr und mehr auf dem regionalen Markt zu errichten – als „Sprungbrett für ihre Weltstrategie".
– Durch regionale Integration werden die Marktmacht und die Verhandlungsmacht der beteiligten Länder gestärkt. Ob dadurch zugleich ein multilaterales Handelssystem gefördert und – wie es bisher im allgemeinen der Fall gewesen sei – regionale Integration und globaler Multilateralismus „komplementär" seien, hänge künftig wie in der Vergangenheit von *politischen* Entscheidungen (*„deliberate policy choices"*) ab.

Von diesem Untersuchungsergebnis ausgehend, ist es kein weiter Schritt zu der Einsicht, daß der neue politische Regionalismus eine Antwort der Staaten auf die ökonomische Globalisierung ist, um im geo-ökonomischen Wettbewerb zu überleben. So wie die Unternehmen ihre regionale Position über die nationale hinaus im Zuge ihrer globalen Unternehmensstrategie ausbauen, so betreiben die Territorialstaaten, und zwar auch die großen, die Stärkung ihrer regionalen Position im Zuge ihrer geo-ökonomischen Strategie. Und sie tun dies – wie oben gezeigt wurde – im Zusammenwirken mit transnationalen Unternehmen bzw. deren Managern in neuartigen transnational-internationalen Koalitionen. Aus der Logik der Globalisierung, der ja die Tendenz zur ökonomischen Regionalisierung immanent ist, und der interdependenten und „vernetzten" Welt folgt die Logik des politischen Regionalismus.

Dieser Zusammenhang ist von verschiedenen Autoren, die bezeichnenderweise oft ganz unterschiedlichen „Schulen" angehören, insbesondere zur Erklärung des Integrationsschubs in der EG Ende der achtziger Jahre (Programm des Einheitlichen Binnenmarktes von 1992) thematisiert worden. So haben z.B. Bressand und Nicolaides schon 1990 argumentiert, daß dieses Programm „als erster Versuch einer Gruppe von Staaten angesehen werden sollte, den Erfordernissen einer vernetzten Weltwirtschaft Rechnung zu tragen". Neuerdings hat Stefan Schirm sowohl die Vertiefung der EG/EU seit den achtziger Jahren als auch die Neuansätze regionaler Zusammenarbeit in Nord- und Südamerika (NAFTA, MERCOSUR) unter dem Aspekt der Veränderungen im globalen Kontext untersucht und eine ähnliche Schlußfolgerung gezogen: „transnationale Globalisierung als ein Erklärungsfaktor für regionale Kooperation" (neben anderen Faktoren) (Schirm, 1996). Der Territorialstaat, der sich an Regionalorganisationen oder regionalen Integrationsverbunden beteiligt, verliert zwar einen Teil seiner Entscheidungsautonomie gegenüber seinen Integrationspartnern, gewinnt dafür jedoch mit ihnen zusammen Handlungsfähigkeit gegenüber schädlichen internen und externen Wirkungen der Globalisierung.

Diese Interpretation reicht aber weder zum Verständnis des Regionalismus noch zum Verständnis seiner politischen Konsequenzen für die internationale Ordnung. Daß die Regionalisierungstendenz dem Globalisierungsprozeß immanent ist und die regionalistische Antwort der Staaten ihrer Selbstbehauptung dient, ist zwar eine richtige und wichtige Einsicht. Aber warum die Dynamik des Regionalismus weit größer und stärker ist als die Tendenz zum universellen Multilateralismus, wird erst dann verständlich, wenn der politische Regionalismus nicht nur aus der Logik der Globalisierung und der ökonomischen Regionalisierung, sondern auch oder sogar primär aus der Logik von Macht- und Gegenmachtbildung der Staaten erklärt und als Phänomen der Machtbalance begriffen wird.

5. Globalisierung und Regionalismus in der Logik von Macht- und Gegenmachtbildung

Aus machtpolitischer Sicht ist es nicht verwunderlich, daß die Schrittmacher des Regionalismus in der Regel die großen Mächte in den jeweiligen Regionen waren und sind – in Europa Frankreich und Deutschland; in der „eurasischen" Region Rußland (GUS), in Nordamerika die Vereinigten Staaten, in Südamerika Brasilien und Argentinien. Lediglich Japan hat formell keine regionalistische Politik mit organisatorischem Rahmen entwickelt. Eine offen hegemoniale Regionalpolitik kann Japan aufgrund der historischen Belastungen nicht führen; ferner fehlt ihm ein Integrationspartner, von dem die Initiative ausgehen müßte und der stark genug wäre, die Hegemonialfurcht vor Japan zu dämpfen. Informell hat aber auch Japan eine regionalistische Politik betrieben.

Die kleineren und mittleren Staaten schließen sich entweder subregional zur Bildung von Gegen- und Verhandlungsmacht zusammen. Oder sie schließen sich dem mächtigeren Regionalstaat an – betreiben damit eine „bandwagoning"-Politik –, weil sie nur so – statt der Fremdbestimmung unterworfen zu sein – die Möglichkeit zur Mitsprache und Mitentscheidung sowie gegebenenfalls zur Koalitionsbildung *in* dem jeweiligen Regionalverband erhalten, in dem die gemeinsamen, alle Mitglieder bindenden Regelungen eben auch für die größeren Staaten gelten, also deren hegemoniale Position beschränken. Theoretisch gibt es zwar noch die dritte Alternative der Isolierung aus dem weltökonomischen Beziehungszusammenhang (vgl. Jäger und Kümmel, 1996). Aber diese Politik ist erst recht mit Peripherisierung und Marginalisierung verbunden und überdies kostspielig (wie die früheren Dissoziationspolitiken lateinamerikanischer Staaten und Nordkoreas belegen).

Aus machtpolitischer Perspektive ist also zu erwarten, daß die Staaten – zusätzlich zu ihren internen Anstrengungen beim Standortwettbewerb – durch regionale Arrangements ihre Position unter den Bedingungen der Globalisierung zu erhalten, zu verbessern oder gar zur Führungsposition auszubauen trachten. Die regionalistische Antwort auf die Herausforderungen der Globalisierung hat also ihre Ratio im konkurrierenden Streben der Staaten nach Sicherheit und Wohlstand im geo-ökonomischen Wettbewerb – bis hin zum Streben der großen Wirtschaftsmächte, ihre Volkswirtschaft zur „größten der Welt" (Clinton) zu machen.

Regionale Arrangements oder Integrationsverbünde dienen *in* einer Region der Balancierung einer potentiellen bzw. aktuellen Hegemonialmacht oder – aus der Sicht eines solchen Hegemons – der Absicherung seiner Regionalmacht („hegemonialer Regionalismus", Fawcett und Hurrell, 1995). Nach *außen*, im globalen Zusammenhang, dienen sie der Balancierung anderer großer Mächte und Regionalverbände. Und da jede bedeutende Regionalmacht oder Regionalgruppe sich so verhält, treibt ein regionales Arrangement das andere an, und es entsteht eine regionalistische Dynamik.

Diese machtpolitische These (vgl. dazu auch Hurrell, 1995a und b, und Roloff, 1998) soll im folgenden an den wichtigsten empirischen Fällen des Regionalismus exemplifiziert werden – beginnend mit (West-)Europa, handelt es sich doch bei der (west-)europäischen Integration um die früheste und intensivste Konkretisierung des Regionalismus, zumal die Art und Weise, wie sich die EU entwickelt, in hohem Maße darüber entscheiden wird, wie die neue weltpolitische Konfiguration aussehen wird.

5.1. (West-)Europa

Nach dem Zweiten Weltkrieg, ähnlich wie heute nach dem Ende des Ost-West-Konflikts, stand nicht nur in Europa, sondern im Weltsystem politisch und ökonomisch die Neuordnung auf der Tagesordnung – damals in Auseinandersetzung mit den Erfahrungen der nationalistischen Politik in den dreißiger Jahren und der Zusammenarbeit im Weltkrieg. Von dessen katastrophalen Zerstörungen waren nur die USA verschont geblieben; sie waren zur weltweit herausragenden Wirtschafts- und

Militärmacht aufgestiegen. Dieser machtpolitischen Realität gemäß, ging von den USA der Versuch einer multilateralen globalen Regelung aus – politisch in der UNO, währungspolitisch im Bretton-Woods-System mit dem Gold-Dollar-Standard und handelspolitisch im Freihandelssystem der Internationalen Handelsorganisation (ITO), an deren Stelle – wegen des inneramerikanischen Widerstands gegen die Beschränkungen der eigenen Handlungsfreiheit – das GATT trat.

Die weltweite Ausdehnung dieses Systems scheiterte in erster Linie an der Spaltung der Welt infolge des Ost-West-Konflikts, wodurch der liberale Multilateralismus und die amerikanische Hegemonie auf den Westen beschränkt wurden. Es mußte jedoch auch dort, nämlich für Westeuropa, eine regionalistische Ausnahme gemacht werden, die einigermaßen – mittels Art. XXIV – mit dem multilateralen Handelsliberalismus des GATT in Übereinstimmung gehalten wurde. Sie resultierte aus den spezifischen Nachkriegsschwierigkeiten im vom Krieg ruinierten Europa, wo ab 1947/48 zusätzlich der Eiserne Vorhang und die westlichen Embargomaßnahmen die natürlichen, traditionellen Ost-West-Verbindungen durchschnitten und wo sich die Nationalstaaten – entgegen der Hoffnung der nicht-gouvernementalen europäischen Einigungsbewegungen – restituiert hatten.

In dieser Situation traf sich die Einsicht der westeuropäischen „Gründungsväter" der europäischen Integration, daß nur durch eine teilweise Souveränitätsübertragung auf einen europäischen Verbund ein Überleben der Nationalstaaten gewährleistet werden könne, mit der positiven Einschätzung, ja, mit der Förderung der westeuropäischen Integration durch die USA.

Diese Innovation amerikanischer Europa-Politik war das Resultat einer Reihe von Überlegungen und Einsichten, nämlich (vgl. Link, 1995b):
– daß nur ein kooperierendes und sich integrierendes Westeuropa einen effektiven Einsatz der amerikanischen Wiederaufbauhilfe gewährleisten und zu einem großen offenen Markt für amerikanische Waren und Kapital werden könne;

- daß die ökonomisch und politisch notwendige Einbeziehung West-Deutschlands in den europäischen Wiederaufbau nur dann relativ risikofrei (*„calculated risk"*) erfolgen könne, wenn durch die Einbindung Deutschlands in einen Integrationsverbund die Gefahr einer neuerlichen deutschen Hegemonialpolitik gebannt werde;
- daß die amerikanische Führung (Hegemonie) in Europa am besten durch eine pro-amerikanische europäische Organisation gesichert werde („Hegemonie durch Integration", Eckart Conze, 1995b); und vor allem
- daß angesichts der Bedrohung durch die Sowjetunion nur durch eine Integration Westeuropas eine hinreichende Gegenmacht gebildet werden könne.

Dies waren die teils geopolitischen, teils geo-ökonomischen Hauptgründe, die die USA zum externen Integrator Westeuropas werden ließen – direkt bei der Schaffung der Organisation für europäische wirtschaftliche Zusammenarbeit (OEEC) zur Verteilung der Marshall-Plan-Hilfe und dann indirekt durch die politische und kreditäre Unterstützung der EGKS (Montan-Union). Daß dabei der europäische Hauptinitiator, Frankreich unter Monnets und Schumans Führung, in gleicher Weise wie die USA den geopolitischen Doppelzweck der europäischen Integration in der integrativen Balancierung Deutschlands und der Gegenmachtbildung gegenüber der Sowjetunion sah, ist in der Literatur hinreichend belegt. Das Schlüsseldokument, Monnets Memorandum vom 3. Mai 1950 (1993), zeigt ferner, daß Frankreich darüber hinaus mit der europäischen Integration den Gedanken verband, eine führende Rolle innerhalb dieser Gemeinschaft zu spielen und Europa im transatlantischen Beziehungssystem ein eigenständiges Gewicht gegenüber den USA zu verschaffen – im Sinne einer ausgewogenen Partnerschaft und einer europäischen *„force d'équilibre"*.

Angesichts der dreifachen Herausforderung durch die lebens- und freiheitsbedrohende Macht der Sowjetunion, die wieder aufsteigende ökonomische Macht Deutschlands und die herausragende ökonomische Macht des amerikanischen Verbündeten wurde die regionalistische Antwort der (west-) europäischen Integration politisch, ökonomisch und militärisch als Gebot der Stunde angesehen. Für die Bundesrepublik Deutschland war die integrative gemeinschaftliche Kontrolle wegen der damit verbundenen Gleichberechtigung und Gegenseitigkeit der ideale Weg zur Souveränität und zur Selbstentfaltung, ohne eine externe Gegengruppierung der westlichen Nachbarn befürchten zu müssen. Das Interesse, durch westeuropäische Integration eine Gegenmacht zur Sowjetunion zu bilden, teilte sie mit ihren Nachbarn und mit den USA ohnehin; ja, als extrem gefährdeter Grenzstaat war sie hieran noch vitaler interessiert. Durch eine Integration mit Frankreich konnte zudem der latenten Gefahr einer französisch-russischen Verständigung und einer Umklammerung der Bundesrepublik vorgebeugt werden.

Daß diese politischen Gründe für den integrativen Regionalismus der Bundesregierung entscheidend waren, machte Bundeskanzler Adenauer mittels seiner Richtlinienkompetenz gegenüber dem regionalistischen Skeptiker Erhard nachhaltig deutlich. Im übrigen erwartete auch Adenauer von der Westintegration langfristig die Erlangung einer starken Position Deutschlands. Aber er war bereit, die französische Führung im integrativen Rahmen anzuerkennen bzw. eine französisch-deutsche Doppelführung zu praktizieren. Und er sah – ähnlich wie de Gaulle – die Notwendigkeit, daß die europäischen Staaten durch eine gemeinsame Politik ein gewisses Gegengewicht zum amerikanischen Verbündeten bildeten (vgl. Link, 1994).

Daß nach dem Scheitern der EVG die europäische Integration auf den ökonomischen Bereich begrenzt blieb und die militärische Sicherheit der westeuropäischen Staaten durch die NATO, also letztlich durch den amerikanischen Hegemon, gewährleistet wurde, begründete zwar eine Spannung zwischen europäischer und atlantischer Integration, stellte zugleich aber auch eine hilfreiche Voraussetzung für die Entwicklung der EWG dar. Sie wurde auf diese Weise entlastet; Deutschlands militärische Macht wurde innerhalb der transatlantischen Allianz durch das entscheidende Übergewicht der USA eingedämmt, und die USA fungierten als *„balancer"* zwischen den westeuropäischen Staaten.

Die sicherheitspolitische Abhängigkeit Westeuropas von den USA erzwang freilich immer wieder ökonomische Zugeständnisse der EWG bzw. ihrer Mitgliedstaaten. Bei den GATT-Runden sorgte die Verbindung zwischen Schaffung und Ausdehnung der EWG einerseits und zollpolitischen Kompensationen andererseits für die Vereinbarkeit zwischen dem europäischen Regionalismus und dem globalen freihändlerischen Multilateralismus.

Wie bedeutsam bei der Erweiterungsproblematik die Politik der Gegenmachtbildung war, zeigte sich bei der Frage des Beitritts von Großbritannien, Portugal und Spanien. De Gaulles Widerstand gegen die Mitgliedschaft Großbritanniens resultierte vor allem aus der Annahme, daß Großbritannien als Trojanisches Pferd der USA und als Führungskonkurrent auftreten werde. Die Zustimmung Frankreichs unter Pompidou zum britischen Beitritt war maßgeblich bestimmt von dem französischen Wunsch, *in* der EWG ein Gegengewicht zu dem ökonomisch erstarkten Deutschland zu schaffen. Aus deutscher Sicht war Großbritannien nicht nur aus wirtschaftlichen Gründen in der EWG erwünscht, sondern auch deshalb, weil – wie Bundeskanzler Schmidt betonte (vgl. Link, 1987) – die sowjetische Bedrohung eine Spaltung Westeuropas nicht erlaubte. Die schnelle Integration der demokratisierten Länder Portugal und Spanien war ebenfalls wesentlich bestimmt von dem Bestreben, eine sozialistisch-kommunistische Entwicklung in diesen Ländern zu verhindern.

Mit der Entspannung im Ost-West-Konflikt wurde die militärische Gegenmachtfunktion der USA zwar nicht obsolet, denn die sowjetische Bedrohung blieb ja bestehen; aber sie wurde relativiert. Gleichzeitig verminderte sich auch die ökonomische Macht der USA im Verhältnis zu derjenigen der EWG. Dadurch gewann die Tendenz zur westeuropäischen Eigenständigkeit und zur Ausdehnung der westeuropäischen Zusammenarbeit auf die Außenpolitik (EPZ) und vor allem auf die Währungspolitik neue Impulse. Die Schaffung des Europäischen Währungs-Systems (EWS) 1978/79 war – auch nach dem Selbstverständnis seiner Inauguratoren Schmidt und Giscard – eine bewußte Politik der Gegengewichtsbildung und Balancierung gegenüber dem US-Dollar, der auch nach dem Zusammenbruch des Bretton-Woods-Systems die dominierende Währung blieb, und gegenüber dem japanischen Yen (und zugleich – intern – eine Politik der Balancierung des DM-Gewichts).

Was sich in den achtziger Jahren als Tendenz zur „Globalisierung" abzeichnete, nahm seinen Ausgang von der technologischen Revolution in den USA und in Japan. Die Reaktion der EG auf den steigenden amerikanischen Wettbewerbsvorsprung bei neuen Technologien war zunächst – in der Phase des „zweiten" Kalten Krieges Anfang der achtziger Jahre – noch gebremst durch die sicherheitspolitische Abhängigkeit von den USA. So war EUREKA eine europäische Antwort auf die amerikanische „Strategische Verteidigungsinitiative" (SDI), zugleich beteiligten sich die europäischen Staaten an SDI. Aber mit EUREKA und seinen beiden Vorläufern (ESPRIT und RACE) antworteten die europäischen Staaten gemeinsam auf die japanische und amerikanische Herausforderung; sie schufen ein „High-Tech-Europa" (Wayne Sandholtz, 1992), „um regional das zu erreichen, was bis dahin nur *in* den Staaten betrieben wurde: Hochtechnologie für den Ausbau ökonomischer Wettbewerbsfähigkeit zu nutzen".

Das umfassende Projekt des einheitlichen Binnenmarktes wurde dann Mitte der achtziger Jahre entworfen, also bereits in der neuen Détente-Phase, die schließlich in das Ende des Ost-West-Konflikts überging. Mit dem Wegfall der sowjetischen Bedrohung und dem Zusammenbruch des Ostens erfuhr die Globalisierung einen neuen Impuls, sie wurde nunmehr erst wirklich global; und mit dem Wegfall der geopolitischen Konkurrenz zwischen Ost und West konnte die geo-ökonomische Konkurrenz voll wirksam werden. Der einheitliche Markt sollte Europa ermöglichen, diese neue Konkurrenz erfolgreich zu bestehen, in Wettbewerb mit dem großen Binnenmarkt der USA. Daß sich die ökonomische globale Herausforderung dann mit der innereuropäischen ökonomischen Herausforderung des größeren, wiedervereinigten Deutschlands verband, erklärt die integrationspolitische Antwort, die mit dem Unionsvertrag von Maastricht gegeben wurde. Durch dessen Implementierung (Europäische Währungsunion) und Weiterentwicklung und durch die Integration der ostmitteleuropäischen Staaten soll eine große Wirtschaftsmacht geschaffen werden. Dadurch würde in Europa das integrative Gleichgewicht gestärkt und könnte ein ausgewogenes Verhältnis zwischen Europa und den USA entstehen. Die vertiefte und erweiterte EU könnte in einer multipolaren Weltordnung zu einem mit-bestimmenden Bewegungsfaktor werden, sofern sich die EU-Mitgliedstaaten darin einig sind – was zur Zeit fraglich ist (s. Kap. V.3.3.).

Die europäische Politik des Interregionalismus (Roloff, 1998) – die Abkommen und Dialogforen zwischen der EG/EU und nahezu allen wichtigen außereuropäischen ökonomischen Regionalverbänden sowie den USA (vgl. Geoffrey Edwards und Elfriede Regelsberger, 1990) – zeigt, daß die EU wenigstens im Ansatz eine kooperative ökonomische Balancepolitik betreibt. Der Regionalverband der EU ist – zumindest im ökonomischen Bereich – zu einer *force d'équilibre* in der neuen internationalen Ordnung geworden. Im EU-Binnenverhältnis sorgt die Integration für eine Balance zwischen ihren Mitgliedstaaten, zwischen den großen Mächten Deutschland, Frankreich und Großbritannien, und schafft auf diese Weise ein integratives Gleichgewicht, wodurch die Hegemonie einer dieser Mächte so gut wie ausgeschlossen, aber eine Art kollektive Führung möglich und auch notwendig wird – eine „trianguläre Führung" (Außenminister Cook, zit. in: „Financial Times", 8. 5. 1997).

Der außereuropäische „neue Regionalismus" (Norman Palmer, 1991) in Eurasien, Nord- und Mittelamerika, in Südamerika, Asien und Afrika (s. vor allem R. Stubbs und G.R.D. Underhill, 1994, Kap. III) folgt in ähnlicher Weise machtpolitischer Logik, weicht aber in der Konkretisierung vom europäischen „Modell" ab, da die Machtrelationen und die Position der regionalen Mächte und Gruppierungen im internationalen System anders sind.[8]

5.2. Eurasien

Nach dem Zusammenbruch der Sowjetunion betreibt Rußland eine regionalistische Politik, die eindeutig von machtpolitischer Logik bestimmt ist. Die „Gemeinschaft Unabhängiger Staaten" (GUS), der inzwischen alle ehemaligen Sowjetrepubliken mit Ausnahme der baltischen Staaten und Moldova angehören, ist Ausdruck des „hegemonialen Regionalismus" Rußlands. Zwar fehlen der GUS effektive Institutionen und Prozeduren zur Durchsetzung der Vereinbarungen, und insofern ist sie „nur bedingt als Instrument zur Sicherung von Hegemonie geeignet" (Simon, 1994). Die GUS ist auch keine einheitliche Organisation. In dem regionalen Verbund haben sich informell „mehrere konzentrische Kreise" (Simon) um die Russische Föderation als Mittelpunkt entwickelt, die die Interessendifferenz und die unterschiedliche Abhängigkeit der GUS-Staaten widerspiegeln. Zudem sind die einzelnen GUS-Staaten durch bilaterale Verträge über wirtschaftliche und militärische Zusammenarbeit mit Rußland verbunden, welche die Bedeutung der multilateralen Zusammenarbeit relativieren. Die hegemoniale Intention der russischen GUS-Politik hingegen ist evident. Wirtschaftsintegration und geopolitische „Re-Integration" (Zagorski, 1994) werden in dem Strategie-Erlaß Präsident Jelzins vom 15. September 1995 (Interfax, 19. September 1995) zu einer Einheit verschmolzen. Intendiert werde, so heißt es dort, nicht nur „im Rahmen der Wirtschaftsunion vielseitige Formen der Beziehungen optimal mit den bilateralen Formen" zu verbinden und die Zollunion allmählich auszuweiten, sondern auch über ein „System der kollektiven Sicherheit" (Vertrag von 1992) schließlich ein „Verteidigungsbündnis" zu errichten. Bei der Zusammenarbeit der GUS mit Drittländern und internationalen Organisationen (UNO, OSZE) solle Verständnis dafür gewonnen werden, „daß diese

Region in erster Linie der Interessenbereich der Russischen Föderation ist". Nur so glaubt Rußland, das nötige Gewicht gegenüber den USA und Europa sichern bzw. wiedererlangen zu können.

Bekanntlich stößt diese Politik auf den Widerstand der meisten GUS-Staaten und auf die Ablehnung der anderen Mächte. Ob die GUS überleben wird, ist höchst fraglich. Bezeichnenderweise hat jedoch die Analogie zur amerikanischen Interessensphärenpolitik in Südamerika, die offiziell von russischer Seite hergestellt wird, bei der US-Regierung ein gewisses Verständnis gefunden.

5.3. Nordamerika

Die *USA* haben gegenüber Mittel- und Südamerika mit der Monroe-Doktrin (1823) zunächst eine Gegenmachtbildung gegen den Einfluß der europäischen Mächte betrieben und dann die Tradition eines hegemonialen Regionalismus in der *Western Hemisphere* begründet, die ebenfalls sowohl geopolitisch als auch geo-ökonomisch ist und dabei einerseits mit militärischen Mitteln (Militärinterventionen), andererseits mit wirtschaftlichen Mitteln („Dollardiplomatie") operiert.

Der hegemoniale Regionalismus der USA hat 1948 in der „Organisation Amerikanischer Staaten" (OAS) seinen organisatorischen Ausdruck gefunden, war aber in der Phase des Ost-West-Konflikts dem Konzept des *containment* untergeordnet und wurde durch den vorherrschenden Universalismus relativiert.

Die neuerliche Hinwendung der USA zu einer betont regionalistischen geo-ökonomischen Politik begann in der zweiten Hälfte der achtziger Jahre und verstärkte sich seit dem Ende des Ost-West-Konflikts. Sie ist – wie überzeugend nachgewiesen wurde (vgl. u.a. Pierre Martin, 1994; Andreas Falke, 1997) – als Reaktion auf die sich verändernden innergesellschaftlichen *und* internationalen Bedingungen zu erklären.

Ähnlich wie die EG auf die amerikanische und japanische Herausforderung mit einer verstärkten Integration geantwortet hatte, waren diese regionalistische Politik und die amerikanische Furcht vor einer „Festung Europa" wichtige Ursachen für die Schaffung der regionalen Freihandelszone zwischen den USA und Kanada (CAFTA) sowie für deren Ausdehnung auf Mexiko. Die NAFTA ist die „strategische Antwort" der USA auf „globale Trends wie die zunehmende ökonomische Bedrohung, die von einem expandierenden und geeinten Europa und einem selbstbewußteren Japan ausgeht" (Grinspun und Cameron, 1993, zit. in McConnell/MacPherson, 1994).

Aus ähnlichen Gründen waren CAFTA und NAFTA auch eine strategische Antwort *Kanadas*. Der kanadische Regierungsbericht „External Affairs and International Trade" (1993) konstatiert in diesem Sinne: „Regionale Antworten auf die Internationalisierung der ökonomischen Aktivitäten in Europa und Asien wie auch in Nord- und Südamerika waren eine direkte Herausforderung für Kanada. Die FTA war die erste Antwort auf diese Herausforderung. Die Verhandlungen zwischen Kanada, den USA und Mexiko bauten auf diesem Erfolg auf" (zit. bei McConnell/MacPherson, 1994).

Aus kanadischer Sicht war darüber hinaus die Einbindung der USA in eine Freihandelszone, ähnlich wie aus der Sicht der europäischen Staaten die Einbindung Deutschlands in die EG/EU, eine Politik der integrativen Ausbalancierung des überstarken Nachbarn und der Vorsorge gegen dessen unilaterale und protektionistische Maßnahmen. Die regionalistischen Arrangements (einschließlich APEC) vermitteln am besten zwischen den beiden essentiellen Notwendigkeiten kanadischer Politik – nämlich den Einfluß der USA zu balancieren und zugleich mit den USA zu kooperieren (vgl. Zellmer-Bjick, 1997).

Analoges gilt für *Mexiko*, von dem übrigens die ersten Anregungen zur NAFTA-Gründung ausgingen. Mexiko entschied sich dafür, zur Bewältigung seiner internen und externen Probleme nicht auf eine zweifelhafte Gegenmachtbildung mit den südamerikanischen Staaten gegen die USA zu setzen, sondern „bandwagoning"-Politik zu betreiben.

5.4. Südamerika

In Südamerika war der „alte" Regionalismus nach dem Zweiten Weltkrieg und in der Epoche des Ost-West-Konflikts ein in sich widersprüchliches Phänomen: Aus der Sicht der USA sollte die westliche Hemisphäre gegenüber dem Eindringen des Kommunismus abgeschirmt und die US-amerikanische „Hegemonie durch Integration" mittels der Organisation Amerikanischer Staaten (OAS) stabilisiert werden; die lateinamerikanischen Staaten ihrerseits wollten ihre Entwicklung und Eigenständigkeit gegenüber den USA (mittels regionaler Organisationen wie LAFTA und SELA oder subregionaler Organisationen wie dem Anden-Pakt) behaupten. Unter den Zwängen des strukturbestimmenden Weltkonflikts wurde somit die Problematik der regionalen Balance überlagert: Einerseits mußten die lateinamerikanischen Staaten im eigenen Interesse die Hegemonie der USA zum Zwecke der geopolitischen Gegenmachtbildung hinnehmen, andererseits waren sie bestrebt, durch Regionalorganisationen und durch eine Dritte-Welt-Politik Eigenständigkeit der Entwicklung und Verhandlungsmacht (vor allem in der Gruppe der 77) zu erlangen.

Das Ende des Ost-West-Konflikts hat den amerikanischen Hegemon ebenso wie die lateinamerikanischen Staaten von den Zwängen der Gegenmachtbildung gegenüber der externen geopolitischen Herausforderung befreit und damit in der westlichen Hemisphäre die Balance-Problematik wieder aktuell werden lassen. Die neue geo-ökonomische Herausforderung der Globalisierung, deren Zentrum ja – wie oben gezeigt wurde – die Triade Nordamerika-Europa-Asien ist, hat für Lateinamerika die Gefahr einer Marginalisierung heraufbeschworen. Der „neue" Regionalismus, insbesondere MERCOSUR[9] und der revitalisierte Anden-Pakt[10], ist die subregionale Antwort auf diese Entwicklung im Sinne der eigenständigen Einfügung in die Globalisierung (bei gleichzeitiger interner Abkehr von der Politik der Importsubstitution) – eigenständig gegenüber den USA, allerdings ohne Konfrontation, in Form einer kooperativen Balance. Durch die organisierte Zusammenarbeit zwischen MERCOSUR und Anden-Pakt (die für 1998 beschlossen wurde) und durch die interregionale Zusammenarbeit mit der EU soll zusätzlich ein gewisses Gegengewicht zu den Beziehungen mit den USA und der NAFTA geschaffen werden. Daneben ist bei einigen lateinamerikanischen Staaten auch die alternative Tendenz einer Anlehnung an die USA oder gar der institutionellen Einbeziehung in die NAFTA erkennbar – ein *„bandwagoning with Washington"* (Andrew Hurrell, 1995c), wie es von Mexiko vorexerziert worden ist. Chile hat schon 1994 offiziell bekundet, daß es folgen will. Seit 1996 ist Chile zudem mit MERCOSUR assoziiert und bereits seit 1994 Mitglied von APEC. Ferner hat Chile 1996 einen Kooperationsvertrag mit der EU abgeschlossen. Chile bietet mithin ein Beispiel für Diversifizierung und „offenen Regionalismus" (vgl. Mols u.a. 1993).

Daß die USA ihrerseits hin und wieder mit der Perspektive einer Ausdehnung der NAFTA nach Südamerika liebäugeln, ist seit Bushs *„Enterprise for the Americas Initiative"* (1990) zu beobachten; indes scheinen eher bilaterale Abkommen in ihrem Interesse zu liegen (vgl. R. Gwynne, 1994). Die USA schwanken in ihrer Südamerika-Politik zwischen einer „Hegemonialpolitik von außen her" und einer Hegemonialpolitik *„im* Staatenverbande" (Triepel, 1938), wie im Falle der OAS, wo sie zwar die weitaus stärkste Macht sind, sich selbst allerdings auch multilateral binden müssen und der Mitentscheidung und internen Koalitionsbildung der lateinamerikanischen Staaten ausgesetzt sind. Nicht zuletzt ist auch die zu erwartende Reaktion in außeramerikanischen Regionen zu bedenken: Die NAFTA-Süderweiterung würde – wie J.N. Bhagwati (1993) warnt – mit Sicherheit die Bildung eines Gegenblocks in Asien provozieren. Die derzeitige Politik der USA, „nur" eine Freihandelszone bis 2005 zu schaffen, schlägt einen Mittelweg ein, der diese Gefahr abschwächt. Südamerikanische Staaten fürchten jedoch, daß dadurch ihre eigenständigen Regionalarrangements (wie MERCOSUR) beeinträchtigt werden (sollen).

5.5. Asiatisch-pazifische Region

Für die asiatisch-pazifische Region ist bisher ein „weicher Regionalismus" (Robert Scalapino, zit. bei R. Foot, 1995) charakteristisch, der – ebenso wie der einzige Ansatz einer stärkeren Institutionalisierung subregionaler Zusammenarbeit (ASEAN) – wiederum primär machtpolitisch zu erklären ist.

In der Ära des Ost-West-Konflikts mit der zweifachen Bedrohung durch die Sowjetunion und die Volksrepublik China organisierten die USA auch in Asien eine geopolitische Gegenmacht. Aber abgesehen von der wenig bedeutsamen, bald dahinsiechenden SEATO, geschah dies vornehmlich mittels bilateraler Sicherheitsabkommen, vor allem mit Japan und den Philippinen, welche die militärische Präsenz der USA in der Region und damit ihren regionalen Schutz garantierten bzw. (in Japan) noch garantieren. Aufgrund der Heterogenität der Region war es ausgeschlossen, daß die USA dort (wie in Europa) als externer Föderator fungierten.

Auch Japan hat keine ökonomische Regionalisierungsinitiative entwickelt, sondern uni- oder bilateral agiert, weil es (anders als Deutschland, das der französischen Initiative folgen konnte) in der im Weltkrieg unterworfenen Region keine Integrationspartner hatte bzw. hat; ein Manko, zumal dadurch, in Erinnerung an die frühere Hegemonial- und Dominanzpolitik Japans, die Tendenz zur externen Gegenmachtbildung bei seinen Nachbarstaaten bestehen bleibt.

In Asien existieren heute zwei subregionale Organisationen, die schwach entwickelte Südasiatische Gemeinschaft für Regionale Zusammenarbeit (SAARC),[11] die durch den indisch-pakistanischen Gegensatz praktisch gelähmt ist, und die erfolgreiche Assoziation Süd-Ost-Asiatischer Staaten (ASEAN).[12]

ASEAN entstand 1967, als Großbritannien seinen Rückzug aus der Region ankündigte und die pro-westlichen Staaten eine eigenständige Gegenmacht gegen die kommunistische Bedrohung im Innern und von außen organisieren mußten. Ein weiterer externer Kooperationsimpuls ging in den folgenden Jahren indirekt von den USA aus, als Präsident Nixon eine allmähliche Beendigung des amerikanischen Engagements in Vietnam anstrebte und auch das Verhältnis zu der Volksrepublik China revidierte. Für die südostasiatischen Staaten stellt sich damit das Problem, ein Eindringen der kommunistischen Staaten in das durch den amerikanischen Rückzug entstandene Machtvakuum zu verhindern, ohne indirekt als regionale Statthalter der USA zu fungieren oder von der regionalen Großmacht China (im Konflikt mit Vietnam wegen der Besetzung Kambodschas) instrumentalisiert zu werden. Das Konzept, die Region zu einer „Zone des Friedens, der Freiheit und der Neutralität" (ZOPFAN) zu machen, war der Versuch, sich nicht in die geopolitische Konkurrenz externer Mächte einbeziehen zu lassen und das eigene Umfeld zu stabilisieren. Im wirtschaftspolitischen Bereich betrieb ASEAN erfolgreich die Institutionalisierung seiner interregionalen Zusammenarbeit mit der EG und eine bilaterale Konsultationspolitik mit Japan und den nordamerikanischen Staaten – eine Politik der Diversifizierung, um eine einseitige Abhängigkeit der Subregion zu verhindern.

Das Ende des Ost-West-Konflikts, die gleichzeitige Beschleunigung der Globalisierung und die Entwicklung zur größten Wachstumsregion haben auch hier den geo-ökonomischen Wettbewerb in den Vordergrund treten lassen, aber die geopolitische Problematik der Gegenmachtbildung nur gegenüber Rußland, nicht aber gegenüber der aufsteigenden Macht China relativiert. ASEAN hat auf die neue Situation auf dreifache Weise reagiert: 1995 wurde Vietnam als siebtes Mitglied aufgenommen (damit grenzt ASEAN unmittelbar an China und verdeutlicht seine Funktion als regionales Gegengewicht). Im wirtschaftlichen Bereich wurde die Zusammenarbeit vertieft (u.a. mit einem Stufenprogramm zur Freihandelszone). Im sicherheitspolitischen Bereich wurde das ASEAN Regional Forum[13] errichtet, das durch die Einbeziehung Chinas, Rußlands und der EU-Länder eine Gleichgewichtspolitik in einem kooperativen Rahmen ermöglichen soll.

In der asiatisch-pazifischen Gesamtregion ist 1989 unter Einschluß und dank der aktiven, initiierenden Mitwirkung der amerikanisch-pazifischen Staaten, insbesondere der USA, die APEC (Asian Pacific Economic Cooperation)[14] als ein transpazifischer interkontinentaler Kooperationsrahmen geschaffen und inzwischen weiter ausgebaut worden, in dem der verschärfte geo-ökonomische Wettbewerb freihändlerisch reguliert wird und die potentiellen Hegemonialmächte intern (nicht extern) balanciert werden sollen – eine integrative Balancepolitik ohne Integration im strengen Wortsinn, also ohne feste Institutionalisierung und erst recht ohne Supranationalitätselemente. Wie zentral aus der Sicht und Interessenlage der asiatischen Staaten die interne Balancefunktion von APEC ist, zeigt sich u.a. daran, daß sie die Instrumentalisierungsversuche seitens einer Großmacht, insbesondere den amerikanischen Versuch, gegenüber China eine konfrontative Eindämmungspolitik zu betreiben, konsequent abblocken und prinzipiell den konsultativen Charakter von APEC beibehalten wollen.

Ähnlich ist aus der Sicht Kanadas APEC ein multilateraler Rahmen, um das Übergewicht der USA (und Japans) kooperativ auszugleichen, um – wie es in einem offiziellen Dokument der kanadischen Regierung (zit. bei Zellmer-Bjick, 1997) heißt – einer amerikanisch-japanischen Achse entgegenzuwirken und um zugleich in einigen Bereichen (u.a. Umweltpolitik) eine gewisse Führungsrolle spielen zu können.

Für die großen Wirtschaftsmächte USA und Japan eröffnet APEC die Perspektive, statt einer konfrontativen Gegenmachtbildung eine kooperative Balancepolitik zu betreiben und ein kooperatives Gleichgewicht oder gar ein „symbiotisches Verhältnis" (Daniel Burstein) zu schaffen. Aus der Sicht der amerikanischen Regierung ist die APEC zudem ein Instrument der Gegenmachtbildung zur EU, der konsequenterweise ein Beobachterstatus bei den APEC-Treffen verwehrt wird.

5.6. Afrika

In Afrika ist ein kontinentaler Regionalismus mit der Gründung der Organisation für Afrikanische Einheit angestrebt worden. Die OAU zielte darauf ab, mit der Dekolonisation

Afrika zu einem großen, unabhängigen Machtfaktor zu machen. Dieser Versuch ist völlig gescheitert. Ebenso blieb der ökonomische Regionalismus erfolglos – trotz ambitiöser Programme wie der Schaffung einer Afrikanischen Wirtschaftsgemeinschaft. Die Ursachen des Scheiterns liegen auf der Hand: extreme Heterogenität in allen Bereichen, die Schwierigkeiten der Staats- und Nationenbildung und die gravierenden Interessenkonflikte und Kriege in der post-kolonialen Ära (bis 1990 verschärft durch das Übergreifen des Ost-West-Konflikts auf Afrika) sowie das Fehlen einer ökonomischen Regionalisierung, die – wie oben gezeigt wurde – eine wichtige Voraussetzung für den Regionalismus ist.

Da die ökonomische Regionalisierung nur subregional im Ansatz vorhanden war bzw. ist, sind bisher auch nur subregionale Arrangements zustande gekommen, die übrigens die OAU und die ECA der UNO als notwendigen Zwischenschritt des kontinentalen Regionalismus fördern. In den sechziger Jahren waren diese subregionalen Organisationen in starkem Maße von den kolonialen Gruppierungen und Verflechtungen bestimmt. Sie waren der Versuch, die koloniale Konfiguration von Macht und Gegenmacht fortzuschreiben. Erst mit der Gründung der Economic Community of West African States (ECOWAS)[15] 1975/76 wurde diese Konfiguration von frankophonen und anglophonen Staaten durchbrochen. Durch die Verhandlungen der EG, der nun auch Großbritannien angehörte, über ein neues Assoziationsabkommen mit den ehemaligen Kolonien (Lomé-Abkommen, 1975) sahen sich diese afrikanischen Staaten einem „äußeren Solidarisierungsdruck" (Hummer/Hinterleitner, 1977) ausgesetzt, um kollektiv eine Verhandlungsmacht zu organisieren. Bei den Lomé-II-Verhandlungen war dann in der Tat die subregionale ECOWAS der entscheidende Koordinator der AKP-Staaten, der sie zu einem verhandlungsfähigen Gegenpart und Partner der EG machte.

In der südafrikanischen Subregion folgt die regionalistische Politik noch deutlicher der Logik von Macht und Gegenmacht. Die Republik Südafrika war und ist dort der ökonomische Hegemon, und die Gründung der Südafrikanischen

Entwicklungs- und Koordinationskonferenz (SADCC)[16] im Jahre 1980 war, wie die Lusaka-Deklaration explizit erklärte, darauf gerichtet, die ökonomische Abhängigkeit der zehn „Frontlinien-Staaten" von der Republik Südafrika zu vermindern und den Handel zwischen ihnen durch Kooperation und *balanced trade* (nicht durch Integration) zu fördern. Ab 1990 haben – wie Richard Gibb (1994) gezeigt hat – (1) die Ablösung des Apartheid-Regimes in der Republik Südafrika, (2) der Zusammenbruch der Sowjetunion (des externen Unterstützers und modellhaften Vorbilds einiger afrikanischer Staaten) und (3) die Intensivierung der Integration in Europa, nämlich das Programm zur Schaffung des einheitlichen Marktes, integrationsfördernd gewirkt: „Daß eine ‚Festung Europa' zu entstehen drohte, unterstrich die Vorteile einer gesteigerten Verhandlungsmacht in einer Weltwirtschaft, die wahrscheinlich von wenigen großen Handelsblöcken dominiert wird."

Es ist also hier ein ähnlicher machtpolitischer Wirkungszusammenhang feststellbar wie in den bereits beschriebenen Regionen. Auch nach dem Regimewechsel in der Republik Südafrika bleiben das Hegemonieproblem und damit die Gegenmachtfunktion der SADCC aktuell; sie stehen einer Einbeziehung der Republik Südafrika in diese subregionale Organisation weiterhin entgegen. Da sich die Hegemonialproblematik eher noch verschärft hat und die bisherige Koordinationspolitik nicht erfolgreich war, und da sich mit der Beschleunigung der Globalisierung auch die Gefahr der Marginalisierung erhöht, haben die SADCC-Staaten 1992 bezeichnenderweise mit einer Intensivierung ihrer Zusammenarbeit geantwortet und streben nunmehr – unter dem neuen Namen Southern African Development Community (SADC) – statt einer bloßen Koordination eine Integration mit Vergemeinschaftungsmethoden an (vgl. Gibb, 1994).

So betreiben die afrikanischen Staaten gegenüber dem ökonomischen Machtzentrum EG/EU eine Politik der Anlehnung (*bandwagoning*) und versuchen zugleich, durch subregionalen Regionalismus Eigenständigkeit der Entwicklung und kollektive Verhandlungsmacht zu gewinnen (oder – wie im südlichen Afrika – regionale Hegemonialmacht durch Gegenmachtbildung einzudämmen).

Parallel dazu sind die afrikanischen Staaten ebenso wie die Entwicklungsländer Asiens und Lateinamerikas aktiv in multilateralen Gremien, wie in der UNCTAD und im GATT, tätig und nutzen auch dort die Möglichkeiten zur Bildung kollektiver Verhandlungsmacht durch Koalitionsbildung (siehe die Gruppe 77). Für die meisten Entwicklungsländer ist gerade wegen dieser machtpolitischen Chancen, die multilateralen Organisationen bieten, der Regionalismus „kein Substitut für Multilateralismus" (Andrew Wyatt-Walter, 1995), sondern (sofern die regionalen oder subregionalen Arrangements gelingen) eine wichtige Ergänzung.

6. Zusammenfassung

Die Untersuchung der Globalismusproblematik hat gezeigt, daß die aus der ökonomischen Neuordnungsperspektive gewonnenen Annahmen über die Obsoletheit des Territorialstaats und über die Entstehung einer staatlich „entgrenzten", universell-einheitlichen Weltordnung nicht haltbar sind. Mit der Globalisierung ist eine regionale Differenzierung verbunden, ja, der Globalisierung ist die Regionalisierungstendenz immanent. Sie stärkt die tripolare Struktur der Weltwirtschaft, die Triade USA-Asien-Europa, verbunden mit relativen Gewichtsverschiebungen. Die Staaten nutzen die ökonomische Regionalisierung durch regionalpolitische Arrangements und Regionalverbände, d.h. sie antworten auf die Globalisierungs- und Regionalisierungsherausforderung mit einer regionalistischen Politik und betreiben dadurch ihre Selbstbehauptung und Einflußsteigerung.

Der Regionalismus ersetzt nicht, sondern bestätigt den Territorialstaat in seinem Kernbereich, er *enth*ält ihn und *er*hält ihn. Ordnungspolitisch bleibt auch beim Regionalismus das territorialstaatliche Prinzip fundamental.

Machtpolitisch erklären sich der Regionalismus und seine derzeitige Dynamik aus der Logik der Macht- und Gegenmachtbildung unter den Bedingungen der dezentralisierten Staatenwelt, in der übergroße Macht eines Staates oder einer (regionalen) Staatengruppe als Bedrohung für die eigene Sicherheit und den eigenen Wohlstand angesehen wird und jeder Staat selbst oder mit anderen gemeinsam für seine Sicherheit und seinen Wohlstand sorgen muß, durch interne Anstrengung und durch Macht- und Gegenmachtbildung nach außen, zur Verhinderung einer hegemonialen Konstellation (es sei denn, man könnte sie selbst erreichen).

Intern, innerhalb einer Region, sind zwei entgegengesetzte Typen zu unterscheiden. Der Regionalismus ist entweder der Versuch, regional übermächtige Staaten durch Integration einzubinden und ihr hegemoniales Potential zu neutralisieren (integratives Gleichgewicht); die europäische Integration ist dafür das herausragende Beispiel. Oder ein übermächtiger Staat versucht, seine Position durch regionale Arrangements auszubauen („hegemonialer Regionalismus"); die amerikanische NAFTA-Politik und besonders drastisch die GUS-Politik Rußlands sind hier einschlägige Beispiele.

Extern, in den Beziehungen zu anderen Staaten und regionalen Staatengruppierungen, ist der Regionalismus der Versuch, Gegenmacht zu bilden oder eventuell sogar selbst eine relative Übermacht – durch Kooperation oder Konfrontation – zu gewinnen.

Eine relativ ausgewogene Machtverteilung begünstigt und fördert kooperative interregionale Beziehungen, weil die relative Gewinnverteilung dann symmetrisch ist. So erklärt sich die Einrichtung des Transatlantischen Dialogs zwischen Nordamerika und der EU, der einen interregionalen Kooperations- und Balancerahmen darstellt. Wenn sich beide Seiten verständigen, können sie gegenüber der asiatischen Region und anderen Staaten eine euro-atlantische Führung ausüben und praktisch die wirtschaftspolitischen Regeln bestimmen (wie das bei den Verhandlungen über finanzielle Dienstleistungen und Informationstechnologien nicht ohne Erfolg versucht wird). Der

Kooperationsrahmen zwischen Amerika und Asien wird durch die APEC gebildet. Aus der Sicht Japans und der ASEAN-Staaten bietet er die Chance der kooperativen Balance, zugleich aber auch die Gefahr eines bestimmenden Einflusses der USA – was aus amerikanischer Sicht zweifellos gewollt ist –, und zwar auch als Gegengewicht zur EU. Aus diesem Sachverhalt erklärt sich die Entstehung des euro-asiatischen Kooperations- und Balancegremiums, des Asia Europe Meeting (ASEM). Die asiatischen Staaten der APEC (die ASEAN-Staaten und Japan, China und Süd-Korea) wollen auf diese Weise das amerikanische Übergewicht balancieren. Und die EU will ihrerseits verhindern, daß sie mit einem übergewichtigen amerikanisch-asiatischen Kooperationsverbund konfrontiert wird und damit eine neue Bipolarität, die zu ihren Ungunsten asymmetrisch wäre, entsteht. Die EU will die Kooperation mit Amerika (Transatlantischer Dialog) und die Kooperation zwischen Amerika und Asien (APEC) durch die Kooperation mit Asien (ASEM) ergänzen und damit die kooperative Balance im geo-ökonomischen Führungsdreieck Europa-Amerika-Asien komplettieren (so Bundeskanzler Kohl, zit. bei Roloff, 1998; vgl. auch Rüland, 1996).

In diese interregionale Gleichgewichts- und Kooperationskonfiguration der Triade werden die transnationalen Wirtschaftsunternehmen systematisch einbezogen – im Transatlantischen Dialog der Transatlantic Business Dialogue, bei der APEC das Business Forum (Eminent Persons Group) und bei ASEM das Europe Asia Business Forum (siehe oben). Daß sich somit die „neue Partnerschaft" (Garten, 1997) zwischen Staat und Wirtschaft nicht nur in diesen Staaten realisiert, sondern auch in zwischenstaatlich-transnationaler Kooperation und Koalition, im interregionalen Kooperations- und Balancezusammenhang – das ist eine epochale Neuerung in der Ära der Globalisierung und Regionalisierung.

Der Regionalismus und in seiner Folge der Interregionalismus wird – mit verschiedenen Variationen in den großen geowirtschaftlichen Räumen – zu einem konstitutiven Bauelement der neuen globalen Ordnung. Er vermittelt zwischen der durch

Globalisierung geförderten Vereinheitlichung und der staatlichen Differenzierung bzw. Fragmentierung in 192 formal unabhängige politische Handlungseinheiten, ohne das territorialstaatliche Prinzip zu beseitigen. So entsteht im geo-ökonomischen Beziehungszusammenhang ansatzweise eine Art „regimen mixtum": National- bzw. Territorialstaaten gestalten ihre Beziehungen zueinander durch regionale, interregionale und internationale Zusammenarbeit und Konkurrenz, jeweils in flexiblen Koalitionen zwischen staatlichen Akteuren und ihren internationalen Kooperationsgremien einerseits und transnationalen (also gesellschaftlichen) Akteuren und ihren transnationalen Kooperationsgremien andererseits, wobei die verbindlichen Absprachen und Entscheidungen allerdings nach wie vor von den staatlichen Akteuren getroffen werden.

V. Die politische Perspektive: Universelle Institutionalisierung oder Konfigurationen des Mächtegleichgewichts?

In den Regionalismus-Kapiteln ist bereits – gewissermaßen im Vorgriff und als Überleitung – die politische Perspektive globaler Neuordnung ins Blickfeld gerückt worden, im letzten Kapitel speziell die machtpolitische Variante. Die politische Perspektive wurde auch schon bei der Erörterung der beiden anderen Perspektiven gestreift. Sie ist nunmehr – unter Berücksichtigung der Alternative des Institutionalismus und des Realismus – systematischer zu behandeln.

Zu diesem Zweck dürfte es ratsam sein, sich definitorisch dessen zu vergewissern, was als genuin „politisch" gelten kann. Auf eine Kurzformel gebracht: „Politisch" ist dasjenige Handeln, das zweckgerichtet auf die Ordnung des Zusammenlebens in einem Staat und in der Staatenwelt abzielt, und zwar mittels verbindlicher Entscheidungen. In der Staatenwelt kommen diese verbindlichen Entscheidungen durch die Koordination der Willen der gleichberechtigten, unabhängigen Staaten, in politischen Absprachen und in völkerrechtlichen Verträgen zustande, deren Durchsetzung und Einhaltung nicht gesichert ist, weil die Staatenwelt keine formalisierte Herrschaft kennt (also „an-archisch" ist) und es dort *keine* Monopolisierung legitimer und effektiver Gewalt gibt. Deshalb sind die Machtrelationen entscheidend. Jeder Staat muß selbst für seine Sicherheit sorgen, gegebenenfalls mit Verbündeten. Aber da seine internen und externen machtpolitischen Vorkehrungen bei anderen Staaten entsprechende (Gegen-)Maßnahmen hervorrufen, ist Sicherheit nie zuverlässig zu erreichen („Macht- und Sicherheitsdilemma" im Sinne von John Herz, 1974).

So wie der Staat – nach der klassischen politischen Theorie der Neuzeit – durch die Überwindung des Naturzustandes,

des *state of war*, mittels Monopolisierung legitimer Gewaltanwendung entstanden ist, so wäre auch der Naturzustand zwischen den Staaten analog nur durch einen Weltstaat und eine Weltregierung mit effektivem und legitimem Zwangsmonopol zu überwinden. Dies aber ist – selbst wenn es möglich wäre (was in Anbetracht der tiefgreifenden Heterogenität bezweifelt werden muß!) – keineswegs wünschenswert. Denn die effektive Durchsetzung einer solchen Ordnung wäre nur unter einer Weltdiktatur (mit andauernden Bürgerkriegen) wahrscheinlich. Das Ergebnis wäre – wie schon Kant hellsichtig feststellte – weltweiter Despotismus.

Wie oben bereits erwähnt, hat Kant als Ausweg aus dem Dilemma zwischen dem anarchischen zwischenstaatlichen Naturzustand einerseits und der Weltdespotie andererseits den Friedensbund zwischen republikanisch verfaßten Rechtsstaaten konzipiert, der die Unabhängigkeit der Staaten nicht aufhebt, sondern nur den Verzicht auf Krieg vereinbart und somit die Zusammenarbeit institutionalisiert. Dieser Gedanke einer institutionalisierten Zusammenarbeit der Staaten, der bekanntlich auch schon vor Kant und nach ihm von zahlreichen Theoretikern in unterschiedlicher Weise begründet und propagiert worden ist, hat nach den beiden Weltkriegen und nach dem Ost-West-Konflikt große Anziehungskraft entwickelt, und zwar sowohl in der politischen Theorie als auch in der politischen Praxis.

1. Institutionalismus oder Realismus?

Aus der Sicht des neoliberalen *Institutionalismus* (siehe u.a. Keohane, 1989) gelten universelle Internationale Organisationen (und Internationale Regime, die einen geringeren Organisationsgrad aufweisen und meist einen speziellen Sektor, z.B. die Rüstungskontrolle, zu regulieren versuchen) als die wichtigsten weltpolitischen Ordnungskräfte. Sie werden nicht nur als Verhandlungs- und Kooperationssysteme eingeschätzt, sondern – zumindest tendenziell – als eigenständige internationale Akteure, die das Verhalten der Staaten entscheidend bestimmen. Sie könnten – so meinen die Institutionalisten – das Sicherheitsdilemma so stark reduzieren, daß es sich praktisch nicht mehr auswirkt. Darüber hinaus könnten sie die Interdependenz zwischen den Staaten und Gesellschaften regulieren und diesen positiven Doppeleffekt erzeugen, indem sie (1) die unterschiedlichen Interessen und Positionen zueinander in Beziehung setzen und damit relativieren oder gar zum Ausgleich bringen; indem sie (2) verläßliche Informationen über das Verhalten der beteiligten Staaten vermitteln, Verhaltensnormen schaffen und deren Einhaltung nach den Regeln der Reziprozität einüben; und indem sie (3) Koalitionen zwischen schwächeren Staaten (kollektive Verhandlungsmacht) und somit eine ausgeglichenere Verteilung der relativen Kooperationsgewinne ermöglichen.

Es versteht sich, daß diese (hier nur skizzierte) Theorie mannigfache Varianten hat, von denen wenigstens einige angedeutet seien:

– Die Funktionalisten bauen auf die „Bedarfsanforderung" der interdependenten Welt und glauben, die institutionalisierte Zusammenarbeit in funktions- und problemfeldspezifischen Bereichen werde kumulativ einen „arbeitenden Frieden" (David Mitrany, 1943) erzeugen.
– Die Diskurstheoretiker, die von der „kritischen" (d.h. gesellschaftskritischen) Theorie der Frankfurter Schule beeinflußt sind, nehmen an, daß Internationale Organisationen die „intersubjektive Verständigung" in einem kontinuierlichen und organisierten Dialog herstellen, so daß auf diese Weise über neue Denk- und Kommunikationsstrukturen neue soziale und politische Realstrukturen in einer emanzipierten weltbürgerlichen Gesellschaft entstehen (Habermas, 1996).

Manche Institutionalisten halten die Internationalen Organisationen für geeignet, ein System der kollektiven Sicherheit zu verwirklichen, d.h. unverzügliche, automatische und unbedingte militärische Hilfeleistung aller Mitgliedstaaten zugunsten des Opfers einer Aggression zu garantieren. Andere Institutionalisten, wie z. B. Ernst-Otto Czempiel (1994 b), verwerfen das Konzept der kollektiven Sicherheit als „Chimäre" und „Mythos" und berühren sich in diesem Punkt mit den Realisten.

Der *Realismus* ist generell skeptisch gegenüber den ordnungspolitischen Grundannahmen der Institutionalisten. Aus seiner Sicht sind Internationale Organisationen – abgesehen von machtpolitisch peripheren Handlungsfeldern – keine eigenständigen Akteure, sondern Vehikel oder Instrumente der Staaten. Sie sind Widerspiegelungen der Machtverteilung zwischen den Staaten. Ob die Staaten Internationale Organisationen gründen und dann nutzen oder nicht nutzen, hängt von der jeweiligen Interesseneinschätzung und von den Satzungs- bzw. Vertragsbestimmungen ab. Da in der Regel das Prinzip der rechtlichen Gleichheit der Staaten und das Konsensprinzip verbindlich sind, hat *jeder* Mitgliedstaat die Möglichkeit, eine Entscheidung zu verhindern, also die Internationale Organisation durch sein Veto zu blockieren. Sofern von diesen beiden Prinzipien abgewichen wird (wie bei verbindlichen Aufforderungen des Sicherheitsrats der Vereinten Nationen, siehe unten), behalten sich immerhin die Großmächte ein Vetorecht vor.

Konsensprinzip und Vetorecht allein widerlegen schon die Behauptung der Institutionalisten, daß Kooperation und Sicherheit durch Internationale Organisationen garantiert werden können. Weil jeder Staat und erst recht jede Großmacht von Fall zu Fall nach eigener Interessenlage entscheidet, ob und wie einem angegriffenen Staat Hilfe geleistet wird, und weil gerade auch demokratische Staaten eine derartige Entscheidung von den oft langwierigen Überlegungen und von der (ungewissen) konstitutiven Zustimmung der parlamentarischen Gremien abhängig machen, erweist sich das Konzept der kollektiven Sicherheit als höchst unrealistisch. Die gegenteiligen verbalen Bekenntnisse zu diesem Konzept, die immer wieder von Politikern zu hören sind, dienen der rhetorischen Befriedigung idealistisch denkender Bürger (die freilich ihrerseits auch nicht bereit wären, im Ernstfall ihr Leben und ihre Gesundheit auf Geheiß einer Internationalen Organisation bedingungslos einzusetzen).

Diese und andere Gründe, die unlängst John Mearsheimer (1994/95) ausführlich erörtert hat,[17] sprechen dagegen, daß der Institutionalismus seine zentralen ordnungspolitischen Versprechen einlösen kann. Das gilt – aus realistischer Sicht – auch für Internationale Organisationen auf regionaler Ebene und für integrative Verbände, solange sie nicht zu föderalen Gebilden geworden sind. Und sofern sie als bundesstaatliche Organisationen eigenständige Akteursqualität erlangt haben, ist zwar *zwischen* den Bundesstaaten das Macht- und Sicherheitsdilemma aufgehoben, es besteht allerdings weiter im Verhältnis der Föderation zu den anderen Staaten, besonders zu den Großmächten.

In der Staatenwelt garantiert nicht kollektive Sicherheit durch Internationale Organisationen, sondern individuelle und kollektive Verteidigung durch formelle oder informelle Allianzen das Überleben und die Sicherheit der Staaten, soweit eine Garantie überhaupt möglich ist. Wichtiger als Internationale Organisationen sind damit aus realistischer Sicht diejenigen Institutionalisierungen der Zusammenarbeit, die – Allianzen oder Bündnisse genannt – von Staaten vorgenommen werden, die sich einer konkreten gemeinsamen Bedrohung durch bestimmte andere Staaten ausgesetzt sehen. Die Bündnisse erklären sich aus der Logik von Macht- und Gegenmachtbildung und häufig zugleich aus der Hegemonialpolitik der allianzpolitischen Führungsmacht (was bei einem Wegfall der Bedrohung für den Fortbestand einer Allianz von Bedeutung sein kann, wie die NATO zeigt).

Die Großmächte entscheiden von Fall zu Fall, ob sie ihre Interessen unilateral, mit Hilfe ihrer Allianzen oder mittels Internationaler Organisationen durchzusetzen versuchen. Das hat – um hier nur ein exemplarisches Zitat als Beleg anzuführen – Präsident Clinton in der „National Security Strategy of Engagement and Enlargement" vom Juli 1994 unmißverständlich zum Ausdruck gebracht. Dort heißt es, die USA seien entschlossen, wie folgt außenpolitisch zu handeln: „Unilateral, wenn unsere direkten nationalen Interessen am stärksten betroffen sind; in Allianz und Partnerschaft, wenn unsere Interessen von anderen geteilt werden; und multilateral, wenn unsere Interessen allgemeiner Art sind und die Probleme am besten von der internationalen Gemeinschaft angegangen werden."

Daß diese Maxime nachweisbar handlungsbestimmend für die Außenpolitik der USA war und ist und daß andere Großmächte einer analogen Maxime folgen, bedarf wohl keiner Exemplifizierung. Die multilateralen Organisationen der „internationalen Gemeinschaft" rangieren bezeichnenderweise in Clintons Aufzählung erst an dritter Stelle!

2. Die Vereinten Nationen (UNO) als Weltordnungsmacht?

Wenn in Politik und Wissenschaft von der „internationalen Gemeinschaft" (zutreffender wäre der Terminus „internationale Gesellschaft") die Rede ist, dann sind vor allem die Vereinten Nationen (UNO) gemeint – jene umfassende und weitverzweigte Internationale Organisation, die mit ihren 185 Mitgliedstaaten nahezu universell ist. Auf sie richten sich nach dem Ende des Ost-West-Konflikts die großen Neuordnungshoffnungen: die Vereinten Nationen als globale Ordnungsmacht der *einen* Welt, als sicherheitspolitischer Garant und als multilateraler Verhandlungsrahmen. Wie begründet sind diese Hoffnungen und Erwartungen?

2.1. Die ordnungs- und sicherheitspolitische Bedeutung der Vereinten Nationen

Die zentrale These derjenigen, die die ordnungs- und sicherheitspolitische Bedeutung der UNO hoch einschätzen, sieht im Kern folgendermaßen aus: Die Organisation der Vereinten Nationen (UNO) sei bei ihrer Gründung als kollektives Sicherheitssystem konzipiert worden. Der Ost-West-Konflikt habe jedoch sehr bald dazu geführt, daß die Vereinten Nationen durch die Anwendung des Veto-Rechts der Ständigen Sicherheitsratsmitglieder jahrzehntelang lahmgelegt worden seien. Erst jetzt – nach dem Ende des Ost-West-Konflikts – könnten die Vereinten Nationen ihre originäre, satzungsgemäße Funktion als kollektives Sicherheitssystem ausüben, unter Anwendung der in Kapitel VII vorgesehenen Zwangsmaßnahmen in Fällen der Sicherheits- und Friedensbedrohung und des Friedensbruchs durch einen Aggressor.

In diesem Sinne haben nicht nur viele institutionalistische Theoretiker argumentiert. Auch die Staats- und Regierungschefs der Mitglieder des Sicherheitsrats, die am 31. Januar 1992 erstmals in New York zu einer Ratssitzung zusammentraten, glaubten, daß „ein neues, günstiges internationales Umfeld" entstanden sei, in dem der Sicherheitsrat seine Hauptverantwortung für die Wahrung des Weltfriedens und der internationalen Sicherheit wirksamer wahrnehmen könne. Sie „verpflichteten sich erneut auf das kollektive Sicherheitssystem der Charta, um Bedrohungen des Friedens entgegenzutreten und Aggressionshandlungen rückgängig zu machen". Die Reformvorschläge, die vom Generalsekretär erbeten und schließlich auch vorgelegt wurden („Agenda für den Frieden"), zielen im wesentlichen darauf ab, die Vereinten Nationen dementsprechend zu einem effektiven internationalen Akteur zu machen (und damit auch die politische Funktion des obersten Verwaltungsbeamten zu stärken und auszubauen).

Ein etwas genauerer Blick auf die tatsächliche Konzeption der entscheidenden Großmächte bei der UN-Gründung und auf die reale Politik bis zu den heutigen Reformbestrebungen zeigt, daß sich die genannte zentrale These empirisch nicht aufrechterhalten läßt.

Aufschluß über das originäre UN-Konzept gibt die Konferenz der drei Großmächte USA, UdSSR und Großbritannien in Dumbarton Oaks im Spätsommer 1944 (der sich eine separate Konferenz der beiden Westmächte mit China anschloß). Hier entstand die UN-Charta in ihren wichtigsten Teilen. Die endgültige Fassung wurde dann von den 50 Gründungsstaaten am 26. Juni 1945 in San Francisco verabschiedet und trat mit der Hinterlegung der Ratifikationsurkunden am 24. Oktober 1945 in Kraft (zum folgenden siehe Hagemann, 1964, und Hilderbrand, 1990).

Die drei Großmächte waren sich in Dumbarton Oaks einig, daß sie weder einen Superstaat mit einer Weltregierung noch ein System der kollektiven Sicherheit ins Leben rufen wollten. Eine Weltregierung hätte die Preisgabe der staatlichen Unabhängigkeit und Entscheidungsfreiheit („Souveränität") bedeutet; dazu waren nicht nur die Großmächte, sondern auch die anderen Staaten nicht bereit, und so wurde denn auch ausdrücklich als erster und wichtigster Grundsatz die „souveräne Gleichheit aller ihrer Mitglieder" in der UN-Charta verankert (Art. 2,1). Ein System kollektiver Sicherheit hätte – wie bereits oben erwähnt – beinhalten müssen, daß die Sicherheit eines jeden Staates zuverlässig durch den *automatischen* militärischen Beistand aller gegen den Aggressor gewährleistet wird – ohne Abwägung der nationalen Interessen und der zu erbringenden Opfer an Soldaten, Material und Geld, und ohne Rücksicht auf die Entscheidungsfreiheit der demokratischen Repräsentativorgane! Dazu war – ungeachtet rhetorischer Floskeln und öffentlicher Propagandareden – ernsthaft kein Staat, erst recht keine Großmacht bereit.

Was die „Großen Drei" der siegreichen Koalition gegen die Achsenmächte (die sich schon „Vereinte Nationen" nannte) tatsächlich einrichten wollten, war ein Kooperationsrahmen für eine Art Kollektivhegemonie der Großmächte – mit gewissen legitimierenden Mitwirkungsmöglichkeiten der Gefolgschaftsstaaten: durch die Regelung, daß die Resolutionen der Fünf von mindestens zwei, nach der Erweiterung des Sicherheitsrats von 1965 von mindestens vier ihrer nicht-ständigen Repräsentanten im Sicherheitsrat unterstützt werden müssen, um verabschiedet werden zu können. Die Großmächte wollten gemeinsam als *Policemen* (Franklin D. Roosevelt) für Frieden und Sicherheit sorgen.

Dies war aber, wie sie wußten, nur möglich, wenn zwischen ihnen selbst eine hinreichende Übereinstimmung bestünde und damit die Kriegskoalition im Frieden fortgesetzt würde. Für den umgekehrten Fall sollten Vorkehrungen getroffen werden, damit nicht eine Großmacht oder Großmächtekoalition gegen eine andere Großmacht die neue Internationale Organisation instrumentalisieren könnte. Das Veto-Recht, mit dem jeder Großmacht (also jedem Ständigen Mitglied des Sicherheitsrates) die Kompetenz zur Entscheidungsverhinderung eingeräumt wurde, hat diese Funktion (die nur selten entsprechend gewürdigt wird). Nur bei Beschlüssen des Sicherheitsrates über Verfahrensfragen entfällt das Veto-Recht, und nur bei Beschlüssen über friedliche Streitbeilegung (nach Kapitel VI der Charta) müssen sich die Streitparteien (also ggf. auch die Großmächte) der Stimme enthalten. Sofern jedoch Beschlüsse zur friedlichen Streitbeilegung als Anfang einer „Kette von Folgen" anzusehen sind, an deren Ende schließlich Beschlüsse über Zwangsmaßnahmen stehen könnten, gilt das Veto-Recht. Auch die Vorfrage, ob es sich um eine Verfahrensfrage handelt oder nicht, wird unter Zugrundelegung des Veto-Rechts entschieden (vgl. Michael Schaefer, 1981). Die partielle Blockade des Sicherheitsrates durch ein Veto der Großmächte, die während des Ost-West-Konflikts zunächst vor allem von der Sowjetunion, dann vornehmlich von den USA und den anderen Westmächten ausgeübt wurde, war also keine unbeabsichtigte Fehlentwicklung, sondern durchaus bei der UN-Gründung intendiert. Robert Hilderbrand (1990) hat das, gestützt auf breites Quellenmaterial, eindeutig nachgewiesen. Robert Junn (1983) konnte zeigen, daß dadurch der Fortbestand der UNO in der Zeit des „Kalten Krieges" gerettet wurde.

Da im Sommer 1945 bereits abzusehen war, daß die Interessen zwischen den Großmächten divergieren würden, wurde in letzter Minute das „Recht zur individuellen und kollektiven Selbstverteidigung", das ursprünglich in das Charta-Kapitel über Regionalorganisationen eingefügt werden sollte, als naturgegebenes, von sonstigen Bestimmungen der UN-Charta nicht zu beeinträchtigendes Recht im Kapitel über Zwangsmaßnahmen verankert – mit der „Begrenzungsbestimmung", „bis der Sicherheitsrat die zur Wahrung des Weltfriedens und der internationalen Sicherheit erforderlichen Maßnahmen getroffen hat". Dieser Artikel 51 fungiert als „Reserve-Satzung" für die wahrlich nicht seltenen Fälle, in denen die Großmächte sich nicht einig sind und mithin aufgrund ihres Vetos „wirksame Kollektivmaßnahmen" gegen einen bewaffneten Angriff nicht zustande kommen. Als im Laufe der Zeit deutlich wurde, daß die Großmächte grundsätzlich nicht willens waren, durch Sonderabkommen dem UN-Sicherheitsrat Streitkräfte für kollektive Zwangsmaßnahmen zur Verfügung zu stellen (Art. 43), rückte das individuelle und kollektive Selbstverteidigungsrecht des Artikels 51 ins Zentrum, gleichzeitig wurde die zitierte Begrenzungsbestimmung „weitgehend illusionär": „Sie beruht auf der verfehlten Vorstellung, daß der Sicherheitsrat den Staaten das Recht zur Selbstverteidigung aus der Hand nehmen könne" (Jochen A. Frowein, 1996).

Die Selektivität kollektiver Maßnahmen (also das Gegenteil von automatischem Beistand) läßt es jedem bedrohten Staat geraten sein, seine Sicherheit durch Verteidigungsbündnisse mit einer Großmacht zu gewährleisten und nicht auf Kollektivmaßnahmen der UNO zu bauen. Er handelt damit in voller Übereinstimmung mit Buchstaben und Geist der UN-Charta. In der Vergangenheit haben sich die in den Ost-West-Konflikt involvierten Staaten entsprechend verhalten, und sowohl der NATO-Vertrag als auch der Warschauer Vertrag beziehen bzw. bezogen sich ausdrücklich auf Artikel 51. Daß heute die mittel- und osteuropäischen Reformstaaten sich nicht auf die UNO oder ihre Regionalorganisation OSZE verlassen, sondern Mitglieder der NATO werden wollen, spricht für die Aktualität und fortdauernde Gültigkeit des allianzpolitischen Imperativs.

Allianzpolitische Konfigurationen waren und sind also dem UN-Konzept nicht fremd, sondern immanent. Nationale Sicherheit und Abgrenzungen von Einflußzonen wurden und werden unter Bezugnahme auf Artikel 51 durch Bündnisse vorgenommen, Ausgrenzungen aus der Großmächte-Konkurrenz unter Bezugnahme auf Kapitel VI durch sogenannte Blauhelm-Missionen (*„peace-keeping"*).

Die Innovation des *„peace-keeping"* resultierte aus der eingeschränkten Anwendbarkeit des *„peace-enforcement"*

(Kap. VII). Die Entsendung von Friedenstruppen, um die lokalen Konfliktparteien nach einem Waffenstillstand zu trennen (*„interposition"*), war ursprünglich der Versuch, Dekolonisationskonflikte und deren Folgekonflikte aus der Supermächtekonfrontation herauszuhalten. Im Laufe der Zeit entstand folgendes Muster: UN-Peace-keeping wird dann mit Aussicht auf Erfolg unternommen, wenn sowohl die Großmächte als auch die direkten Konfliktparteien übereinstimmen (doppelter Konsens); wenn die Konfliktparteien der Stationierung zustimmen, weil sie bei der Fortsetzung des Krieges keine Gewinnchancen sehen, und wenn die Großmächte ein gemeinsames Interesse in dem Sinne haben, daß sie die Konfliktausgrenzung einer Eskalation, die sie militärisch in den Konflikt hineinziehen könnte, vorziehen. UN-Friedenserhaltung ist also – ebenso wie die Friedenserzwingung – nur bedingt und selektiv praktizierbar, also mithin keine Sicherheits- und Friedensgarantie. Und wohlgemerkt: Auch bei den Blauhelm-Einsätzen (mit Ausnahme der ersten Nahost-Mission von 1956) war und ist der Sicherheitsrat das entscheidende Gremium.

Daß sich die Großmächte während der Zeit des Ost-West-Konflikts über zwölf UN-Friedenserhaltungsmissionen einigen konnten, belegt im übrigen, daß sie in dieser Ära keineswegs den Sicherheitsrat total blockierten. Auch die Gesamtstatistik untermauert diesen Befund: Von den knapp 900 Resolutionen, die in den Jahren 1945 bis 1993 im Sicherheitsrat eingebracht wurden, erfuhren 266, also nur ungefähr ein Drittel, eine Ablehnung durch das Veto eines Ständigen Mitglieds (Frank Pfetsch, 1995).

Nach dem Ende des Ost-West-Konflikts machen die Großmächte zwar in geringerem Maße als zuvor von ihrem Veto-Recht Gebrauch. Diese Tatsache darf jedoch nicht überbewertet werden. Denn Resolutionen, die nicht konsensfähig sind, werden erst gar nicht eingebracht und nicht mehr wie früher zu propagandistischen Zwecken benutzt. Der „Fünfer-Klub" der Ständigen Mitglieder (Jochen A. Frowein) trifft eine Vorabstimmung. Falls lokale/regionale Konflikte direkt oder indirekt die eigenen Interessen und Interessensphären so stark betreffen, daß den Großmächten eine Intervention geboten erscheint, bemühen sie sich um ein ausgeweitetes Mandat des Sicherheitsrates zur Friedenssicherung, um so ihre Ordnungs- und Hegemonialpolitik legitimieren (und finanzieren!) zu lassen und sie damit zu kaschieren. Bei diesen Mandatsbemühungen waren die USA in ihrer *Western Hemisphere* erfolgreich (siehe die Haiti-Mission), nicht jedoch Rußland in seinem „nahen Ausland". Aber selbstverständlich behalten sich auch die USA gegebenenfalls unilaterale Aktionen vor.[18]

Daß im Falle der eklatanten Aggression des Iraks gegen Kuwait effektive Zwangsmaßnahmen vom Sicherheitsrat beschlossen und der Koalition unter Führung der USA entsprechende Mandate erteilt wurden (bei gleichzeitiger Bezugnahme auf das in Artikel 51 verankerte kollektive Selbstverteidigungsrecht), erklärt sich aus der momentanen Interessenübereinstimmung bzw. aus dem Nichtvorhandensein völlig entgegengesetzter Interessen der Großmächte in diesem exzeptionellen Fall und aus der innerstaatlichen Ablenkung und Schwächung zweier Großmächte, nämlich der zerfallenden Sowjetunion und der Volksrepublik China. Auch bei der bis heute andauernden Überwachung der Abrüstung des Irak durch ein Nebenorgan des Sicherheitsrats (UN Special Commission on Irak) handelt es sich im Kern um eine ordnungspolitische Aktion der USA mit Unterstützung oder Tolerierung der anderen Großmächte. Die Erzwingung erfolgt durch die Androhung und Durchführung amerikanischer Luftangriffe! Die USA bevorzugen das multilaterale Instrument der UN, um sich nicht als einsamer „Weltpolizist" zu exponieren; sie agieren gewissermaßen unter der „Maske" (Zelikow, 1996) der Vereinten Nationen; die anderen Großmächte ihrerseits finden es für ihr Prestige erträglicher, bei der „Maskerade" mitzuspielen, statt einen offenen amerikanischen Unilateralismus tolerieren zu müssen, zumal Gewinnerwartungen in anderen Bereichen für die Kooperation mit den USA sprechen. Dadurch kann auch der UN-Generalsekretär einen gewissen Handlungsspielraum erhalten.

Die Legitimierung von Gewaltanwendung durch den UN-Sicherheitsrat ist also bemerkenswert, jedoch kein Beleg für ein rechtliches oder gar effektives Gewaltmonopol des UN-Sicherheitsrats. Daß es kein *effektives* Gewaltmonopol gibt, zeigen schon die zahlreichen Kriege – mit ansteigender Tendenz seit 1990. Dabei handelt es sich oft um innerstaatliche Kriege, in diesen Fällen existiert also sogar im Innern der Staaten kein effektives Gewaltmonopol.

Die Staaten, die den Vereinten Nationen beitreten, verpflichten sich zwar, auf die Androhung und Anwendung von Gewalt gegeneinander zu verzichten (Art. 2,4), halten diese Verpflichtung im Ernstfall jedoch nur ein, solange dies machtpolitisch geboten erscheint und ihre lebenswichtigen Interessen dadurch nicht gefährdet werden. Sobald ein Staat oder mehrere Staaten das Gewaltverbot übertreten, sind auch die anderen Staaten rechtlich frei oder sogar verpflichtet, „Krieg" zu führen – allerdings unter anderem Namen, nämlich entweder als individuelle bzw. kollektive Verteidigung (die Kriegsministerien sind konsequenterweise längst in Verteidigungsministerien umgetauft worden) oder als *Friedens*erzwingung (*„peace enforcement"*) und „robuste" *Friedens*sicherung, abgesegnet durch den UN-Sicherheitsrat.

Weil aber die UN-Friedenserzwingung gegen ein Ständiges Mitglied und gegen einen Staat, der mit dieser Großmacht durch gemeinsame Interessen oder allianzpolitisch verbunden ist, durch das Veto der betreffenden Großmacht verhindert wird, bieten nur Allianzen eine gewisse Sicherheit. Und da ferner die Erzwingung auch gegen Staaten, die nicht mit Ständigen Sicherheitsratsmitgliedern allianzmäßig verbunden sind, keineswegs sicher ist und nur selektiv erfolgt, ist das UN-System gewissermaßen ein „kollektives Unsicherheitssystem" – sofern nicht die allianzpolitische Logik von Macht- und Gegenmachtbildung Platz greift. Der Reformvorschlag, das Veto-Recht (also die Zustimmung *aller* Ständigen Sicherheitsratmitglieder als Voraussetzung für eine Erzwingung)[19] abzuschaffen, würde – wenn er jemals angenommen werden sollte – zwar die gelegentliche Instrumentalisierung der UNO durch *alle* fünf Großmächte, also die selektive Kollektivhegemonie, ausschließen. Dadurch würde aber eine viel verhängnisvollere

Instrumentalisierung der UNO ermöglicht. Eine Großmacht oder mehrere Großmächte könnten, wenn sie mit einer hinreichenden Zahl mittlerer und kleiner Staaten im Sicherheitsrat eine (qualifizierte) Mehrheit hätten, die Instrumentalisierung der UNO gegen eine oder mehrere andere Großmächte und deren Verbündete erfolgreich praktizieren. Der „Erfolg" dieser Instrumentalisierung wäre dann allerdings der Großmächtekrieg im Zeichen der UNO, welche doch eigentlich einen neuen Weltkrieg verhindern sollte und soll.

Freilich ist nicht zu erwarten, daß diese groteske Situation entsteht. Alle Ständigen Mitglieder des Sicherheitsrates haben sich entschieden gegen die Abschaffung des Veto-Rechts ausgesprochen, und ohne ihre Zustimmung ist keine Charta-Änderung möglich.

Ein anderer Reformvorschlag empfiehlt, die Zahl der Ständigen Mitglieder des Sicherheitsrates zu erhöhen. Wenn er verwirklicht würde, würden sich die realen Machtverhältnisse, d.h. die durch den Wiederaufstieg der besiegten Staaten Deutschland und Japan und durch die Entstehung neuer Mächte in der ehemaligen Dritten Welt entstandenen Veränderungen, besser widerspiegeln und die Legitimationsbasis des Sicherheitsrates verbreitern. Aber logischerweise würde die Zahl der Fälle, in denen *alle* Ständigen Sicherheitsratsmitglieder und die mit ihnen verbündeten Staaten gleiche oder miteinander vereinbare Interessen haben, proportional zur Vergrößerung des Sicherheitsrates abnehmen. Sie würde sich vermutlich weiter dadurch reduzieren, daß die potentiellen neuen Ständigen Mitglieder des Sicherheitsrates nicht-nukleare Staaten sind und somit der machtpolitischen „Deckung" entbehren. Sie würden es wohl kaum wagen können, kollektive Maßnahmen gegen einen Aggressor, der sich insgeheim nuklear oder mit anderen Massenvernichtungsmitteln bewaffnet hat, anzudrohen und mitzubeschließen.

Aber hat – abgesehen von diesen und anderen Reformvorschlägen – nicht bereits eine „stille" Reform des UN-Systems stattgefunden, die bei einem weiteren Umsichgreifen geradezu eine ordnungspolitische Revolution wäre? Gibt es nicht Ansätze für die Entwicklung der Vereinten Nationen zu einer supranationalen Staatenföderation, zu einem „welt(bundes)staatlichen Akteur" (Rittberger u. a., 1997)? Das ist eine verblüffende These, wenn man bedenkt, daß noch nicht einmal die EU, die ja tatsächlich supranationale Elemente hat, ein bundesstaatlicher Akteur ist!

Neben der bereits erwähnten UN-Kommission für den Irak wird als Beleg auf die „Ad-hoc-Maßnahme" des Sicherheitsrats vom 22. Februar bzw. 25. Mai 1993 verwiesen, mit der der Sicherheitsrat beschloß, „ein internationales Gericht zu schaffen, zu dem ausschließlichen Zweck, die Personen zu verfolgen, die für die [...] im Hoheitsgebiet des ehemaligen Jugoslawien begangenen schweren Verstöße gegen das humanitäre Völkerrecht verantwortlich sind" (SR-Resolution 827 vom 25. Mai 1993). Damit und mit der Errichtung eines entsprechenden Tribunals für Ruanda seien – so wird behauptet – die Vereinten Nationen in die Rolle des supranationalen Akteurs hineingewachsen; und somit sei erwiesen, daß die Vereinten Nationen „tatsächlich auch als welt(bundes)staatlicher Akteur handeln" (Rittberger u. a., 1997) und daß ansatzweise eine „zivilisierte Weltgemeinschaft" mit einem überstaatlichen Gewaltmonopol – im Sinne der Theorie von Norbert Elias – entstehe.

Wie schlüssig ist diese These? Bemerkenswerterweise ist in der völkerrechtlichen Literatur strittig, ob der Sicherheitsrat im Rahmen seiner satzungsmäßigen Befugnisse gehandelt hat; ob internationale Ad-hoc-Strafgerichte und Sonderstrafgerichte, eingerichtet als Zwangsinstrumente des Sicherheitsrats, juristisch zu rechtfertigen sind (vgl. Graefrath, 1993, und Partsch, 1994). Diese Debatte kann und muß hier nicht verfolgt werden. In unserem Zusammenhang ist das Folgende wichtig: Der Ad-hoc-Charakter der Sicherheitsratsmaßnahme und die ausdrücklich hervorgehobene Begrenzung der Tribunalbefugnisse („ausschließlicher Zweck") erklären sich daraus, daß die beschlußfassenden Staaten, vor allem die Großmächte, ihr eigenes personales Handeln und die Verstöße, die auf ihrem Territorium oder auf dem Territorium anderer Staaten von ihnen zu verantworten sind, keineswegs von einem Internationalen Strafgerichtshof aburteilen lassen und sich selbst bzw. die verantwortlichen Personen nicht der internationalen Strafgerichtsbarkeit unterwerfen wollten. Das wird auch mit Sicherheit in der Zukunft so bleiben. Wenn der von einer Völkerrechtskommission erarbeitete Entwurf einer Konvention zur Schaffung eines Internationalen Strafgerichtshofes demnächst angenommen werden sollte, würde zwar der Einwand gegen den Ad-hoc-Charakter irrelevant werden. Aber die in diesem Konventionsentwurf vorgesehene Unterwerfungserklärung von den Großmächten zu erwarten, wäre wohl völlig abwegig. Davon abgesehen, bliebe nach dem Konventionsentwurf dem Sicherheitsrat das Recht vorbehalten, den Internationalen Strafgerichtshof mit der Verfolgung von Straftaten zu betrauen. Mit Hilfe des Vetorechts könnten folglich auch hier die Großmächte sich selbst und alliierte Staaten bzw. ihre und deren Staatsbürger gegen internationale Strafverfolgung schützen.

Man sieht, von einer realen Supranationalität kann bei all dem nicht die Rede sein – und schon gar nicht von einem welt(bundes)staatlichen, mit supranationalem Gewaltmonopol ausgestatteten Akteur „Vereinte Nationen". Dagegen spricht übrigens auch die schiere Sprach-Logik: Die UNO bzw. ihr Sicherheitsrat hat ein zweckbegrenztes Ad-hoc-Tribunal eingesetzt, dem gegenüber den konkurrierenden nationalen Gerichten Vorrang (aber nicht ein Monopol!) eingeräumt wird. Das mag insofern „quasi supranational" genannt werden (vgl. Blumenwitz, 1997). Es wäre aber unlogisch zu behaupten, daß durch diesen exzeptionellen politischen Akt eine Internationale Organisation, die UNO, zu einem supranationalen, welt(bundes)staatlichen Akteur geworden sei – gewissermaßen durch eine weltliche Transsubstantiation; genausowenig waren die vier Großmächte und die anderen Staaten der damaligen Kriegskoalition „Vereinte Nationen" durch die Einrichtung des internationalen Kriegsverbrecher-Tribunals in Nürnberg mit dem Londoner Agreement vom 8. August 1945 (*„acting in the interest of all the United Nations"*) zu einem supranationalen Akteur geworden! Der Sicherheitsrat wollte überhaupt kein qualitativ neues Ordnungsprinzip einführen – wozu er auch rechtlich ohne eine Charta-Änderung nicht in der Lage war. Die Einrichtung der beiden Ad-hoc-Strafgerichte ist vielmehr als Ausdruck der Kollektivhegemonie der Großmächte via Sicherheitsrat (bei gefolgschaftlicher Unterstützung seiner Nicht-ständigen Mitglieder) zu verstehen. Auch nach diesem politischen Akt bleiben die Vereinten Nationen eine internationale und intergouvernementale Organisation. Es ist nicht zu erwarten, daß sie in absehbarer Zeit einen ordnungspolitischen Quantensprung erleben und zur globalen Föderalorganisation einer „zivilisierten Weltgemeinschaft" mutieren. Diese Neuordnungsperspektive ist utopisch!

Faßt man die Erörterungen über die ordnungs- und sicherheitspolitische Bedeutung der Vereinten Nationen zusammen und bezieht sie auf die heutige Neuordnungsproblematik, so ergibt sich folgendes:

- Von der Geburtsstunde der UNO an bis heute ist das Nebeneinander von Kollektiver Verteidigung nach den Regeln von Macht- und Gegenmachtbildung und kollektiven Maßnahmen unter Führung aller Großmächte bzw. Ständigen Mitglieder des Sicherheitsrates charakteristisch.
- Im Rahmen der UNO kann eine Art Kollektivhegemonie der Großmächte funktionieren, wenn *alle* Ständigen Mitglieder des Sicherheitsrats (und vier Nicht-ständige Sicherheitsratmitglieder in ihrer Gefolgschaft) die UNO entsprechend nutzen wollen und wenn derjenige Staat, der den Weltfrieden und die internationale Sicherheit gefährdet, isoliert ist. Da diese Bedingungen nur selten erfüllt sind, ist die Kollektivhegemonie der Großmächte im Rahmen der UNO in der Regel nicht praktikabel.
- In dem Maße, in dem die Wahrscheinlichkeit kollektiver Maßnahmen abnimmt, steigt die ordnungspolitische Bedeutung der allianzpolitisch vermittelten Sicherheit (nach Artikel 51 der UN-Satzung).
- Da es keine Instrumente kollektiver Sicherheit gibt, bedienen sich die Großmächte nach dem Ende des Ost-West-Konflikts auch in den wenigen Fällen, in denen sie alle an Kollektivmaßnahmen interessiert sind, der Instrumente

kollektiver Verteidigung, also der Bündnisse und Allianzen. Sie tun dies entweder durch die Bildung einer Ad-hoc-Koalition unter Bezugnahme auf Artikel 51 (wie im Golf-Krieg) oder durch Rückgriff auf eine etablierte Artikel-51-Organisation (wie nach dem Scheitern des „erweiterten" *Peacekeeping* in Bosnien durch die Beauftragung der NATO, unterstützt von anderen Staaten; IFOR bzw. SFOR). Die „universale subsidiäre Sicherheitsordnung nach Artikel 51 der Charta" (Max Hagemann, 1964) verbindet sich tendenziell mit der Sicherheitsordnung einer selektiven Kollektivhegemonie, einer „*selektiven* kollektiven Reaktion auf Aggression" (Inis Claude, 1994/95).

Die jeweilige ordnungs- und sicherheitspolitische Bedeutung der Vereinten Nationen hängt also letztendlich davon ab, ob ein Konflikt die Großmächte entzweit oder nicht. Nach dem Wegfall des Ost-West-Konflikts ist bisher kein vergleichbarer struktureller, polarisierender Weltkonflikt entstanden. Das erklärt die temporäre und fallspezifische Verbindung von kollektiver Verteidigung und Kollektivmaßnahmen im Rahmen der Vereinten Nationen. Diese selektive Hegemonie der Großmächte ist – um es nochmals zu unterstreichen – kollektiv, d. h. sie wird von *allen* Großmächten, von *allen* Ständigen Mitgliedern des Sicherheitsrats – selektiv – ausgeübt bzw. eben nicht ausgeübt. Sie kann durch das Veto *einer* Großmacht (und selbstverständlich auch durch das Veto mehrerer Großmächte) verhindert werden.

Aber auch ohne einen akuten Konflikt zwischen den Großmächten ist eine Kollektivhegemonie der Großmächte mittels des UN-Sicherheitsrats, selbst eine nur selektive Kollektivhegemonie, auf längere Dauer unwahrscheinlich, wenn im Verhältnis zwischen den Großmächten *eine* Großmacht eine überragende Machtposition hat (also *zwischen* den Großmächten kein hinreichendes Gleichgewicht besteht) und demzufolge eine individuelle Hegemonialpolitik möglich ist oder tatsächlich betrieben wird. Dadurch werden die anderen Großmächte zur Gegenmachtbildung und Balancepolitik herausgefordert – im Rahmen der Vereinten Nationen und vor allem außerhalb dieses Rahmens. Das ist in den vergangenen Jahren zunehmend erkennbar, wie weiter unten gezeigt werden wird. Mithin wird eine Kollektivhegemonie durch den UN-Sicherheitsrat für die neue Weltordnung wahrscheinlich nicht strukturbestimmend sein.

2.2. Die verhandlungspolitische Bedeutung der Vereinten Nationen

Die verhandlungspolitische Bedeutung der Vereinten Nationen ist ebenfalls von der machtpolitischen Konstellation zwischen den Großmächten abhängig, obwohl in der UN-Generalversammlung und in den anderen UN-Verhandlungsforen strikt das Gleichheitsprinzip gilt, also die Großmächte keine Sonderrechte haben. Wenn man die realen machtpolitischen Relationen in Rechnung stellt und nicht die unerfüllbaren Hoffnungen auf eine „zivilisierte Weltgemeinschaft" via UNO als Maßstab nimmt, dann kann man durchaus würdigen, was die Vereinten Nationen als universeller Verhandlungsrahmen zu bieten haben und was sie zur Bewältigung neuer globaler Herausforderungen beitragen können – falls die Staaten den UN-Rahmen nutzen wollen und die Verhandlungsergebnisse national umsetzen!

Die Generalversammlung und die zahlreichen Hilfs- und Sonderorganisationen, Ausschüsse, Kommissionen und Konferenzen haben nach und nach weltweite Probleme zum Gegenstand intensiver Beratung gemacht – mit dem Ziel, gemeinsame Aktionsprogramme und Regelungen zu entwickeln und möglichst über Deklarationen und Empfehlungen hinaus Konventionen und Verträge zu erarbeiten, deren Verbindlichkeit freilich von der Ratifikation durch die Mitgliedstaaten abhängig ist und deren nationale Umsetzung und Einhaltung nicht erzwungen werden können, also ebenfalls von dem guten Willen der Staaten abhängen. Die Liste der solchermaßen bearbeiteten Problemfelder ist lang. An ihrer Spitze stehen so drängende Fragen wie Entwicklung, Umweltschutz, See- und Meeresbodennutzung, Bevölkerungswachstum und Menschenrechtsschutz. Einige Internationale Regime sind so entstanden, wie z. B. das Meeresbodenregime (vgl. Wolf, 1991).

Bezeichnenderweise haben allerdings die UN-Beratungen und -Verhandlungen in macht- und sicherheitspolitisch entscheidenden Bereichen bestenfalls eine vermittelnde, meist jedoch gar keine Rolle gespielt. Im Bereich der Rüstungskontrolle gibt es zwei Ausnahmen, nämlich die Konventionen zum Verbot der biologischen Waffen (1975) und der chemischen Waffen (1997). Der INF-Vertrag (1987) und der Vertrag über konventionelle Streitkräfte in Europa (1990) sind hingegen außerhalb der Vereinten Nationen verhandelt worden. Bei den derzeitigen Verhandlungen um die Anpassung des KSE-Vertrags an die neue Lage spielen die Vereinten Nationen ebenfalls keine Rolle. Das Rüstungskontroll-Regime zur Verhinderung der Verbreitung nuklearer Waffen (Nicht-Verbreitungsvertrag) ist separat entstanden (1968, 1970 in Kraft getreten) und in gesonderten Verhandlungen (1995) unbefristet verlängert worden. Das partielle nukleare Teststoppabkommen (1963) ist direkt zwischen den USA und der Sowjetunion ausgehandelt worden. Seine Erweiterung zu einem umfassenden Abkommen wurde von der Genfer Abrüstungskonferenz seit 1994 versucht. Die Verabschiedung des Abkommens scheiterte jedoch 1996 am Veto Indiens und am indisch-pakistanischen Sicherheitsdilemma! In einer diplomatischen Rettungsaktion Australiens wurde der nicht unterzeichnete Teststoppvertrag der UN-Generalversammlung vorgelegt und von 158 Staaten angenommen. Da aber alle 44 Staaten, die bereits nukleare Fähigkeiten haben, das Abkommen unterzeichnen und ratifizieren müssen, bevor es in Kraft tritt (Indien und Pakistan haben noch nicht unterzeichnet!), ist seine Zukunft ungewiß. Sie wird wohl kaum von der Verhandlungspolitik der Vereinten Nationen abhängen.

Inhaltlich stellen beide Abkommen den Versuch dar, das nukleare Oligopol der offiziellen Atommächte zu stabilisieren und zu perpetuieren. Die Nuklearwaffen der Ständigen Mitglieder des UN-Sicherheitsrates sind gewissermaßen die machtpolitische Rückendeckung für mögliche Kollektivmaßnahmen gegen eine Friedens- und Sicherheitsbedrohung durch andere Staaten, und sie sind zugleich die machtpolitischen Garanten der Verhinderung von Kollektivmaßnahmen gegen die Großmächte selbst. Das Veto-Recht der UN-Charta formalisiert diesen Sachverhalt nur. Die Verhandlungen über die Begrenzung und Reduktion der strategischen Nuklearwaffen, die von einem Angriff abschrecken und mithin von vitaler sicherheitspolitischer Bedeutung sind, wurden und werden völlig außerhalb der UNO und ohne deren Vermittlung direkt von den nuklearen Hauptmächten geführt und abgeschlossen (SALT und START).

Bemerkenswert ist ferner, daß in dem für *ökonomische Sicherheit* und Wohlstand der Staaten zentralen Bereich der Handelspolitik die Zusammenarbeit nicht im Rahmen der UNO institutionalisiert ist, sondern im separaten GATT und neuerdings in der Welthandelsorganisation (WTO). Während IMF und Weltbank, die ebenfalls selbständige Organisationen sind, wenigstens vertraglich geregelte Beziehungen zu den Vereinten Nationen haben, verzichtet die WTO – aus Furcht vor Einmischungen der Generalversammlung – auf jegliche UN-Verbindung. Speziell die Großmacht USA behält sich ausdrücklich vor, in Fragen, die das nationale Sicherheitsinteresse berühren, die Zuständigkeit der WTO und ihre Entscheidungen im Streitfall nicht anzuerkennen. Ferner haben die USA ihren Austritt in Aussicht gestellt, wenn ein eigens eingerichtetes nationales Überprüfungsgremium in einem Zeitraum von fünf Jahren in mehr als zwei Fällen Entscheidungen der WTO gegen die USA als ungerechtfertigt ansieht.

Schließlich ist hervorzuheben: Die führenden Mächte koordinieren ihre Politik in weltwirtschaftlichen und zunehmend auch in allgemein politischen Fragen nicht im Rahmen der Vereinten Nationen, sondern in dem informellen Beratungs- und Steuerungsgremium der sieben (bzw. acht) großen Wirtschaftsmächte (G-7 bzw. G-8) – freilich auch hier oft nur mit bescheidenen Ergebnissen.

Daß sich die verhandlungspolitische Bedeutung der Vereinten Nationen künftig grundlegend ändert, ist höchst unwahrscheinlich. Die gegenwärtige Reformdebatte ist – soweit sie sich auf die interne Organisation der UNO bezieht – eindeutig darauf ausgerichtet, nicht die Ausweitung, sondern die Konzentration und Beschränkung der UN-Arbeit, vor allem der Hilfs- und Sonderorganisationen, zu erreichen. Die USA, der größte Beitragszahler (25% des UN-Budgets), machen die Bezahlung ihres Beitragsrückstands in Höhe von 900 Millionen Dollar und künftige Zahlungen direkt von einer solchen Verschlankung der Vereinten Nationen abhängig. Die UNO soll „kleiner, besser organisiert und produktiver" werden (Außenministerin Albright, 1996).

In diesem Sinne hat der neue Generalsekretär Annan ein Reformprogramm vorgelegt, das nicht nur die Verwaltungsstruktur straffen, sondern auch den Wildwuchs der Hilfs- und Sonderorganisationen beschneiden soll. Ein Ausschuß auf Ministerebene soll alle Mandate der kaum noch überschaubaren, häufig sich überschneidenden Programme und Unterorganisationen kritisch überprüfen. Was dabei herauskommen wird, sei dahingestellt. Sicherlich wäre es kein Verlust, wenn die Mammutkonferenzen, die durch die verstärkte Teilnahme der Nicht-Gouvernementalen Organisationen (NGO) zusätzlich aufgebläht werden, ganz abgeschafft oder doch wesentlich verringert würden. Die Kosten dieser Massenveranstaltungen stehen in keinem vertretbaren Verhältnis zu ihrem üblichen Ergebnis – einer reinen Deklarationspolitik auf der Basis des kleinsten gemeinsamen Nenners! Und wenn es richtig ist, daß in *einem* Jahr (1995) alleine in Genf, dem europäischen Standort der Vereinten Nationen, etwa 7000 Veranstaltungen („Workshops", Expertengespräche, Panel-Diskussionen u. dgl.) von der UNO durchgeführt oder „gesponsert" werden, dann muß man kein fundamentaler Kritiker der Vereinten Nationen wie US-Senator Jesse Helms sein, um Reduktionen und Einsparungen als heilsam anzusehen. Nicht verschwiegen sei, daß es in der akademischen Reformdebatte auch gegenläufige Vorschläge zur Ausweitung des UN-Systems gibt – so zum Beispiel die Anregung, neben der Staatenkonferenz der Generalversammlung eine globale demokratische Repräsentativversammlung als Organ der „Gesellschaftswelt" einzurichten. Abgesehen davon, daß diese Vision wenig erbaulich ist (wenn man die Bilder von Mammutkonferenzen vor Augen hat), dürfte ihre Realisierungschance gleich Null sein.

Bleibt nach all dem noch zu fragen, ob die positive gesamtpolitische Wirkung kooperativer Verhandlungen im Rahmen der UNO nicht generell überschätzt wird. Gewiß kann man in schönem Politologen- oder Soziologen-Deutsch sagen, daß die problemfeldbezogene Verhandlungspraxis („die horizontale Selbstorganisation von Staaten") die Konflikte in diesen Problemfeldern der „gewaltsamen Konfliktbearbeitung" entzieht. In der Tat, solange verhandelt wird, wird nicht geschossen! Aber verhandlungspolitisch bedeutsam ist die UNO ja vornehmlich in den macht- und sicherheitspolitisch peripheren Problemfeldern, in denen meistens keine unmittelbare Gefahr eines gewaltsamen, kriegerischen Konfliktaustrags besteht. Wer wollte zum Beispiel zum Schutz der Ozonschicht zu den Waffen greifen?

Die Behauptung, das Verhandlungssystem der UNO habe eine positive, gewaltvermindernde Wirkung, beinhaltet jedoch noch weit mehr. So meinen Volker Rittberger und dessen Mitarbeiter (1997), es sei „zumindest plausibel" anzunehmen, „daß durch die VN-gestützte und -vermittelte kooperative Konfliktbearbeitung in einzelnen Problemfeldern eine gewaltsame Bearbeitung von Konflikten in anderen Problemfeldern, die (bislang) nicht kooperativ bearbeitet werden, unwahrscheinlich wird". Denn die Staaten würden dort „einen geringeren Anreiz verspüren, durch eine gewaltsame Bearbeitung dieser Konflikte bestehende kooperative Beziehungen aufs Spiel zu setzen". Belege für die behauptete Plausibilität werden nicht angeführt. Der Grund dürfte sein, daß es sie nicht gibt.

Wohl aber gibt es zahlreiche Belege dafür, daß trotz partieller Kooperation im Rahmen der UNO die „Anreize" zur gewaltsamen Konfliktbearbeitung nicht verringert wurden. So haben zum Beispiel die Staaten während des Ost-West-Konflikts in vielen Problembereichen zusammengearbeitet (ihre Teilkonflikte „kooperativ bearbeitet") – auch im Rahmen der

Vereinten Nationen! Trotzdem bestand jederzeit auf beiden Seiten die Bereitschaft, die vitalen konfligierenden Interessen notfalls mit militärischer Gewalt zu wahren und ihre macht- und ordnungspolitischen Konflikte gewaltsam auszutragen, was in politischen Krisen – in Berlin, in Kuba und im Nahen Osten – unmißverständlich zum Ausdruck gebracht wurde; nicht die problemspezifische partielle Zusammenarbeit verringerte den „Anreiz" einer „gewaltsamen Konfliktbearbeitung", sondern die gesicherte gegenseitige Vernichtungsfähigkeit durch Nuklearwaffen.

Um ein weiteres Beispiel – diesmal außerhalb des Ost-West-Konflikts und außerhalb der Großmächte-Beziehungen – zu nennen: Die Türkei und Griechenland haben ihren Zypern-Konflikt 1974 „gewaltsam bearbeitet" und drohen, dies auch in Zukunft zu tun (ebenso wie sie bei dem Konflikt über die den beiden Ländern vorgelagerten Inseln, wo es um die Anwendung der von der UNO vermittelten Normen geht, mit Gewalt drohen). Sie setzen also ihre kooperativen Beziehungen im Rahmen der UNO und in anderen Organisationen (wie der NATO) aufs Spiel. Die Vermittlungs- und Friedenserhaltungsaktionen der Vereinten Nationen im Zypern-Konflikt haben sich im übrigen vermutlich eher kontraproduktiv auf die Konfliktlösung ausgewirkt, weil dadurch die Neigung zu direkten ernsthaften Kompromißverhandlungen verringert wurde. Kurzum: Die „Anreiz"-These ist alles andere als „plausibel".

Theoretisch und empirisch gut begründet sowie auf die UN-Verhandlungen anwendbar ist hingegen die These, daß für die Fortsetzung von Kooperation die Gewinnverteilung (die relativen, nicht die absoluten Gewinne) relevant ist: Eine einigermaßen ausgewogene, symmetrische Gewinnverteilung ist für eine weitere Kooperation förderlich, während eine asymmetrische Gewinnverteilung gegen die Fortsetzung der Kooperation spricht, weil derjenige, der einen größeren Gewinn erzielt, ihn zur Stärkung seiner Machtpotentiale verwendet und gegen den anderen einsetzen kann (vgl. u. a. Grieco, 1988). Ob eine symmetrische oder asymmetrische Gewinnverteilung erfolgt, hängt in aller Regel von der Machtverteilung ab. Die Geschichte der Vereinten Nationen bietet dafür eine Fülle von Belegen.[20]

So verweist auch eine realistische Einschätzung der verhandlungspolitischen Bedeutung der Vereinten Nationen – ebenso wie die Einschätzung ihrer ordnungs- und sicherheitspolitischen Relevanz – auf die machtpolitischen Zusammenhänge und damit auf die Logik von Macht- und Gegenmachtbildung, von Hegemonie und Gleichgewicht.

3. Hegemonie und Gleichgewicht in der gegenwärtigen Staatenwelt

Wie sieht nach dem Ende der Sowjetunion und der Bipolarität die Machtverteilung in der Staatenwelt – insbesondere zwischen den Großmächten – aus? Und was folgt aus dem Befund für die Staatenkonfiguration und für die Politik der großen strukturbildenden Mächte, für die Entwicklungstendenzen in der heutigen Phase globaler Neuordnung?

Geht man von der neo-realistischen Theorie aus, kann – wie bereits oben angedeutet wurde – folgender Zusammenhang angenommen werden: Der Großmächtekonkurrenz ist die Tendenz zur (Welt-)Hegemonie immanent, wobei Hegemonie als machtvolle Führung, als bestimmender Einfluß definiert und von Herrschaft abgegrenzt wird, denn sie stützt sich nicht auf Zwangsgewalt, sondern auf die Anerkennung der geführten Staaten (Triepel, 1938). Jede Großmacht ist zwar bestrebt, die (Welt-)Hegemonie einer der konkurrierenden Großmächte zu verhindern, und neigt deshalb dazu, eine Balancepolitik zu betreiben. Jede Großmacht möchte aber auch, um ihr Sicherheitsdilemma zu minimieren, selbst möglichst etwas mächtiger als ihre Konkurrenten sein bzw. werden. Wenn einer Großmacht das gelingt, wird sie dazu neigen, Hegemonialpolitik zu betreiben. Dadurch bekommt die Balancepolitik der konkurrierenden, weniger starken Großmächte neuen Antrieb.

Dieser Antrieb zur Gegenmachtbildung schwächt sich ab, falls und solange die Hegemonialmacht keine akute Bedrohung der Sicherheit darstellt und demzufolge keine „*balance of threat*" notwendig ist; und falls und solange eine kooperative Beziehung zwischen den Großmächten, ein kooperatives Gleichgewicht, bevorzugt wird.[21] Die Machtverteilung zwischen den Großmächten ist demnach das wichtigste Bedingungskriterium für Gleichgewichtspolitik wie für Hegemonialpolitik.

3.1. Die Machtverteilung zwischen den Großmächten

Die Machtrelationen zwischen den Hauptmächten des internationalen Systems haben sich nach dem Ende des Ost-West-Konflikts verändert. Aus der weltpolitischen Konkurrenz zwischen den beiden Supermächten und ihren jeweiligen Allianzen sind die USA siegreich hervorgegangen, und ihr militärstrategisches Potential hat sich relativ erhöht. Der militärische Kräftevergleich, bei dem auch die Potentiale der amerikanischen Bündnispartner berücksichtigt werden, ergibt folgendes Bild:

Militärpotentiale

	USA	NATO Japan u. Süd-Korea	Rußland	China
Mannschaftsstärke (in tausend)	1438	3372,5	1600	2930
Verteidigungsausgaben 1994				
Insgesamt (Milliarden $)	283,2	214,3	40,0	40,0
Investitionen (Milliarden $)	114,6	76,1	15,6	14,9
Strategische Nuklearwaffen,				
Gefechtsköpfe	8205	808	8325	4
Armeebrigaden				
Anzahl	36	421,5	237	264
Jährliche Investitionen				
pro Brigade (Millionen $)	547,2	41,8	14,1	26,4
Relative Investitionen	1000	76	26	48
Kriegsschiffe				
Schlachtschiffe	244	471	334	104
Jährliche Investitionen				
pro Schiff (Millionen $)	184,8	13,6	10,1	25,1
Relative Investitionen	1000	74	55	136

	USA	NATO Japan u. Süd-Korea	Rußland	China
Luftwaffe				
Kampfflugzeuge	1601	4819	2978	4970
Jährliche Investitionen				
pro Flugzeug (Milliarden $)	31,1	4,4	2,5	1,1
Relative Investitionen	1000	86	787	354
Lufttransportkapazität				
Interregionale Flugzeuge	542	0	595	0
Millionen-Tonnen-Meilen/Tag	51	0	28,4	0
Intraregionale Flugzeuge (C-130)	407	146	222	k. A.
Millionen-Tonnen-Meilen/Tag	11,2	4,0	2,0	k. A.
Material-Depot für Verstärkungskräfte				
Zu Land (tausend Tonnen)	484	0	0	0
Zur See (Schiffe)	21	0	0	0
Zur See (tausend Tonnen)	450	0	0	0

Quelle: John D. Steinbruner, Problems of Predominance, in: The Brookings Review, Fall 1996, S. 19.

Die Experten sind sich einig, daß sich die beispiellose militärische Überlegenheit der USA durch die amerikanische waffentechnologische Entwicklung künftig noch erhöhen wird. Hingegen sind die russischen Waffensysteme veraltet, und eine Modernisierung in großem Maßstab scheint in den nächsten Jahren ausgeschlossen zu sein; die Verringerung der Ausgaben für Forschung und Entwicklung „gefährdet Rußlands Status als Militärmacht mittel- und langfristig" (Hans-Henning Schröder, 1997). Gegenwärtig kann Rußland die konventionelle Unterlegenheit nur durch seine Nuklearwaffen kompensieren. Aber auch hier ist – rüstungskontrollpolitisch im START-Vertrag I und II sogar kodifiziert – die amerikanische Position günstiger.

China hat sein Waffenarsenal noch nicht so weit ausgebaut, daß es ein ebenbürtiges Gewicht im geo-strategischen Potential besäße. Japan hat zwar eine ansehnliche konventionelle Streitmacht, aber keine Nuklearwaffen. Europa bzw. die EU ist militärisch-sicherheitspolitisch (noch) keine Handlungseinheit. Immerhin haben zwei europäische Mächte, Großbritannien und Frankreich, Nuklearwaffen (mit Zweitschlagfähigkeit), der Abstand zu den USA ist jedoch immens.

Militärpotentiale der europäischen Führungsmächte
(Stand: 1. August 1997)

	Deutschland	Frankreich	Großbritannien
Mannschaftsstärke:	347 000	380 820	213 800
Reserve:	315 000	292 500	320 500
Nukleare Gefechtsköpfe:	0	449	260

Quelle: IISS (Hrsg.), The Military Balance 1997/98, London 1997, S. 50 ff. und SIPRI (Hrsg.), SIPRI Yearbook 1997, Oxford u. a. 1997, S. 398 f.

Die europäischen Staaten haben also durchaus das Potential zur Selbstverteidigung und Abschreckung, aber solange sie politisch und organisatorisch zu gemeinsamem und einheitlichem Handeln nicht fähig sind, sind sie im Vergleich zu den USA geopolitisch zweitrangig.

Man kann mithin von einer quasi-unipolaren Machtverteilung im gegenwärtigen Weltsystem sprechen, wenn man auf die skizzierte Quantität und Qualität der *militärischen* Potentiale der USA abhebt und zudem in Rechnung stellt, daß die USA durch ihre Truppenstationierungen auch eine europäische und eine asiatische Macht sind und dadurch sowie durch das Netz von Stützpunkten, Flottenpräsenz auf allen Weltmeeren und Satellitenaufklärung die Fähigkeit besitzen, weltweit Machtprojektionen vorzunehmen. In den *nicht-militärischen* Bereichen sieht jedoch die Machtverteilung anders aus, ist sie multipolar. Eine Multipolarität ist eindeutig im *geo-ökonomischen Bereich* vorhanden; genauer gesagt, eine Tripolarität, denn die ökonomischen Potentiale konzentrieren sich – wie oben anhand von Daten und Schaubildern gezeigt worden ist – auf die drei Regionen Amerika, Europa und (Südost-)Asien mit den großen Wirtschaftsmächten USA, der EU und Japan als Kernmächten, zwischen denen eine ungefähre Balance besteht (beim Welthandel rangiert die EU sogar vor den USA).

Die geo-ökonomische Machtverteilung wird sich allerdings mittelfristig ändern; denn China ist auch ökonomisch *die* aufsteigende Großmacht. Nach den Berechnungen der Weltbank (China 2020, 1997) dürfte dieses große und bevölkerungsstarke Land in etwa zwei Jahrzehnten zu einer der führenden Wirtschaftsmächte – nach den USA – auf Platz 2 der Exportnationen aufsteigen und auch im Pro-Kopf-Einkommen zu den Mitteleinkommens-Ländern aufschließen.

Für die *gesamtpolitische* Grundstruktur ist vor allem der Sachverhalt relevant, daß neben den USA zwei unabhängige, nuklearbewaffnete Großmächte, Rußland und China, sowie Japan und die EU mit den Führungsmächten Deutschland, Frankreich und Großbritannien (die beiden letztgenannten vermittelt über ihre Nuklearpotentiale und ihren Status als Ständige Mitglieder des UN-Sicherheitsrates) eine Spitzengruppe bilden. Diese gesamtpolitische Konfiguration der Fünf kann am besten die folgende Skizze veranschaulichen, die von dem chinesischen Politikwissenschaftler Feng Zhong Lin (China Institute of Contemporary International Relations, Peking) entworfen worden ist:

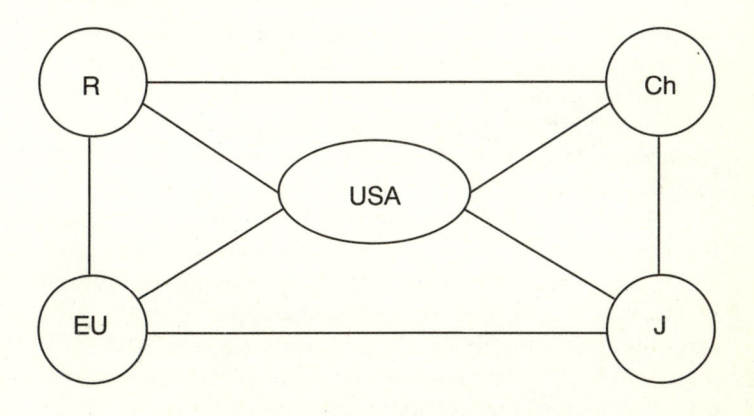

Diese Skizze bildet die zentrale und herausragende Position der USA *und* die multipolare Gesamtstruktur augenfällig ab.

In diesem gesamtpolitischen Zusammenhang ist das Dreieck USA-EU-Japan mit der geo-ökonomischen Triade identisch, in der die USA eine balancierte Mit-Führungsmacht sind. Indes, nur die USA sind in allen Teildreiecken vertreten. Sie sind die herausragende Zentralmacht in der Spitzengruppe, aber ihre Position wird relativiert durch die politische und ökonomische Multipolarität.

3.2. Der globale politische Führungsanspruch der USA

Dieser globalen Machtverteilung entsprechen die Selbsteinschätzung und der daraus resultierende weltweite Führungsanspruch und Führungswille der USA – ungeachtet der unterschiedlichen Schlußfolgerungen im tagespolitischen Streit und in der operativen Politik. Einige exemplarische Belege dafür, aus zentralen Statements der amerikanischen Regierung, seien zitiert. In seinem Bericht zur Lage der Nation vom 28. Januar 1992 feierte Präsident Bush – im Rückblick auf das vergangene Jahr – die Veränderungen in der Welt von „nahezu biblischem Ausmaß": Der Kommunismus sei in diesem Jahr gestorben; Amerika habe durch die Gnade Gottes den Kalten Krieg gewonnen. „Eine einstmals in zwei bewaffnete Lager geteilte Welt erkennt heute eine einzige und überragende Macht an: die Vereinigten Staaten von Amerika." Die USA seien von der „Führungsmacht des Westens" zur „Führungsmacht der Welt" geworden, seien die „unbestrittene Führungsmacht dieses Zeitalters".

Bushs Nachfolger hat dieses Selbstverständnis wiederholt bestätigt. Die USA seien, so Präsident Clinton, „die herausragende Weltmacht" (A National Security Strategy of Engagement and Enlargement, Juli 1994); die „amerikanische Führungsrolle" sei „unerläßlich", „weil zum gegenwärtigen Zeitpunkt niemand außer uns dasselbe für die Förderung von Frieden, Freiheit und Demokratie leisten" könne (Rede, 5. August 1996); eine „weltweite Führungsrolle" müsse von dieser „unerläßlichen Nation" ausgeübt werden (Bericht zur Lage der Nation, 4. Februar 1997).

Weitere einschlägige Zitate würden viele Seiten füllen. Die säkularen Ziele der Weltführungsmacht sind jedoch klar:[22] Erhaltung der Spitzenposition der USA, Verhinderung einer den USA feindlich gegenüberstehenden Hegemonie auf dem europäischen Kontinent oder im asiatisch-pazifischen Raum, Ausbreitung der westlichen Demokratie und des amerikanischen Wertesystems, Öffnung und Sicherung der Märkte für amerikanische Kapitalinvestitionen, Waren und Informationen.

Die amerikanische UN-Politik entspricht diesem Gesamtkonzept: Kooperative Elemente werden mittels der Vereinten Nationen in die Hegemonialpolitik der USA eingefügt – bis hin zur gelegentlich „kollektiven" Ausübung der amerikanischen Führungsrolle zusammen mit den anderen Großmächten („Kollektivhegemonie"), soweit dies nützlich erscheint. Um Madeleine Albright, die frühere US-Botschafterin bei den Vereinten Nationen und jetzige Außenministerin, zu zitieren (1996): Die UNO „gibt uns militärische und diplomatische Optionen, die wir sonst nicht hätten. Und sie hilft uns, das Geschehen zu beeinflussen, ohne die volle Bürde der Kosten und Risiken zu übernehmen".

Auch die NATO-Politik der USA folgt der hegemonialen Gesamtkonzeption. Die europäischen Verbündeten werden darüber nicht im Zweifel gelassen: In einer diplomatischen Demarche (21. Februar 1991; Kopie im Besitz des Verf.) wurden sie mit barschen Worten gewarnt: „Das Bestreben, einen europäischen Pfeiler dadurch zu bilden, daß die Rolle der NATO umdefiniert und begrenzt, die (NATO-)Struktur geschwächt und ein monolithischer Block von gewissen Mitgliedern geschaffen wird, wäre aus unserer Sicht eine fehlgeleitete Politik. Wir möchten hoffen, daß solchen Bestrebungen standhaft und entschlossen widerstanden wird." Wenig später hieß es ähnlich in der ersten Fassung der *Defense Planning Guidance for Fiscal Years 1994 to 1999*: „Obwohl die Vereinigten Staaten das Ziel der Europäischen Integration unterstützen, müssen wir zu verhindern suchen, daß rein europäische Sicherheitsarrangements entstehen, die die NATO – speziell die integrierte Kommandostruktur der Allianz – unterminieren würden." Generell wurde ferner empfohlen, die Herausforderung der amerikanischen Führung durch die großen industriellen Staaten zu entmutigen (Washington Post, 24. Mai 1992).

Die NATO und deren Osterweiterung dienen aus amerikanischer Perspektive dazu, den „bestimmenden Einfluß" der USA in Europa sowie die Fähigkeit, von Europa aus schnell Machtprojektionen in benachbarte Krisenregionen – insbesondere im Nahen Osten – vornehmen zu können, zu erhalten. Mit der Osterweiterung der NATO soll auch dem Interesse Deutschlands, bündnispolitisch aus der bisherigen Randlage in eine zentrale Mittellage zu gelangen, Rechnung getragen werden. Denn ohne eine Unterstützung durch Deutschland, den stärksten NATO-Verbündeten – so meinen führende Außenpolitiker – würden die USA keine „europäische Macht" bleiben können (vgl. Stephen F. Szabo, 1997).

Der amerikanischen Hegemonialpolitik via NATO kommt entgegen, daß sie aus der Sicht der mittel- und osteuropäischen Beitrittskandidaten nicht nur akzeptiert, sondern dringend erbeten wird, um dadurch ein notwendiges Gegengewicht gegen eine potentielle Hegemonialpolitik Rußlands zu schaffen. Und aus der Sicht der mitteleuropäischen Nachbarländer Deutschlands und fast aller europäischer Staaten soll das amerikanische Gewicht in Europa – zusätzlich zur *„reassurance"* gegenüber einer möglichen russischen Bedrohung – die Macht des wiedervereinigten Deutschlands balancieren (vgl. Link, 1995a).

Die Akzeptanz der amerikanischen sicherheitspolitischen Hegemonie seitens der europäischen Staaten resultiert also speziell aus dieser zweifachen amerikanischen Balancefunktion in Europa und generell aus dem Sachverhalt, daß die USA eben nicht imperiale Herrschaft anstreben, sondern eine Politik der gemäßigten Hegemonie und der kooperativen Balance betreiben, die – in Europa – nicht als akute Bedrohung angesehen wird.

Ausdruck der kooperativen Balancepolitik gegenüber Rußland ist die „Grundakte über gegenseitige Beziehungen, Zusammenarbeit und Sicherheit" (1997). Ausdruck der gemäßigten Hegemonie gegenüber den europäischen NATO-Staaten ist die Zuerkennung einer *bedingten* europäischen Eigenständigkeit im militärischen Bereich durch das Konzept der *Combined Joint Task Forces*, bei dessen Anwendung sich die USA ein Veto-Recht vorbehalten, also den bestimmenden Einfluß nicht aufgeben.

Wichtig ist der Erwartungshorizont, der das Kooperationsangebot hier wie dort, bei der Balance-, aber auch bei der Hegemonialpolitik, bestimmt. Die USA gehen wie selbstverständlich davon aus, daß der stärkste und mächtigste Staat in einer kooperierenden „Staatengemeinschaft" und in einem freien Wettbewerbssystem die weltpolitische Führungsmacht sein wird. Selbst wenn man auch den anderen großen Mächten eine gemäßigte regionale Einflußsphäre zubilligt (was keineswegs durchweg geschieht; vgl. G. F. Fuller und J. Arquilla, 1996), so lautet die Kurzformel doch unmißverständlich: „Die USA müssen der globale Hegemon der regionalen Hegemone sein, der Boß der Bosse" (James Kurth, 1996).

3.3. Die Balancepolitik der konkurrierenden Großmächte

Da die USA also nachweislich eine herausragende Machtposition in der Staatenwelt einnehmen und einen weltpolitischen Führungsanspruch erheben, war und ist zu erwarten, daß die anderen großen Mächte mit einer Balancepolitik reagieren, um die Tendenz zur Multipolarität zu stärken oder doch wenigstens die negativen Wirkungen des amerikanischen Übergewichts zu neutralisieren. Natürlich kann sich eine solche Politik der Gegengewichte und Balance abschwächen, und sie muß – bei Abwesenheit einer Bedrohungsperzeption oder eines tiefgehenden Konflikts oder, wie es heute der Fall ist, scharf divergierender Grundwerte – auch keineswegs konfrontativ sein, sondern kann ein kooperatives Verhältnis begründen (wie das Europäische Konzert). Wahrscheinlich ist also eine Politik zur Beschränkung des amerikanischen Übergewichts, eine abgeschwächte Balancepolitik, nicht antagonistisch *gegen* die USA, sondern *gegenüber* den USA, mit der Tendenz zu einem kooperativen Gleichgewicht.

Die Anzeichen für eine derartige Reaktion der konkurrierenden Mächte sind deutlich feststellbar – mit Unterschieden im geopolitischen Bereich und im geo-ökonomischen Bereich. Diese Unterschiede erklären sich aus der ungleichen Machtverteilung in beiden Bereichen, die einerseits quasi-unipolar bzw. ansatzweise multipolar, andererseits tripolar ist.

3.3.1. Balancepolitik im sicherheits- und geopolitischen Bereich

Erwartungsgemäß betreiben in erster Linie die aufsteigende Großmacht China und das aus der Supermachtposition abgestiegene Rußland eine Balancepolitik gegenüber den USA.

Die Volksrepublik China bietet mit ihrer offiziellen Anti-Hegemonial- und Gleichgewichtspolitik dafür den schlagenden Beweis. Priorität hatte und hat die interne Machtsteigerung und deren Abschirmung. Solange die beiden Supermächte USA und UdSSR noch strukturbestimmend waren, richtete sich die chinesische Politik des Anti-Hegemonialismus auch gegen die Sowjetunion, heute ist primär Amerika der Adressat – partiell auch Japan, die frühere regionale Hegemonialmacht und der heutige ökonomische Regionalhegemon, den man aber zugleich als Verbündeten der USA sieht. In ihrem chinesischen Bestseller „China kann nein sagen" haben Zhang Xiaobo und Song Qiang den Weltmachtanspruch Chinas sowie Chinas Balancepolitik gegenüber den USA umfassend begründet. Sie bezeichnen es als Illusion, wenn die USA glaubten, „von jetzt bis in alle Ewigkeit die einzige weltpolitische Führungsmacht" sein zu können (IHT, 20. August 1996; vgl. R. Bernstein und Ross H. Munro, 1997).

Nachdem die Sowjetunion mit ihrem Welthegemoniestreben gescheitert ist, nimmt Rußland das Übergewicht des einstigen Gegners besonders deutlich wahr. So ist es erklärlich, daß Rußland die Ausdehnung der NATO nach Osten als weitere Machtsteigerung der USA ablehnt und daß diese Ablehnung in der russischen Außenpolitik konsensbildend wirkt. Über alle Parteigrenzen und sonstigen Kontroversen hinweg wird eine

„unipolare Welt" als unannehmbar angesehen und statt dessen eine „multipolare Welt" angestrebt – mit Rußland als einem eigenständigen Machtpol (möglichst mit einer Interessensphäre im „nahen Ausland", organisiert über die Gemeinschaft Unabhängiger Staaten). Die Belege hat unlängst u.a. Olga Alexandrowa (BIOst) zusammengetragen, ohne freilich zu erkennen, daß dieser Konsens nicht (wie sie meint) „anti-amerikanisch" ist, sondern eine Balancepolitik gegenüber dem amerikanischen Übergewicht darstellt – eine Gleichgewichtspolitik, die Kooperation nicht ausschließt (wie die „Gründungsakte" NATO-Rußland zeigt), zumal die Hegemonialmacht USA durch eine kooperative Politik. die Bedrohungsperzeption dämpft und für Rußland die ökonomischen Kooperationsgewinne lebenswichtig sind.

Das Ziel einer kooperativen Balancepolitik zur Schaffung einer multipolaren Ordnung, das Präsident Jelzin bei seinem Treffen mit dem amerikanischen Präsidenten Clinton in Helsinki im März 1997 bekräftigte, verbindet – trotz fortbestehender Rivalität – Rußland mit China. So sprach der chinesische Präsident Jian Zemin bei dem Gipfeltreffen in Moskau im April 1997 vor der Duma von der „strategischen Partnerschaft" beider Mächte – ein Terminus, der im Zusammenhang mit der NATO-Osterweiterung vom Sprecher des russischen Präsidenten aufgegriffen wurde. Und die „International Herald Tribune" (24. April 1997) versah ihren Bericht über den russisch-chinesischen Gipfel mit der treffenden Schlagzeile „Russia and China Agree: Washington Is Too Bossy".

Bemerkenswerterweise hat auch Frankreich beim Treffen Chirac – Jian Zemin in einer gemeinsamen Erklärung (16. Mai 1997) die Ordnungskonfiguration der Multipolarität als gemeinsame Zielsetzung unterstrichen – ebenfalls ohne die USA und die amerikanische Hegemonie direkt zu erwähnen (also nicht anti-amerikanisch, sondern orientiert an einem kooperativen Gleichgewicht).

Frankreich ist diejenige europäische Macht, die konsequent eine Balancepolitik gegenüber dem amerikanischen Übergewicht propagiert und dabei zugleich eine europäische Führungsrolle zu spielen versucht. So hat Präsident Chirac beim Treffen der französischen Botschafter am 29. August 1996 die französischen außenpolitischen Maximen wie folgt skizziert: (1) Den Gefahren des Unilateralismus entschlossen entgegenzutreten; (2) zur Entstehung einer multipolaren Welt beizutragen; (3) die EU zu einem Hauptakteur in dieser multipolaren Welt zu machen; (4) die EU als Kernstück und als Voraussetzung für alles übrige aufzubauen.

Die neue sozialistische Regierung Jospin teilt diese Konzeption uneingeschränkt. Ihr neuer Außenminister, Hubert Vedrine, hat dies – ebenfalls vor einer Konferenz der französischen Botschafter (28. August 1997) – unmißverständlich zum Ausdruck gebracht.[23] Auf diese Weise soll die EU ein „Faktor des Gleichgewichts" (Vedrine) und ein *gleichgewichtiger* Kooperationspartner der USA werden – in einer *„nouvelle relation d'alliance d'équilibre avec les Etats-Unis"* (Chirac, 17. Juni 1991). Entstehen soll ein „Gleichgewicht der Interdependenzen" (Guéhenno, 1992), in dem sich Europa und Amerika wechselseitig beschränken. Weder die USA noch die EU bzw. die europäischen Hauptmächte sollen in wichtigen Fragen einen bestimmenden Einfluß, eine Hegemonie, ausüben können; europäischerseits würde man „einen gewissen amerikanischen Einfluß auf Europa akzeptieren, um einen europäischen Einfluß auf die amerikanische Politik ausüben zu können". Wechselseitiger Einfluß – das wäre nicht mehr Hegemonie, sondern Gleichgewicht, kooperatives Gleichgewicht!

Speziell im militärisch-sicherheitspolitischen Bereich ist Frankreich die treibende Kraft einer europäischen Eigenständigkeit, einer europäischen Sicherheits- und Verteidigungsidentität und einer Reform der NATO-Struktur. Daß die anderen europäischen Staaten nicht oder nicht so eindringlich wie Frankreich für eine Balancepolitik gegenüber der US-Hegemonie bzw. für eine Neutralisierung der politischen Auswirkungen des militärischen Übergewichts der USA plädieren, resultiert primär daraus, daß dieses militärische Übergewicht nicht als Bedrohung der eigenen Sicherheit erscheint. Im Gegenteil, die Nuklearmacht USA bietet den nicht-nuklearen europäischen Staaten gerade eine gewisse Sicherheit! Im Falle Großbritanniens wirkt das *„special relationship"* noch nach. Generell sind die positiven Erfahrungen der gemeinsamen Gegenmachtbildung gegen die Sowjetunion noch lebendig. Vor allem aber spielen die oben genannten Akzeptanzgründe, die zweifache Balancefunktion der USA in Europa – gegen eine neue imperiale Politik Rußlands und gegen eine neue hegemoniale Politik Deutschlands – eine wichtige Rolle. Nicht nur die konservative britische Elite ist der Auffassung, daß die Balancierung Deutschlands nicht oder nicht ausreichend durch die europäische Integration erfolgen kann und deshalb die USA als Balancemacht unverzichtbar sind und bleiben.

Deutschland selbst hat bisher eine Politik des Sowohl-als-auch betrieben. Das ist der diskrete Charme seiner Außen- und Sicherheitspolitik. Nach dem zweimal gescheiterten Versuch einer eigenen Hegemonialpolitik ist eine politische Kultur der Zurückhaltung und der Anlehnung an die stärkste Macht, die USA, entstanden (was in der Terminologie der amerikanischen Politikwissenschaft als *bandwagoning* bezeichnet werden kann). Die Anzeichen eines neuen sicherheitspolitischen Selbstbewußtseins, die manche ausländische Beobachter nach der Wiedervereinigung zu erkennen glauben, sind minimal. Den meisten Deutschen gilt die Schweiz als Vorbild. Macht- und Gegenmachtbildung oder gar Weltmachtpolitik gelten als unsittlich und – zumindest für Deutschland – als überholt. Auch Europa soll durch die Integration nicht eine neue Weltmacht werden – zumindest nicht militärisch –, sondern nach deutschem Bilde eine „Zivilmacht". Abgesehen von dem als unwahrscheinlich angesehenen Bündnisfall, sind Beteiligungen deutscher Streitkräfte an kollektiven Maßnahmen (auch nach der Beseitigung des selbst definierten verfassungspolitischen Verbots, deutsche Streitkräfte überhaupt außerhalb des Bündnisgebiets einzusetzen) ohne ein UN-Mandat politisch kaum möglich. Sollte Deutschland einen ständigen Sitz im Sicherheitsrat erhalten, dann kann Deutschland durch sein Veto gegebenenfalls sogar das Eintreten einer solchen Situation verhindern.

Sowohl die Integration in die EU als auch diejenige in die NATO werden nach der Vereinigung von der offiziellen Politik als notwendiger denn je angesehen, um den Nachbarn die Furcht vor einer möglichen neuen deutschen Hegemonie zu nehmen; oder um die unvermeidbare machtpolitische Verantwortung im legitimierenden Schutze der Integrations- oder Allianzpartner gemeinsam wahrnehmen zu können. Anders ausgedrückt: Um eventuellen künftigen hegemonialen Versuchungen rechtzeitig und für immer vorzubeugen, hat sich der „deutsche Odysseus" freiwillig zweifach gegen mögliche Sirenengesänge hegemonialer Politik fesseln lassen.

Aber wie sich der europäische und atlantische Konvoi gruppiert, welchen Kurs er einschlagen und wer dies entscheiden soll – darüber besteht in Deutschland keine Klarheit. Anders ausgedrückt: Unklar ist, welche Mächtekonfiguration im europäischen Raum entstehen soll und erwünscht ist – eine amerikanische Hegemonie wie bisher oder ein europäisch-amerikanisches Bündnis mit einer eigenständigen europäischen Verteidigungsorganisation, die Balance – statt Hegemonie – schafft und gewährleistet. Man bekennt sich zu beidem und glaubt, beides gleichzeitig haben zu können – eine Unentschiedenheit, die dem Bestehenden zugute kommt![24]

Immerhin hat Deutschland zusammen mit Frankreich (und dann auch mit Spanien und Belgien) im sicherheitspolitischen Bereich einen konkreten Ansatz für die Abschwächung der amerikanischen Hegemonie und für eine künftige Balance zwischen Europa und Amerika geschaffen, nämlich das Euro-Korps, dessen Kern die deutsch-französische Brigade ist. Aber dieser strukturell so wichtige europäische Ansatz wird neuerdings durch die Entscheidung, eine analoge deutsch-amerikanische Brigade aufzubauen, bewußt relativiert. Das ist auch eine Art Balancepolitik, nur eben keine europäische, sondern deren Gegenteil.

Aus all dem wird ersichtlich: Daß im sicherheitspolitischen Bereich in Europa nur schwächliche (eigentlich nur von Frankreich konsequent vertretene) Ansätze für eine Balancepolitik gegenüber den USA vorhanden sind, resultiert – neben den

Gegeneinwirkungen der USA – aus dem Zusammentreffen mehrerer europäischer Faktoren. Entscheidend dürfte sein, daß die europäischen Staaten keine gemeinsame Vorstellung von einer Neustrukturierung der Atlantischen Allianz haben, auch nicht von der künftigen sicherheitspolitischen Rolle der EU (und der WEU). Die voluntaristische Aufforderung, Europa bzw. die EU müsse eine Weltmacht werden und darin sein neues Integrationsmotiv finden, nutzt wenig, solange gerade bei diesem Ziel und seiner logischen Konsequenz, nämlich gegenüber den übermächtigen USA als ein kooperativer Balancefaktor zu fungieren, die größte Uneinigkeit besteht, die USA also nicht als „externer Föderator", sondern als „externer Differentiator" wirken.[25]

Was für Europa festzustellen ist, hat – wie nur angedeutet werden kann – seine Entsprechung im ostasiatisch-pazifischen Raum. Auch dort wird die amerikanische Balancefunktion gegenüber Japan und China aufgrund der Interessenlage der dortigen mittleren und kleinen Staaten begrüßt. Japan neigt sicherheitspolitisch wie Deutschland zur Akzeptanz der amerikanischen Hegemonie – aufgrund der Erfahrung des gescheiterten Hegemonie-Versuchs sowie der gemeinsamen Gegenmachtbildung gegenüber der Sowjetunion und China und weil aus Furcht vor einer japanischen Regionalhegemonie kein potentieller Partner einer Balancepolitik verfügbar ist. Zudem ist für das nicht-nukleare Japan das hegemoniale Bündnis mit den USA keine Bedrohung, sondern eine Garantie seiner Sicherheit, so daß der Antrieb zur Balancepolitik sicherheitspolitisch praktisch entfällt.

Heute sieht der Zusammenhang zwischen Hegemonie und Gleichgewicht geopolitisch insgesamt so aus: Die USA haben eine herausragende Machtposition im geopolitisch-militärischen Bereich der militärischen Sicherheit und betreiben dementsprechend eine Hegemonialpolitik. Ansätze zu einer reaktiven sicherheitspolitischen Balancepolitik der anderen Großmächte sind nur bei den großen Staaten Rußland und China und bei Frankreich erkennbar. Sie sind einerseits durch die Schwäche dieser Staaten und andererseits durch die kooperative Politik des Hegemons gedämpft und aus den genannten Gründen deutlich auf ein kooperatives Gleichgewicht hin orientiert. Vor allem wegen ihrer hohen militärischen Überlegenheit haben die USA keine echte Herausforderung geopolitischer Art zu befürchten, und sie können deshalb ihrerseits Kooperationsbereitschaft zeigen. In Ausnahmefällen kann daraus sogar eine Kollektivhegemonie werden. Notfalls ist die Hegemonialmacht USA allerdings auch willens und in der Lage, die Regungen einiger Allianzpartner, das Verhältnis zu den USA durch eine Stärkung der europäischen Verteidigungsidentität im Sinne einer größeren Balance zu restrukturieren, zu durchkreuzen. Die Kooperationsbereitschaft der Hegemonialmacht hat ihre klaren Grenzen. So wird ein Einsatz „separierbarer" Streitkräfte unter europäischem Kommando (CJTF) von ihrer Zustimmung fallweise abhängig gemacht, und er kann folglich jederzeit verhindert werden. Die hegemoniale Position soll strukturell nicht in Frage gestellt werden.

Der abgeschwächten Hegemonialpolitik der USA entspricht spiegelbildlich die abgeschwächte Gleichgewichtspolitik der konkurrierenden großen Mächte. Das dürfte in Anbetracht der militärischen Überlegenheit der USA für geraume Zeit so bleiben, sofern keine sicherheitspolitisch relevanten Konflikte zwischen USA und China (oder Rußland) das kooperative Element eliminieren[26] und sofern nicht kooperationshemmende Konflikte im geo-ökonomischen Bereich in die gesamtpolitischen Beziehungen hineinwirken. Oder stellt sich dieser Problemzusammenhang vielleicht ganz anders dar – nicht als ein mögliches Hineinwirken des geo-ökonomischen Bereiches in die Gesamtbeziehungen, sondern als politischer Primat der geo-ökonomischen Beziehungen (*„primacy of economics"*, Bergsten, 1992)?

3.3.2. Balancepolitik im geo-ökonomischen Bereich

Der geo-ökonomische Beziehungszusammenhang, der in Kapitel IV ausführlich beschrieben wurde, hat nach dem Ende des Ost-West-Konflikts weltpolitisch an Bedeutung gewonnen. Dies erklärt sich aus dem Sachverhalt, daß nunmehr – bis auf weiteres – keine akute militärische Bedrohung im Verhältnis der Großmächte untereinander besteht, die ökonomische Globalisierung und Regionalisierung zur bestimmenden Tendenz geworden ist und sich in die machtpolitische Logik der Staatenkonkurrenz einfügt. Insofern rückt der geo-ökonomische Bereich tatsächlich ins Zentrum der Weltpolitik. Folglich ist die gegenwärtige politische Konfiguration – beruhend auf der geopolitischen Hegemonialstruktur – in hohem Maße konditioniert von der geo-ökonomischen Machtverteilung und der von ihr geprägten Konkurrenz der Großmächte und Regionalverbände. Bei dieser Konkurrenz geht es (im Unterschied zum militärisch-sicherheitspolitischen Bereich) nicht um die Hegemonialpolitik einer herausragenden Macht und die Balancepolitik der schwächeren Großmächte, sondern um die Balancepolitik aller geo-ökonomischen Großmächte und ihrer Regionalverbände – mit der Neigung einer jeden Großmacht, ökonomisch etwas stärker als die anderen zu werden.[27]

Während der geopolitische Wettkampf um Überlegenheit praktisch für lange Zeit zugunsten einer Großmacht, der USA, entschieden ist, bleibt der geo-ökonomische *„struggle for supremacy"* (Jeffrey Garten, 1992) offen. Er wird noch geführt; die Erlangung eines dauerhaften Übergewichts durch einen der Konkurrenten wäre eine Bedrohung für die ökonomische Sicherheit und Wohlfahrt der anderen. Deshalb gewinnt die Tendenz zur Balancepolitik neuen Antrieb, sobald in einem wichtigen ökonomischen Sektor eine Großmacht ein gewisses Übergewicht erreicht hat. Wie oben im einzelnen gezeigt wurde, bedienen sich alle Großmächte bei ihrer Balancepolitik regionaler Organisationen und Arrangements. Ja, für die europäischen Staaten ist ihr integrativer Verbund, die EU, erst die Voraussetzung dafür, gegenüber den USA und Japan als gleichgewichtiger geo-ökonomischer Konkurrent, Balancemacht und Partner fungieren zu können. So wird jetzt im währungspolitischen Bereich durch den Euro ein Gegengewicht zum Dollar und zum Yen geschaffen, um „effektiv gegen die amerikanische Hegemonie zu kämpfen" (Chirac).

Im Unterschied zu dem geopolitischen Beziehungszusammenhang spielen in dem geo-ökonomischen Wettkampf um Gleichgewicht und Hegemonie die aufsteigende Großmacht China, die ihre Wirtschaftskraft noch nicht hinreichend entwickelt hat, und die abgestiegene Großmacht Rußland, die ihre wirtschaftspolitische Konsolidierung und regionale Machtsteigerung noch nicht vollendet hat, bisher nur eine marginale Rolle. Sie sind keine aktiven Mitbewerber um Führung – von Rußlands Eintritt in die G-7 abgesehen.

In Kapitel IV ist ausführlich beschrieben worden, wie Globalisierung Regionalisierung hervorbringt bzw. stärkt und wie die Staaten diesen Prozeß aus ökonomischen *und* machtpolitischen Gründen durch regionale Zusammenarbeit nutzen. Der geo-ökonomische Wettbewerb mit Macht- und Gegenmachtbildung entfaltet sich in der Globalisierungsära hauptsächlich innerhalb der regionalen Triade, die strukturbestimmend ist. Was dazu in den Kapiteln über den Regionalismus dargelegt wurde, soll hier nicht wiederholt, aber ergänzt werden.

Der dynamische Prozeß von ökonomischem Vormachtstreben und Verhinderung eines geo-ökonomischen Übergewichts *einer* ökonomischen Macht bzw. Mächtegruppe dürfte nämlich noch deutlicher werden, wenn er speziell hinsichtlich der Sektoren der Hochtechnologie, die für die Zukunft entscheidend sind, beschrieben wird. Dort ist der dynamische Wettbewerbsprozeß (vgl. Konrad Seitz, 1995) in drei Phasen verlaufen:

(1) Der Aufstieg Japans, beginnend Anfang der achtziger Jahre, zur führenden Industrie- und Finanzmacht – mit der Perspektive, zum Ende dieses Jahrzehnts die erste Technologiemacht zu werden.

(2) Der amerikanische Wiederaufstieg mittels einer Kombination aus unternehmerischer Innovation, interner Technologieförderung, „strategischem Wandel" und globalen Investitionsstrategien.

(3) Eine Art amerikanisch-japanischer Patt-Konstellation oder Balance (ein Gleichgewicht verschiedener Teildominanzen) in den neunziger Jahren: „Amerikanische Software-Dominanz

und Dominanz der Multimedia-Welt steht gegen japanische Hardware-Dominanz, amerikanische Überlegenheit in der Produktionsinnovation gegen japanische Überlegenheit in der Prozeßinnovation und im Fertigungs-Know-how für miniaturisierte Komponenten und Geräte" (Seitz, 1995); auf Firmenebene – dieser Konstellation entsprechend – entstehen neuartige amerikanisch-japanische Allianzen in allen zentralen Bereichen der Hochtechnologie.

Europa, das lediglich in der Telekommunikations-Hardware, in der Werkzeugmaschinen-Industrie und Industrieautomatisierung, in der Autoelektronik und der Medizintechnik seine Position in der Spitzengruppe behaupten konnte, hat inzwischen auf europäischer und nationaler Ebene die geo-ökonomische Herausforderung angenommen. Einige Autoren schätzen seine Zukunftschancen relativ günstig ein.

Kein Zweifel, der geo-ökonomische Wettbewerb wird im Prozeß einer sich beschleunigenden Globalisierung weitergehen, mit neu aufsteigenden Mächten (wie vor allem mit China und seiner Wirtschaftsregion). Die für die globale Neuordnung entscheidende Frage ist, ob dieser Wettbewerb zwischen den großen Wirtschaftsmächten und den von ihnen strukturierten und geführten Regionen kooperativ oder konfrontativ-antagonistisch gestaltet wird, ob mithin ein kooperativer oder konfrontativer Interregionalismus entsteht (vgl. Roloff, 1998).

Auch ein kooperativer Wettbewerb bleibt Wettbewerb, der ja das Grundprinzip des gesamten Systems ist, und diesem System ist das Streben nach kompetitiven Vorteilen, nach Führerschaft oder gar Dominanz inhärent. Ein konfrontativ geführter Wettbewerb kann eine kritische Spannung erzeugen und so zum Konflikt werden. Daß diese Gefahr heute, da die geo-ökonomische Konkurrenz nicht mehr durch eine einheitliche und vereinheitlichende geopolitische Außenbedrohung überlagert und gedämpft wird, latent vorhanden ist, dürfte unstrittig sein. Daß sie aktuell wird, ist nicht auszuschließen. Oder haben sogar diejenigen recht, die mit martialischer Metaphorik behaupten, daß schon heute die Welt in einem „Zustand der wirtschaftlichen Kriegsführung" (Bernard Esambert, zit. bei

Seitz, 1995) sei, und die wie Edward Luttwak (1993) von einem geo-ökonomischen „Schlachtfeld" sprechen sowie von einem geo-ökonomischen „Rüstungswettlauf" (mit der staatlichen Förderung von Forschung und Entwicklung, der „Artillerie", und der Produktion, der „Infanterie"), der in den „kommenden globalen Krieg um Wirtschaftsmacht" einmünden könnte?

Eine solche Entwicklung ist nicht unvermeidlich. Ein kooperativer Wettbewerb zwischen den großen Wirtschaftsmächten und Regionen (kooperativer Interregionalismus) könnte durch globale multilaterale Regelungen, wie sie im GATT bzw. in der WTO vereinbart wurden und weiterentwickelt werden sollen, gefördert und abgestützt werden. Dabei können – wie die Vergangenheit gezeigt hat – Regionalverbände durchaus hilfreich sein, weil sie eine ungefähre Symmetrie und Balance zwischen den Verhandlungspartnern herstellen. Die Geschichte der europäischen Integration belegt, daß dieser Aspekt ein wesentlicher Grund für die regionalistische Politik der europäischen Staaten war, und er ist es – wie wir sahen – auch heute noch.[28]

Es wurde schon beschrieben, wie zwischen allen drei Triademächten Kooperationsbeziehungen (Transatlantischer Dialog, APEC und ASEM) organisiert wurden, um eine potentielle Konfrontation oder gar die Überwältigung der einen durch die Koalitionsbildung der beiden anderen zu verhindern und um ein kooperatives Gleichgewicht in der Triade zu schaffen bzw. zu erhalten. Die Gruppe der Sieben bzw. (nach Rußlands Aufnahme) der Acht (G7/G8) versucht, eine Koordinierung der führenden Wirtschaftsmächte kontinuierlich vorzunehmen und so eine kollektive Führung informell zu gewährleisten.

Doch der Wettbewerb ist ja dynamisch, und folglich ist auch die geo-ökonomische Mächterelation und -balance dynamisch und der Veränderung unterworfen. Schon aus diesem Grunde sollte die derzeitige trilaterale Kooperationsbereitschaft, die aus der gegenwärtigen ungefähren Balance resultiert, nicht auch für die Zukunft als gesichert unterstellt werden. So kommen z. B. kompetente Beobachter der Telekommunikationswirtschaft zu der Einschätzung, daß die Liberalisierung der

Telekommunikation „voraussichtlich zu erheblichen Konflikten" in der OECD und der WTO führen wird, „da die Ordnungsvorstellungen in der Triade USA-EU-Japan hinsichtlich der Informations- und Kommunikationswirtschaft auseinandergehen" (Paul J. J. Welfens und Cornelius Graack, 1996).

Hinzu kommt, daß die Erfahrung lehrt: Große Mächte neigen dazu, sich über getroffene Kooperationsregeln hinwegzusetzen, wenn sie ihren Interessen nicht mehr entsprechen. Sie definieren selbst, was „fairer Wettbewerb" ist, und nehmen sich die Freiheit, im Streitfall multilaterale Entscheidungen nicht zu akzeptieren und unilateral zu handeln.

Die Handelsgesetzgebung und die Handelspolitik der USA bieten in dieser Hinsicht einen lehrreichen Anschauungsunterricht. Bei der Entscheidung über den Beitritt zur WTO wurde die Streitbeilegungskompetenz der WTO sogar ausdrücklich unter nationalen Vorbehalt gestellt und das unilaterale Sanktionsinstrument (Abschnitt Super-301 des US-Handelsgesetzes) bestätigt. Die extraterritoriale Ausdehnung der amerikanischen Sanktionsgesetze gegen Kuba und den Iran sind die jüngsten Beispiele einer unilateralen und vertragswidrigen Politik, die konfliktträchtig ist.

Daß auch andere Staaten, darunter auch die europäischen Staaten bzw. die EU und Japan, gegen vereinbarte Regeln des multilateralen Freihandels und des *„fair trade"* verstoßen und nach Kräften zugunsten ihrer Wirtschaft intervenieren, ist hinlänglich bekannt. So rechtfertigt jeder Staat seine Sünden mit denen der anderen; er verweist auf den Splitter im Auge des anderen, ohne den Balken in seinem eigenen Auge wahrnehmen zu wollen.[29]

Da Macht letztlich nur durch Macht wirksam begrenzt werden kann, bietet ein Gleichgewicht, das im geo-ökonomischen Beziehungszusammenhang den Regionalismus als ein wichtiges Strukturelement nutzt, zwar keine Garantie, aber doch die wichtigste Voraussetzung für eine internationale Ordnung, in der sich ein kooperativer Wettbewerb bzw. eine kompetitive Kooperation mit gemeinsamen Regeln entfalten kann.

3.4. Exkurs: Gleichgewicht und Hegemonie in Europa

Exkursartig sei lediglich angedeutet, daß die Gleichgewichts- und Hegemonialproblematik nicht nur im weltpolitischen Kontext zentrale Bedeutung für die Neuordnung hat, sondern auch im europäischen Binnenverhältnis (was im Zusammenhang mit der Balancefunktion der USA in Europa bereits angesprochen wurde)! Zwar wird gemeinhin die europäische Integration – mit einer gewissen Berechtigung – als grundsätzliche Alternative zu Hegemonie und Gleichgewicht angesehen. Allerdings handelt es sich dabei ja vor allem um die Einbindung der potentiellen Hegemonialmacht Deutschland (siehe oben). Daß auch die anderen Gemeinschaftsstaaten – wie Deutschland – einige ihrer Kompetenzen an übergeordnete Entscheidungsgremien übertragen, macht die Besonderheit dieser Methode aus, die als integrative Gleichgewichtspolitik bezeichnet und so von einer bloß kooperativen Gleichgewichtspolitik unterschieden werden kann (vgl. dazu Link, 1997a).

In diesem Sinne – nämlich als integrative Gleichgewichtspolitik – ist der gegenwärtige Prozeß zur Schaffung der Europäischen Währungsunion zu verstehen – als ein Versuch, das Übergewicht der DM bzw. der Deutschen Bundesbank durch Integration zu neutralisieren; das ist der europäische Binnenaspekt (während die Balancierung des Dollars den Außenaspekt der EWU darstellt). Daß Frankreich Wert darauf legt, daß Großbritannien beim „Euro" bald mitzieht und Italien von Anfang an beteiligt ist, hat einen klaren gleichgewichtspolitischen Grund: Frankreich fühlt sich alleine nicht stark genug, das deutsche Gewicht *in* der Währungsunion zu balancieren.

Generell ist die EU durch die wechselseitigen Beschränkungen und Verschränkungen zwischen den drei Führungsmächten Frankreich, Deutschland und Großbritannien charakterisiert, eine „trianguläre Führung" (so der britische Außenminister Cook) mit wechselnden Koalitionen untereinander sowie mit kleinen und mittleren Staaten. In einem Leitartikel von „Le Monde" (10. Juni 1995) ist dies mit schöner Bildhaftigkeit beschrieben worden: „Um eine bewegliche Achse, die – je nach Politikgegenstand – von dem Paar Paris-Bonn oder von dem Paar Paris-London gebildet wird, und gemäß ihrer Fähigkeit, die anderen Staaten mitzuziehen, werden sich die Mehrheiten formen, die die Politik Europas bestimmen."

Die Stimmgewichtung bei den qualifizierten Mehrheitsentscheidungen und die Auseinandersetzungen über die Neuregelung der Sperrminorität, die im Zuge der Vertiefung und Erweiterung der EU geführt werden, bieten weiteres Anschauungsmaterial für das Bemühen, strukturell das Gleichgewicht abzusichern.

Im europäischen Ausland werden diese Gleichgewichtsaspekte seit langem offen diskutiert. Bezeichnenderweise hat auch Deutschland – zum ersten Mal in einer Regierungserklärung (10. April 1994) – anläßlich der Nord- und Osterweiterung der EU, terminologisch exakt, davon gesprochen, daß jetzt eine „Balance Europas" wiederersteht, die für den Staat in der Mitte vorteilhaft ist. Konsequenterweise versucht Frankreich seinerseits, durch die Süderweiterung ein Gegengewicht zur Osterweiterung zu schaffen. Es entsteht mithin in Europa im Zuge der Erweiterung ein neues Gleichgewicht! Über Erfolg oder Mißerfolge der integrativen Gleichgewichtspolitik wird die Zukunft entscheiden. Sollte die EU scheitern bzw. sich im Zuge der Erweiterung zu einer bloßen großen Freihandelszone zurückentwickeln, so wäre die integrative Gleichgewichtspolitik gegenüber Deutschland im europäischen Kontext gescheitert. (Analoges würde im sicherheitspolitischen Bereich gelten, wenn sich die NATO zu einem OSZE-ähnlichen Gebilde entwickelte). Für diesen Fall ist die vor allem in den USA wiederholt geäußerte Prognose nicht von der Hand zu weisen, daß im *struggle for supremacy* Deutschland (in einem langwierigen mentalen Änderungsprozeß!) erneut eine aktive Rolle spielen könnte – gewissermaßen als „Weltmacht wider Willen" (Christian Hacke, 1993), weil die EU nicht zur Weltmacht geworden ist. Damit würde die Balancierung der Macht Deutschland auch *weltpolitisch* wiederum aktuell werden – kooperativ oder gar antagonistisch. In diesem Fall würde in der Tat der Weg in die Zukunft zurück in die Vergangenheit führen (John Mearsheimer, 1990). Die Art und Weise, wie die Balanceproblematik *in* Europa gelöst werden wird, wird jedenfalls mitentscheiden über die weltpolitische Konfiguration.

VI. Schlußbetrachtung

Zu Beginn unseres Jahrhunderts konstatierte ein kluger amerikanischer Zeitgenosse in seiner Autobiographie „Die Erziehung des Henry Adams" (1907), daß „die Paradoxie [...] die alleinige Orthodoxie in der Politik wie in der Wissenschaft geworden" sei. Gegen Ende des Jahrhunderts scheint dies mehr denn je zuzutreffen. Unsere Analyse der Entwicklung der neunziger Jahre hat gezeigt: Der ordnungs- und machtpolitische Ost-West-Gegensatz, der die alte internationale Ordnung prägte, wird nicht in einer neuen Einheitsordnung „aufgehoben"; die „entzweite" Welt von einst wird nicht in eine neue, monistisch geordnete, „geeinte" Welt transponiert. Bestimmend sind vielmehr das ordnungspolitische Paradoxon von Vereinheitlichung *und* Differenzierung sowie das machtpolitische Paradoxon von (Quasi-)Unipolarität *und* Multipolarität, von Hegemonie *und* Gleichgewicht.

Die herrschaftspolitischen, zivilisatorisch-kulturellen, ökonomischen und politisch-institutionellen Vereinheitlichungstendenzen treffen auf die widerstreitenden Differenzierungstendenzen; ja, sie bergen die Gegentendenz der Differenzierung in sich. Selbst die stärkste Einheitstendenz, die ökonomische Globalisierung, bewirkt recht eigentlich eine radikale Differenzierung, ist paradoxerweise in ihrem Kern Regionalisierung. Die Machtverteilung weist die USA als die einzige „Supermacht" aus, aber die „Führungsmacht der Welt" findet nur in ganz seltenen Konstellationen (wie dem Zweiten Golfkrieg) weltweite Gefolgschaft. Vielmehr evozieren die USA Gegenmacht- und Balancepolitik der anderen Großmächte. Es entsteht nicht die *Eine* Welt universeller demokratischer Herrschaftsordnung, universeller Menschenrechte und universeller Zivilisation, auch nicht ein Weltstaat als universelle Organisation einer globalen Zivilgesellschaft, und schon gar nicht ein amerikanisches Weltreich, sondern eine pluralistische Welt mit Paradoxien.

Der Wegfall der strukturbestimmenden ordnungs- und machtpolitischen Ost-West-Konkurrenz, die sich zum Konflikt steigerte, hat nicht eine konkurrenz- und konfliktlose Welt hervorgebracht, sondern eine „Welt des verbissenen Wettbewerbs" (Hubert Vedrine, 1997), eine „brutal kompetitive" Welt (Jeffrey E. Garten, 1995). In diesem geo-ökonomischen und geopolitischen Wettbewerb bilden sich zwischen den Großmächten und Regionen neue Konfigurationen – im Spannungsfeld von Hegemoniestreben und Gleichgewichtspolitik, global und regional. An die Stelle der alten bipolaren Ordnung tritt tendenziell – nach dem „unipolaren Moment" der Übergangszeit, den die USA möglichst lange zu erhalten trachten – im langwierigen Prozeß der Gegenmachtbildung eine neue multipolare Ordnung. Im geo-ökonomischen Beziehungszusammenhang existiert sie in der Konfiguration der Triade USA-Europa-Japan bereits heute. Gesamtpolitisch dürfte keine starre Ordnung wie die des Ost-West-Konflikts und des Kalten Krieges entstehen, sondern, um Goethes schönen Ausdruck zu verwenden, eine „bewegliche Ordnung" – mit flexiblen Konfigurationen, mit informellen Führungsgremien (wie die G7 und diverse „Kontaktgruppen"), im Mit- und Gegeneinander, „je nach Sachlage" (Hubert Vedrine, 1997), problem- und situationsspezifisch differenziert.

Es spricht vieles dafür, daß in dieser neuen internationalen Ordnung der Regionalismus (in seiner realen Vielfalt) eine strukturierende Rolle spielen wird, zum Teil schon spielt, indem er zwischen globaler Vereinheitlichung und territorialstaatlicher Differenzierung vermittelt.

Gewiß, der Regionalismus ist keine völlig neue Erscheinung, und seine strukturelle ordnungsstiftende Bedeutung haben bereits früher zahlreiche Theoretiker und Politiker hervorgehoben (vor zwei Jahrzehnten insbesondere die Neo-Funktionalisten, vgl. Joseph Nye, 1971). Neu ist aber, daß heute die bipolare Gesamtstruktur, der sich der Regionalismus unterordnen mußte, nicht mehr existiert. Und es ist bemerkenswert, daß bei unserer Analyse der vier Hauptperspektiven der weltpolitischen Neuordnung jeweils der Regionalismus (entgegen den universalistischen Einheitserwartungen) klar hervortrat. Das heißt, herrschaftspolitische, zivilisatorisch-kulturelle, ökonomische und politisch-institutionelle Faktoren stützen wechselseitig den Regionalismus in der neuen Weltordnung; und schließlich ergibt sich aus der machtpolitischen Perspektive die entscheidende Ratio für die regionalistische Dynamik der gegenwärtigen Weltpolitik.

Im einzelnen ist dies in den vorausgehenden Kapiteln dargelegt worden. Zusammenfassend und thesenartig formuliert, lautet der Befund:
- Der politische Regionalismus nutzt die ökonomische Regionalisierung von Handel und Investitionen und verstärkt sie. In jüngster Zeit ist er die konstruktive Antwort der Nationalstaaten auf die Herausforderungen der Globalisierung.
- Die politischen Regionalarrangements basieren in der Regel ferner (d.h. zusätzlich zu den ökonomischen Verflechtungen) auf herrschaftspolitischen und kulturell-zivilisatorischen Gemeinsamkeiten der jeweiligen Region. Diese Gemeinsamkeiten sind in hohem Maße die Voraussetzung für ihren Erfolg. In Europa sind Demokratie, Achtung der Menschenrechte und gemeinsame Kultur sogar Grundbedingungen für die EU-Mitgliedschaft.
- Der Regionalismus ist sowohl für die kleinen und mittleren Staaten einer Region als auch für die regionalen Führungsmächte ein wesentliches Instrument; für die einen, um Mitsprache und Mitentscheidung zu erlangen, für die anderen, um weltweiten Einfluß zu gewinnen bzw. zu erhalten und andere Regionalmächte zu balancieren.

Die Grade regionaler Zusammenarbeit sind verschieden und reichen bis hin zur Integration (vor allem in Europa und ansatzweise in anderen Regionen, wie neuerdings bei MERCOSUR). Dabei ist nicht ohne Bedeutung, daß sowohl die handelspolitischen als auch die gesamtpolitischen Universalorganisationen (wie GATT/WTO und UNO) den Regionalismus in ihren jeweiligen Satzungen nicht nur ausdrücklich akzeptieren, sondern auch positiv einschätzen, zumindest im Sinne einer Subsidiarität.

Die Vereinten Nationen sind neuerdings sogar bestrebt, die Regionalorganisationen bei der Friedenserhaltung stärker einzuschalten. Die Zeit für Kapitel VIII der UN-Satzung („Regionale Abmachungen") sei gekommen, meinte 1995 Butros Ghali (zit. bei Frowein, 1996). Sein Nachfolger Annan hob in seinem ersten Tätigkeitsbericht (1997) die „umfassende Zusammenarbeit zwischen den Vereinten Nationen und den Regionalorganisationen" hervor. Auch wissenschaftliche Analysen wie das neueste Jahrbuch (1997) des Stockholmer Internationalen Friedensforschungsinstituts (SIPRI) stellen eine Regionalisierung der Friedensbemühungen fest.

Damit ist freilich noch nichts über die tatsächlichen Leistungen regionaler Organisationen speziell bei der externen Regulierung akuter gewaltsamer Konflikte gesagt. Die empirischen Befunde sind diesbezüglich nicht eindeutig. Jacob Bercovitch (1995) hat errechnet, daß bei den 241 internationalen Gewaltkonflikten, die zwischen 1945 und 1990 ausgetragen wurden, nur 137 Vermittlungsversuche von externen Akteuren zu verzeichnen sind. Die höchste Erfolgsquote erreichten dabei bemerkenswerterweise die Generalsekretäre und Repräsentanten regionaler Organisationen (62,4% und 50%), während Repräsentanten globaler internationaler Organisationen eine niedrige Erfolgsrate von 23,8% aufweisen. Bercovitch erklärt die höhere Erfolgsquote regionaler Organisationen mit einem Argument, das die oben genannte These unterstützt, nämlich „daß regionale Organisationen in der Regel innerhalb des gleichen Kultur- und Wertesystems vermitteln". Nach 1990 haben sich aber die großen Hoffnungen, die gerade auf die Ausweitung erfolgreicher Vermittlungstätigkeit regionaler internationaler Organisationen gerichtet waren, nicht erfüllt. Zumal bei der Regulierung „lokaler" gewaltsamer Konflikte *in* Staaten (sie bilden gegenwärtig die Mehrheit der Fälle) haben sich Regionalorganisationen nicht erfolgreicher erwiesen als die universalen Vereinten Nationen oder genauso wenig erfolgreich wie diese (vgl. die Fallanalysen von S. Neil MacFarlane und Thomas G. Weiss, 1992).

Vor allem fehlen beiden Organisationen (im Unterschied zu den Staaten und ihren Allianzen) die militärischen Instrumente, die die externe Vermittlungs- und Befriedungsdiplomatie im Sinne einer machtgestützten Diplomatie, einer *„diplomatie armée"*, mit Überzeugungskraft versehen könnten. So ist es bezeichnend, daß bisher nur in einem einzigen Fall UN-Zuständigkeiten der gewaltsamen Intervention auf Streitkräfte von Regionalorganisationen übertragen wurden, nämlich auf IFOR bzw. SFOR in Bosnien-Herzegowina (vgl. Frowein, 1996) – und in diesem Fall handelt es sich bekanntlich im Kern um eine militärische Allianz, die NATO. Weder die Regionalorganisation OSZE noch die EG/EU haben im Balkan-Konflikt Entscheidendes bewirkt.

Auch bei den anderen akuten gewaltträchtigen Konfliktherden der Gegenwart – in den Regionen der ehemaligen Sowjetunion, im Nahen und Mittleren Osten und im südchinesischen Meer – spielen die nicht-militärischen Regionalorganisationen bei der Konfliktregulierung von außen nur eine marginale Rolle. Sie sind eben *keine* Militärallianzen (kollektive Verteidigungsorganisationen). Immerhin bieten sie aber in den meisten Fällen einen allgemeinen Rahmen, in dem intern eine wechselseitige Beschränkung und Balancierung der konkurrierenden Mächte (im Sinne eines integrativen Gleichgewichts) bewerkstelligt werden kann. Im Falle des „hegemonialen Regionalismus" ist indes nicht auszuschließen, daß regionale Organisationen von einer regionalen Vormacht für ihre Zwecke instrumentalisiert werden (wie beispielsweise die OAS durch die USA und die GUS durch Rußland).

Der Regionalismus ist eben kein Allheilmittel, sondern ein je nach den Machtrelationen variables Instrument der Staaten. Daraus folgt, daß das regionalistische Ordnungsprinzip, so wichtig es für die neue Weltordnung nachweislich ist, doch nicht als alleiniges oder gar dominierendes Strukturprinzip angesehen werden kann (zu derselben Schlußfolgerung gelangen Louise Fawcett und Andrew Hurrell in ihrer gründlichen Regionalismusstudie, 1995). Wie oben ausführlich gezeigt wurde, ersetzt der Regionalismus das national- bzw. territorialstaatliche Ordnungsprinzip nicht, sondern bestätigt und stärkt es.

Es sei nochmals hervorgehoben, daß dies auch für diejenige Regionalorganisation gilt, die als einzige supranationale Elemente eingebaut hat. „Entstehungsgrund und Garant des Rechts in Europa sind die Staaten. Diese tragen eine europäische Rechtsgemeinschaft, die sich gegenüber den Staaten verselbständigt und dennoch in den Staaten ihre Grundlage findet" (Kirchhof, 1997). Alan Milwards griffige Charakterisierung des (west)europäischen Integrationsprozesses als „Rettung des Nationalstaates" (The European Rescue of the Nation-State, 1992) trifft erst recht für die außereuropäischen Integrationsversuche zu. In der Ära der Globalisierung antworten die Staaten mit einer Intensivierung regionaler Zusammenarbeit, nicht um sich aufzugeben, sondern um als Mitglieder des Integrationsverbundes „den Teil der Souveränität wiederzubekommen, den der Staat den Marktkräften überlassen mußte" (so der Finnische Premierminister Paavo Lipponen, zit. in IHT, 19./20. Oktober 1996). Regionale Integration ist „eine neue Form gemeinsam ausgeübter Souveränität [...] nicht durch Aufgabe der Souveränität, sondern durch die Wiedergewinnung einer Souveränität, die de facto schon teilweise geschwunden ist" (so der französische Außenminister Hubert Vedrine, 1997). Auch darin kann man so etwas wie ein politisches Paradoxon sehen, das zur Orthodoxie der europäischen Integration geworden ist.

Der Regionalismus ist, auf einen Begriff gebracht, ein Strukturprinzip zweiter Ordnung, abgeleitet und abhängig von dem fundamentalen staatlichen Ordnungsprinzip. Und weil der aktuelle Regionalismus vor allem die konstruktive Antwort der Staaten auf die *ökonomische* Globalisierung ist, ist der Regionalismus vornehmlich für den geo-ökonomischen Wettbewerb zwischen den Staaten konstitutiv (weniger für den geopolitischen Wettbewerb).

Dieser geo-ökonomische Wettbewerb ist aber machtpolitisch kein Neutrum, schon allein deshalb nicht, weil er die

Machtverteilung zwischen den Staaten ganz wesentlich beeinflußt. Ebenso wie der geopolitische Wettbewerb folgt er der Logik von Macht- und Gegenmachtbildung, von Hegemoniestreben und Gleichgewichtspolitik, wobei die Gegenmacht- und Gleichgewichtspolitik kooperativ oder gar integrativ, aber auch antagonistisch-konfrontativ sein kann (je nach Machtverteilung, Interessenlage, Chancen, nach international-systemischen und binnenstaatlichen Bedingungen).

Heute und wohl auch in absehbarer Zukunft ist aus den erörterten Gründen charakteristisch, daß der geo-ökonomische Wettbewerb weder durch pure Kooperation noch durch dezidierte Konfrontation ausgetragen wird, sondern in einer Mischung aus beidem, die sich situations- und fallspezifisch flexibel verändert, mit deutlichem Übergewicht des kooperativen Elements.

Insgesamt gilt: Nach dem bipolaren Gleichgewicht in der Ära des Ost-West-Konflikts ist geopolitisch eine abgeschwächte Hegemonie der USA entstanden – abgeschwächt einerseits durch kooperative Elemente der amerikanischen Politik und andererseits durch die kooperative Balancepolitik der anderen Großmächte. In diesem geopolitischen Kontext entwickelt sich geo-ökonomisch ein dynamisches kooperatives Gleichgewicht (unter gelegentlicher Beimischung konfrontativer Elemente), das multipolar ist. Genauer gesagt, es ist im Kern tripolar bzw. triangulär, bestimmt von der regionalistischen Struktur der Triade USA – Europa – Japan (Südostasien). In dieser geo-ökonomischen Triade beschränken sich die Regionalmächte gegenseitig, und sie sind mannigfach miteinander verschränkt.

Soweit sie sich in den drei Kooperations- und Balancerahmen einigen, bestimmen sie gemeinsam die geo-ökonomischen Regeln. Selbst wenn nur zwei Triademächte – die USA und die EU – gemeinsam vorgehen, „horcht die Welt auf" und „wird etwas bewegt" (wie US-Staatssekretär Stuart Eizenstat am 1. Oktober 1997 in seiner Rede vor der American Chamber of Commerce in Belgien befriedigt feststellte). Das ist gewissermaßen der machtpolitische Charme des Transatlantischen Dialogs und seiner Neuen Transatlantischen Agenda (1995).

Diese transatlantische Kooperation birgt jedoch die fatale Möglichkeit in sich, daß eine geopolitische Bipolarität entsteht, die der zivilisatorisch-kulturellen Bipolarität Huntingtonscher Prägung entspräche: der „Westen" (die transatlantische „Gemeinschaft") gegen den „Rest der Welt"! Allerdings ist eine derartige Entwicklung aufgrund der transatlantischen Differenzen wohl unwahrscheinlich; Gemeinsamkeit und Zusammenarbeit der beiden Triademächte USA und EU können nicht als sicher oder „normal" unterstellt werden.[30] Vielmehr ist die Tendenz feststellbar, daß die ökonomische Konkurrenz zwischen den Hauptmächten der Triade, die früher durch die gemeinsame geopolitische Bedrohung gedämpft war, zunimmt.

Alle unsere Erörterungen deuten darauf hin, daß die geo-ökonomischen Beziehungen auf jeden Fall – ob Gemeinsamkeiten oder Gegensätze vorherrschen – erheblichen Einfluß auf die gesamtpolitischen Beziehungen haben. Solange kein neuer struktureller Weltkonflikt die Großmächte spaltet und kein Regionalkonflikt auf die Ebene der Großmächtebeziehungen eskaliert, scheint die Weltordnung und Weltpolitik sogar vorrangig von den geo-ökonomischen Zusammenhängen geprägt zu sein.

Beide Bedingungen können sich jedoch rasch ändern. Insbesondere in der asiatisch-pazifischen Region ist die Eskalationsgefahr nicht zu übersehen, weil dort die Frage von „Gleichgewicht oder Hegemonie" (Kay Möller, 1997) nicht entschieden ist und gleich vier Großmächte miteinander konkurrieren – die Supermacht USA, die aufsteigende Großmacht China, die Wirtschaftsmacht Japan (die eben dabei ist, ihr militärisches Profil zu stärken – allerdings zunächst in Kooperation mit den USA)[31] und die geschwächte Großmacht Rußland. Völlig unklar ist die künftige Rolle Indiens in dieser Region.

Zudem ist der Wirkungszusammenhang zwischen geo-ökonomischer und geopolitischer Konkurrenz in Wirklichkeit nicht einseitig, sondern wechselseitig.[32] Daß die USA die überlegene Militärmacht und die beiden anderen geo-ökonomischen Triademächte sicherheitspolitisch von ihr abhängig sind, ist gesamtpolitisch von großer Bedeutung. Eine *„diplomatie* *armée"* ist wirksamer als eine „Deklarationsdiplomatie", die wie eine Papierwährung keine machtpolitische „Deckung" hat. Heute – in der langen Übergangszeit – ist die Weltordnung durch die militärische Quasi-Unipolarität und die gleichzeitige geo-ökonomische und gesamtpolitische Multipolarität (mit regionalistischen Arrangements als wichtigem Strukturelement) gekennzeichnet. Ein ausgewogenes multipolares Gleichgewicht, das tendenziell die Kooperation fördert, wird von den Konkurrenten der USA angestrebt, ist aber nur ansatzweise realisiert. In diesem Sinne bewegt sich die gegenwärtige und vermutlich auch die künftige Weltpolitik im Spannungsfeld von Hegemonie und Gleichgewicht.

Nachwort zur Dritten Auflage

Die Schwelle zum 21. Jahrhundert ist überschritten, und die Millenniumsreden sind verklungen. Im politischen Alltag ist wohl jedermann bewußt geworden, daß die Jahrhundert- und Jahrtausendwende einen bloß kalendarischen, nicht einen inhaltlichen Einschnitt markiert, zumal nicht in der internationalen Politik. Politisch betrachtet, hat das neue Jahrhundert mit der revolutionären Wende von 1989/90 begonnen. Obwohl für die „neue Ära" noch kein eigener Name gefunden worden ist, dürfte unbestreitbar sein: Es haben sich in den neunziger Jahren Strukturen gebildet und Tendenzen entwickelt, die die Weltpolitik neu ordnen. Sie werden in diesem Buch, das nunmehr in dritter Auflage vorliegt, beschrieben und analysiert. In den drei Jahren nach der Erstveröffentlichung sind sie keinem neuerlichen radikalen Wandel unterworfen worden. Sie haben sich vielmehr verstetigt und sind deutlicher hervorgetreten. Deshalb besteht m.E. keine Veranlassung, eine inhaltliche Revision des Textes vorzunehmen. Vielmehr sollen im folgenden die Kontinuitätslinien der evolutionären Entwicklung unterstrichen und die zwischenzeitlichen „fließenden" Veränderungen (Meinecke, 1963), die – wenn nicht alles täuscht – keine Richtungsänderung bei der Neuordnung bedeuten, in gebotener Kürze (unter besonderer Berücksichtigung der jüngsten europäischen Entwicklung) erörtert werden.

Die diversen globalen Einheitsvisionen der Wendejahre, die in den ersten Kapiteln des Buches beschrieben und als wenig realitätsbezogen kritisiert werden, sind inzwischen verblaßt – mit Ausnahme der „Globalisierung", die im Kapitel IV als säkulare Tendenz ausführlich behandelt wird. Ihre dort nachgewiesenen machtpolitischen Konsequenzen, nämlich Gegenmachtbildung und Multipolarisierung mittels regionalistischer Arrangements der Staaten, sind heute noch klarer zu erkennen als 1997/98, weil sich diese Tendenz inzwischen weiter verstärkt hat. Die fortdauernde kommunikationstechnologische Revolution hat die Globalisierung in den vergangenen Jahren vor allem beschleunigt; und dabei sind – wie erwartet – die Triade-Regionen Amerika-Europa-Südostasien merklich gestärkt worden (die ökonomische Asien-Krise hat 1997/98 diese Region bzw. ihren Kernstaat Japan nur vorübergehend geschwächt). Die Statistiken sind eindeutig, wie anhand zweier Hauptindikatoren beispielhaft gezeigt werden kann:

– Die *ausländischen Direktinvestitionen* erhöhten sich 1998 um 39 Prozent auf 644 Milliarden Dollar. Das war die höchste Zuwachsrate seit 1987 (UNCTAD, World Investment Report 1999). Im Jahre 1999 stiegen die Direktinvestitionen im Ausland weiter auf 865 Milliarden Dollar, und für 2000 wird mit mehr als einer Billion Dollar gerechnet (UNCTAD, World Investment Report 2000). Vier Fünftel (1998) bzw. drei Viertel (1999) der globalen Direktinvestitionen entfallen auf die großen Industriestaaten der Triade.

– Die Zahl der multinational tätigen Produktionsunternehmen, der *transnationalen Konzerne*, hat sich 1998 auf 60 000 und 1999 auf 63 000 erhöht – mit 500 000 bzw. 690 000 Tochtergesellschaften. Die „Heimatbasis" der zwölf größten transnationalen Konzerne liegt in Europa (6), in den USA (5) und in Japan (1). Innerhalb der Triade hat sich damit eine Verschiebung zugunsten Europas und der USA – die jetzt etwa gleichgewichtig sind – ergeben. Die europäischen transnationalen Konzerne waren 1999 die größten Kapitalexporteure; auf sie entfiel die Hälfte der globalen Transaktionen.

Die Konzentration auf die Triade-Regionen und auf deren Kernstaaten hält also an und festigt die bestehende Machtverteilung im internationalen System. So kommen denn auch neuerdings Autoren, die eigentlich Anhänger der Interdependenzentheorie sind, zu dem Ergebnis, daß Globalisierung und Informationsrevolution keinen dezentralisierenden Effekt auf die zwischenstaatlichen Beziehungen haben; daß die Informationsrevolution „die Weltpolitik noch nicht in eine neue Politik der umfassenden, komplexen gegenseitigen Abhängigkeit verwandelt". Weil die Ressourcen von mächtigen Staaten genutzt werden können, „um ihre Dominanz zu bewahren", und weil sie schneller in die Informationstechnologie einsteigen können, gilt: „Dieselben Länder, die den Weg in die Wissenschaftsrevolution des 20. Jahrhunderts angeführt haben, führen den Weg in die Informationsrevolution des 21. Jahrhunderts" (Keohane/Nye, 2000).

Folglich ist es auch irreführend, von einer „Denationalisierung" und vom „Regieren jenseits des Nationalstaates" (Zürn, 1998) zu sprechen. Selbst wenn man – wie Zürn – nur die gesellschaftlichen (nicht die politischen) Prozesse im Auge hat, ist unübersehbar, daß die von diesem Autor genannten Bedingungen der behaupteten Denationalisierung eben *nicht* erfüllt sind; d.h. die Interessen beziehen sich noch nicht auf „denationalisierte Einheiten", und „großflächige postnationale und transnationale Identitäten" dominieren nicht die nationalen Identitäten. Das ist so sogar in der Europäischen Union feststellbar (Schild, 2001), erst recht weltweit.

Deshalb ist die Meinung, europäische Integration eigne sich als Vorbild für eine „Weltrepublik" und biete „europäische Lernerfahrung für eine Weltrepublik" (so neuerdings die neosozialistischen Theoretiker der SPD-Linken; vgl. FAZ, 30. 11. 2000), unbegründet. Daß die europäischen Regierungen auch bei ihrem Handeln im Rahmen der EU den jeweiligen Staat als „Bezugsgröße" nicht aufgegeben haben, ist jüngst in einer großen Studie über die „grenzüberschreitende Verwaltungspraxis" empirisch nachgewiesen worden. Eine tiefgreifende Strukturveränderung oder gar Revolution staatlicher Verwaltungen und die Ablösung von Administrationen aus ihrem innerstaatlichen Kontext haben „nicht stattgefunden" (Wessels, 2000). Die „differenzierte Integration", die das Bild der erweiterten EU bestimmen wird, wird vermutlich in Europa den Typus des differenziert integrierten Regionalstaates hervorbringen; die EU-Mitgliedstaaten werden entscheiden, ob sie willens und in der Lage sind, an der „vertieften Zusammenarbeit" in verschiedenen Politikbereichen teilzunehmen oder nicht; und sie werden je nach ihren nationalen Interessen ihre Entscheidung treffen (vgl. Link, 2001). Bei den derzeitigen konkreten Reformbemühungen der EU geht es darum, das „integrative Gleichgewicht" zwischen den EU-Staaten neu zu tarieren, um den Machtverschiebungen, die sich nach der Wiedervereinigung Deutschlands zwischen den Staaten ergeben haben und bei der Erweiterung der EU ergeben werden, Rechnung zu tragen. Die „Dramatisierung der Machtfrage" (Janning, 2000) ist ein eindeutiges Indiz für die Persistenz des Nationalstaates im Prozeß der europäischen Integration. Sogar die fragwürdigen „Zukunftsvisionen" des Privatmanns Joschka Fischer gehen davon aus, daß die Nationalstaaten in einer europäischen Föderation erhalten bleiben und unverzichtbare Einheiten der Union sein werden.

Was für die europäische Integration gilt, gilt erst recht für die weniger stark integrierten, meist nur intergouvernemental kooperierenden Staaten-Verbünde in anderen Regionen und in noch größerem Maße für die universellen internationalen Organisationen zwischenstaatlicher Zusammenarbeit. Bezeichnenderweise hat UN-Generalsekretär Annan in seinem „Millennium-Bericht" (2000) hervorgehoben, daß die gemeinsame „Steuerung" und „Lenkung" der internationalen Beziehungen („um besser miteinander zu regieren") nicht durch eine Schwächung der Staaten erreicht werden kann oder soll: „Im Gegenteil: Die Staaten müssen gestärkt werden."[33] Internationale Vereinbarungen und deren Umsetzung setzen funktionierende Staaten voraus. „Global governance" (um dieses schöne Modewort zu gebrauchen) wird – wenn überhaupt – nur durch „national governments" (nationalstaatliche Regierungen) realisiert, gegebenenfalls mit internationalen Organisationen als deren Instrumenten. Was generell die Wirkung der Globalisierung auf die Staaten und ihre Funktionen anbelangt, so scheint im übrigen die gängige These vom Obsoletwerden der Staates an Überzeugungskraft zu verlieren und statt dessen die Einsicht dieser Studie Platz zu greifen, daß die Globalisierung die Rolle des Staates eher stärkt als schwächt (s. Bernauer, 2000). Der Rückzug aus einigen Bereichen im Zuge der Deregulierung geht mit Re-Regulierung und Aufgabenerweiterung einher, regional und international.

Als vermittelndes, sekundäres Strukturelement gewinnt der Regionalismus zunehmende Bedeutung. Die Staaten nutzen weiterhin die marktgeleitete Globalisierung, die die ökonomische Regionalisierung fördert, indem sie die regionale Zusammenarbeit politisch organisieren, um in der globalen Konkurrenz zu überleben und zu prosperieren. Dieser (in Kapitel IV, 4 und 5 beschriebene) politische Regionalismus hat sich inzwischen weiter ausgebreitet. Das jüngste Beispiel ist die „Ostafrikanische Gemeinschaft", die 1999 von Kenia, Uganda und Tansania gebildet wurde (FAZ, 2. Dezember 1999). Indem in der Begründung dieses Schrittes darauf verwiesen wird, man wolle so dem „wachsenden Einfluß" Südafrikas begegnen, bestätigt dieser ostafrikanische Fall zugleich die Grundeinsicht, daß der politische Regionalismus aus der Dynamik von Macht- und Gegenmachtbildung zu erklären ist.

Diese machtpolitische Ratio ist in den vergangenen zwei Jahren besonders deutlich von dem am weitesten entwickelten Regionalverbund, von der Europäischen Union und ihren Mitgliedstaaten, artikuliert worden. In den europäischen Staaten wächst das Bewußtsein, *gemeinsam*, bis hin zur gemeinsamen Ausübung von Teilen der Souveränität, agieren zu müssen. Sie reagieren damit auf die ökonomische Globalisierung und auf die globale Macht der USA, also auf zwei Herausforderungen, die miteinander verbunden sind. Denn zusätzlich zu ihrer herausragenden, gewissermaßen unipolaren militärischen Machtposition haben die USA die Globalisierung am erfolgreichsten ökonomisch und politisch nutzen können. Sie sind entschlossen, sie auch militärpolitisch zu funktionalisieren, d.h. „Widerstand gegen die amerikanische Version der Globalisierung durch die Institutionalisierung der militärischen Suprematie der USA" zu ersticken (Bacevich, 1999) – im Sinne einer „das gesamte Spektrum abdeckenden Dominanz" (full spectrum dominance), wie es in dem Pentagon-Dokument „Joint Vision 2010" heißt.

Angesichts dieses Sachverhalts intensivieren die europäischen Staaten – wie erwartet - ihre regionalistische Politik durch institutionelle Vertiefung, sektorale Ausweitung und geographische Ausdehnung der Europäischen Union. Die drei großen Führungsmächte Deutschland, Frankreich und Großbritannien (die sich im „integrativen Gleichgewicht" der EU wechselseitig balancieren) haben, trotz vieler sonstiger Differenzen, eine grundsätzliche Übereinstimmung dahingehend erzielt, daß die externe Herausforderung die europäische Integration antreibt, ja antreiben muß.

In Frankreich haben Präsident Chirac und Außenminister Védrine ihre diesbezüglichen früheren Plädoyers (die oben zitiert werden) mehrfach wiederholt. Sie haben in großen programmatischen Reden 1999 (abgedruckt in: Politique Étrangère, 20. Jg., H. 4, 1999) dargelegt, daß die „Globalisierung" (mondialisation) und die „Übermacht" (hyperpuissance) der USA die Notwendigkeit zwingend begründen, daß die Europäische Union zu einem „starken Pol im weltpolitischen Gleichgewicht" (un pôle majeur de l'équilibre mondial) wird, um eine „multipolare Welt" und einen „gleichgewichtigen Dialog zwischen den regionalen Polen" zu ermöglichen. Kooperative, nicht konfrontative Gleichgewichtspolitik („coopèrent et ne s'affrontent") zwischen der EU, den USA, Rußland, China und Indien!

Bundeskanzler Schröder hat in seiner Rede vor der französischen Nationalversammlung am 30. November 1999 die Argumentation und Zielsetzung der „europäischen Macht" uneingeschränkt auch für Deutschland und seine Europa-Politik verbindlich erklärt: „Wir stehen gemeinsam vor neuen Herausforderungen. Wir brauchen eine gemeinsame europäische Antwort auf die Globalisierung, die wirksame Vertretung unserer Interessen nach außen, die Erweiterung der Europäischen Union, die Stärkung der politischen Handlungsfähigkeit unserer gemeinsamen Institutionen und die Bekräftigung ihrer demokratischen Legitimation. Das sind Aufgaben, auf die sich Deutschland und Frankreich konzentrieren müssen. In Frankreich hat man den Begriff ‚Europe Puissance' geprägt, der treffend unser gemeinsames Ziel bestimmt. In der deutschen Europa-Debatte ist dieser Gedanke leider bisher auf wenig Resonanz gestoßen. Ich mache mir diese treffende französische Bezeichnung für unsere gemeinsame Vision des künftigen Europas hier und heute zu eigen" (Internationale Politik, 55. Jg., Nr. 4, April 2000).

Für Großbritannien hat Premierminister Blair in seiner Warschauer Rede am 6. Oktober 2000 in ähnlicher Weise die machtpolitische Ratio der europäischen Integration beschrieben: „In a world with the power of the USA; with new alliances to be made with the neighbours of Europe like Russia; developing nations with vast populations like India and China; Japan, not just an economic power but a country that will rightly increase its political might too; with the world increasingly forming powerful regional blocs ASEAN, MERCOSUR; Europe's citizens need Europe to be strong and united. They need to be a power in the world. Whatever origin, Europe today is no longer just about peace. It is about projecting collective power. That is one very clear reason, quite apart from the economic reasons, why the central European nations want to join." Der britische Premierminister schlußfolgerte: Dieses Europa könne, aufgrund seiner ökonomischen und politischen Stärke, eine „superpower" (aber kein „Superstaat") werden.

Auch Italien, das in gewisser Weise mit zur europäischen Führungsgruppe gerechnet werden kann, argumentiert in diesem Sinne. So hat z.B. Ministerpräsident Amato in seiner programmatischen Rede im Europa-Kolleg in Brügge am 29. November 2000 ausgeführt, nur gemeinsam könnten die europäischen Länder den Einfluß ausüben, den sie bereits als einzelne Staaten verloren hätten; Europa könne nur eine „regionale Macht mit globalem Einfluß" sein, wenn es militärische Streitkräfte mobilisieren könne und über gemeinsame Entscheidungsverfahren zum Krisenmanagement verfüge (FAZ, 30. 11. 2000).

Evidentermaßen ist die Europäische Union heute nur im ökonomischen Beziehungszusammenhang eine globale Großmacht; und ob die anstehende Erweiterung die Handlungsfähigkeit der EU stärken oder schwächen wird, ist eine offene Frage. Aber die europäischen Staaten haben in der praktischen Politik der vergangenen Jahre (also nach der Erstveröffentlichung dieses Buches) immerhin bemerkenswerte Schritte in Richtung „Europe puissance" getan und die bisherige Tendenz der Europäisierung fortgesetzt:

(1) Der Euro ist termingerecht zum 1. Januar 1999 eingeführt worden und wird in einem Jahr zum alleinigen Zahlungsmittel in der Europäischen Währungsunion. Wenn er sich – nach Überwindung der derzeitigen Übergangsschwierigkeiten – bewährt, sehen kompetente Wirtschaftswissenschaftler, wie Fred Bergsten (1997), ein weltwährungspolitisches Duopol von Dollar und Euro voraus; wenn nicht, wird der US-Dollar nach wie vor dominieren.

(2) Als Antwort auf den technologischen Vorsprung der USA hat sich die EU auf dem Lissaboner Gipfel im März 2000 „ein neues strategisches Ziel" gesetzt, nämlich die USA in den modernen Technologien einzuholen und zu überholen – „die Union zum wettbewerbsfähigsten und dynamischsten wissensbasierten Wirtschaftsraum in der Welt zu machen". Entsprechende konkrete wirtschaftspolitische Maßnahmen wurden fest vereinbart.

(3) Noch wichtiger ist, daß nunmehr auch der militärische Bereich in die gemeinsame europäische Politik einbezogen wird (über die Gemeinsame Außen- und Sicherheitspolitik des Maastrichter und Amsterdamer Vertrages hinausgehend!). Nach dem Einschwenken der britischen Regierung auf die politische Maxime, die EU „mit der Fähigkeit zum autonomen Handeln, gestützt auf glaubwürdige militärische Streitkräfte" auszustatten (französisch-britischer Gipfel von Saint Malô, 4. Dezember 1998), wurde auf den EU-Gipfeln in Köln (Juni 1999), Helsinki (Dezember 1999) und Feira (Juni 2000) eine Serie substantieller Beschlüsse gefaßt: Die EU bestätigt zwar, daß die NATO „das Fundament der kollektiven Verteidigung" bleibt. Für das breite Spektrum der Krisenverhütung und Krisenbewältigung (die sogenannten Petersberg-Aufgaben) wollen die EU-Staaten aber

„im Rahmen der freiwilligen Zusammenarbeit" bis 2003 Streitkräfte in Korpsstärke samt der notwendigen Logistik bereitstellen und organisieren. Inzwischen sind die beschlossenen europäischen Entscheidungs- und Kommandostrukturen ad interim errichtet, die Kommandeure ernannt, die nationalen Kontingente verbindlich zugesagt und die europäische Rüstungskooperation organisiert worden. Sogar Deutschland baut seine Bundeswehr zu einer interventionsfähigen Streitmacht um und beteiligt sich mit etwa 20 Prozent an der europäischen Eingreiftruppe (wobei allerdings die Finanzierung der Reform noch keineswegs als gesichert gelten kann). Die politische Intention der Gemeinsamen Europäischen Sicherheits- und Verteidigungspolitik (die in den USA erwartungsgemäß auf Vorbehalte und Mißtrauen stößt) ist klar: Neben der Umstrukturierung der NATO nach dem Konzept der „Combined Joint Task Forces" (vgl. S. 142) soll die europäische Eingreiftruppe die Europäische Union zu eigenständigem militärischem Handeln befähigen und eine europäische „diplomatie armée" und „coercive diplomacy" (statt bloßer Deklarationspolitik) ermöglichen. Die europäisch-amerikanischen Beziehungen sollen nun auch im sicherheitspolitischen Bereich „neu ausbalanciert" (Scharping) werden, nachdem im geoökonomischen Bereich der symmetrische „Transatlantische Dialog" (s. oben) bereits quasi-institutionalisiert ist und erfolgreich praktiziert wird.

Die Europäische Union betreibt also jetzt auf allen Gebieten eine Politik, die darauf abzielt, mit den USA (sowie mit anderen großen Mächten und Regionen) einen allseitigen ausgewogenen Beziehungszusammenhang zu entwickeln, der als kooperative Balance of Power bezeichnet werden kann (wobei Balance/Gleichgewicht wohlgemerkt nicht Äquilibrium/ Gleichheit bedeutet, sondern zur Machtbeschränkung hinreichendes Gewicht; vgl. Link, 1997a). So fügt sich Europa in steigendem Maße in die allgemeine weltpolitische Tendenz, kooperative Balancepolitik und Multipolarisierung, ein. Daß die entsprechende Politik der anderen großen Mächte (s. S. 135

ff.) derzeit fortgesetzt wird, ist in den offiziellen Erklärungen und dem politischen Handeln Chinas und Rußlands (insbesondere nach dem Amtsantritt Präsident Putins) leicht zu erkennen. Japan hat sich nach der Asien-Krise mit Selbstbewußtsein zurückgemeldet (FAZ, 11. September 1999); „Japan, for One, Is Finally Learning to Say ‚No'" titelte die International Herald Tribune am 1. Februar 1999. Und Indien hat mit seinen atomaren Tests im Jahre 1998 gegenüber dem Druck der USA seine eigenständige Machtposition demonstriert; so könnte künftig ein weiterer Pol in der neuen weltpolitischen Konfiguration entstehen (s. S. 130 f.).

Kooperative, nicht antagonistische Balancepolitik! Diese weltpolitische Prognose hat sich zumindest bisher – im Lichte der Erfahrungen der vergangenen Jahre – bestätigt. Nur ein Mal bestand die Gefahr, daß ein regionaler Konflikt einen neuen Antagonismus zwischen den großen Mächten hervorrufen würde, nämlich beim Kosovo-Konflikt (1999). Er kann hier selbstverständlich nicht detailliert behandelt werden. An diesem Konfliktfall können aber die Thesen des vorliegenden Buches und der derzeitige Problemstand der internationalen Neuordnung exemplarisch und stichwortartig erhellt werden:

– In der internationalen Politik entscheidet und handelt nicht eine fiktive „Staatengemeinschaft", nicht die „Weltgesellschaft" oder „Gesellschaftswelt", sondern konkrete Staaten oder Staatengruppierungen (im Kosovo-Konflikt zunächst die Kosovo-Kontaktgruppe, dann die NATO). Konkrete Staaten kooperieren bzw. lehnen die Kooperation ab oder stellen sie zeitweilig ein, jeweils gemäß ihrer eigenen Interesseneinschätzung und Möglichkeiten. Wenn Staatengruppen entscheiden und handeln, ist die Machtverteilung zwischen ihren Mitgliedern ausschlaggebend.

– Die Vereinten Nationen (UN) haben kein Gewaltmonopol. Die demokratische Supermacht USA lehnt ein UN-Gewaltmonopol traditionell grundsätzlich ab und hat in zahlreichen Fällen entsprechend gehandelt. Sie hat jetzt mit den anderen NATO-Staaten gegen Jugoslawien ohne UN-Mandat militärische Gewalt eingesetzt. Das Veto-Recht der Ständigen Sicherheitsratsmitglieder, das von Rußland und China in Anspruch genommen wurde, hat den vernünftigen Sinn, eine Instrumentalisierung der Vereinten Nationen durch *eine* Großmacht oder durch eine Staatengruppe, der nicht alle Ständigen Sicherheitsratsmitglieder angehören (im Kosovo-Fall durch die USA bzw. die NATO), förmlich auszuschließen. Die Vereinten Nationen verhindern nicht einseitige Gewaltanwendung einer Großmacht oder deren Klientelstaaten.

– Die machtpolitische Logik der internationalen Politik ist stärker als idealistische Konzepte (was die Politiker der Linken – vor allem in Deutschland – lernen mußten und erstaunlich rasch lernten, weil sie an der Macht bleiben wollten). Der EU insgesamt wurde die Lektion erteilt, daß diplomatische Krisenprävention oder -bewältigung ohne militärische Deckung (ohne eine „diplomatie armée") erfolglos sind.

– Die Kriminalisierung des Krieges schafft den Krieg nicht ab, sondern hat zur Folge, daß euphemistisch von friedensschaffenden oder friedenserzwingenden Maßnahmen oder (in der UN-Terminologie) von kollektiven Zwangsmaßnahmen der friedlichen Nationen die Rede ist und „unerklärte Kriege" geführt werden. Welch ein schöner Fortschritt des Völkerrechts und der „Zivilisierung" der internationalen Beziehungen! Der Kosovo-„Krieg" ist (wie alle Kriege der Demokratien der Nachkriegszeit) nicht erklärt worden. Wo es keine Kriegserklärung und keinen Krieg gibt, gibt es auch keinen Friedensschluß, sondern nur die erzwungene Kapitulation des „Verbrechers"; Frieden als Waffenstillstand.

– Die Menschenrechte sind zur „Zivilreligion" der säkularisierten westlichen Demokratien geworden (Link, 2001), in deren Namen militärische Gewaltanwendung (also Krieg) legitimiert wird. Erst nach Beendigung des Kosovo-Krieges wurde eingeräumt, daß es „primär um die regionale Sicherheit" ging, die „direkte Auswirkungen auf ganz Europa" gehabt habe (Fischer, FAZ, 26.11.1999). Die neuen gerechten

Kriege werden als säkularisierte Kreuzzüge für die Menschenrechte geführt – gegen die „Barbaren" (Schurkenstaaten). Die „zivilisierten Staaten" und ihre „Zivilgesellschaften" nehmen die Opfer in den Schurkenstaaten als „Kollateralschäden" hin (aber keine eigenen Toten); sie rechtfertigen den Tod der Barbaren und die Zerstörungen der Infrastruktur als Maßnahmen, die die Bevölkerung vom diktatorischen Regime trennen und zum demokratischen Umsturz evozieren sollen. Auf dieser Weise „barbarisieren" sich ihrerseits die zivilisierten, demokratischen Staaten im menschenrechtlichen Kampf gegen die Barbaren (Pierre Hassner, 1999).
- Militärische Intervention ohne die Bereitschaft zu eigenen Opfern vermag eine „humanitäre Katastrophe" nicht zu verhindern, sondern kann deren Steigerung im Schatten des Krieges unbeabsichtigt ermöglichen. Nach einem „Sieg" können ethnische Vertreibungen teilweise rückgängig gemacht, aber „ethnische Säuberungen" durch die Gegenseite nicht unterbunden werden, es sei denn durch opferreiche Gewaltanwendung.
- Internationale Tribunale gegen Kriegs- und Menschenrechtsverbrecher unterliegen in hohem Maße dem politischen Opportunitätsprinzip; sie sind (um Clausewitz zu paraphrasieren) die Fortsetzung der Politik unter Beimischung juristischer Mittel. Sie sind wirkungslos, solange sie nicht von dem Staat unterstützt werden, dessen Bürger sie begangen haben. Wenn aber ein Staat Kriegs- und Menschenrechtsverbrecher selbst verfolgt und aburteilt, ist ein internationales Strafgericht (das ja ausdrücklich nur subsidiär tätig werden soll) überflüssig; es sei denn, der Staat ist durch „debellatio" untergegangen bzw. sein Territorium und seine Bürger stehen unter internationaler Herrschaft (wie Deutschland 1945 oder Bosnien und das Kosovo heute). Auch ein allgemeiner Internationaler Strafgerichtshof, wie er jetzt eingerichtet wird, dürfte deshalb wenig erfolgversprechend sein, weil große, interventionsfähige Staaten – wie die USA – ihre Mitgliedschaft und Mitarbeit verweigern. Eine

wirkliche Großmacht unterwirft ihre Staatsbürger nicht einem internationalen Strafgerichtshof (vgl. S. 118).
- Entgegen idealistischem Wunschdenken und normativer Maximen werden Fremdherrschaft und internationale Protektorate weiterhin tatsächlich ausgeübt und sogar legitimiert (wie in Bosnien und im Kosovo). Die Großmächte entscheiden über die Errichtung internationaler Protektorate und darüber, ob Selbstbestimmung und gegebenenfalls Sezession oder Erhalt der territorialstaatlichen Integrität obsiegen.
- Die Erfahrung hegemonialer Politik ruft (wenn der Kitt der gemeinsamen vitalen Sicherheitsbedrohung und damit die Ratio hegemonialer Akzeptanz nicht mehr bestehen) eine Gegenmachtpolitik der „geführten" Staaten hervor. Die bestimmende Rolle der USA bei der NATO-Intervention wirkte nachweisbar als „Katalysator" (Scharping) für die Europäische Sicherheits- und Verteidigungspolitik und für die weitere Transformation der NATO in eine balancierte europäisch-amerikanische Allianz.
- Wenn die *formellen* kollektiven Führungsgremien (wie der UN-Sicherheitsrat bzw. dessen „Fünfer-Club", die permanenten Mitglieder) von einer Großmacht oder von mehreren Großmächten blockiert werden, nutzen die großen Mächte ad hoc *informelle* Gremien kollektiver Führung – wie die Gruppe der Acht (G 8) bei der Beendigung des „Krieges" gegen Jugoslawien. Die Konfliktregulierung kann dann anschließend durch die „P-5" und den UN-Sicherheitsrat formal legitimiert werden.

Insgesamt betrachtet (und auch in Beachtung anderer Konflikte und Politikbereiche), ist die fundamentale Bedeutung der Machtverteilung in der internationalen Politik und der daraus resultierenden internationalen Mächtekonfigurationen in den vergangenen Jahren in unübersehbarer Weise bestätigt worden. Die Schlußfolgerung aus der empirischen Analyse, daß die neue weltpolitische Grundkonfiguration im Zentrum durch die Kombination zwischen quasi-unipolarer und multipolarer Machtverteilung bestimmt ist und daß im internationalen System der Gegenwart Hegemonialpolitik und kooperative Balancepolitik aufeinander bezogen sind, stößt in der neueren Literatur auf die konkurrierende Gegenthese, daß das gegenwärtige internationale System nach dem Wegfall der zweiten Supermacht unipolar sei und diese Unipolarität ebenso lange währen werde wie die ehemalige Bipolarität (Wohlforth, 1999). Dagegen läßt sich jedoch einwenden, daß zwar eine gewisse Unipolarität im militärischen Beziehungszusammenhang (aber auch dort relativiert durch mehrere Nuklearmächte), nicht aber im ökonomischen Beziehungszusammenhang vorhanden ist. Der gegenteilige Anschein entsteht nur dann, wenn man – wie Wohlforth – die europäischen Mächte und ihre Potentiale in der Statistik gesondert aufführt und die Europäische Union nicht als ökonomischen Machtpol identifiziert. Gesamtpolitisch hat sich – wie gezeigt wurde – die Tendenz zur Multipolarisierung (mit regionalistischen Arrangements) verstärkt. Situations- und bereichsspezifisch werden diverse Führungsgruppen (mit variierenden „Gefolgschaftsstaaten") jeweils politikbestimmend (die P-5, die G 7 bzw. G 8, die Weltwirtschaftstriade, regionale Allianzen, Balkan-Kontaktgruppe udgl.). Die resümierende Einschätzung am Ende dieser Studie dürfte also nach wie vor gültig sein: Die USA zeigen sich – was die außenpolitische Führungselite anbelangt – weiterhin entschlossen, ihre Position als globale Zentralmacht zu erhalten und weltpolitische Führung auszuüben, bei Wahrung ihrer Entscheidungsfreiheit (was die Option der Nicht-Intervention einschließt). Sie finden aber immer weniger Akzeptanz für eine unilaterale Politik. Ein ungefähres multipolares Gleichgewicht, das tendenziell die Kooperation fördert, wird von den Konkurrenten und Partnern der USA angestrebt[34], ist aber heute nur ansatzweise realisiert. In diesem Sinne bewegt sich die gegenwärtige und (in mittelfristiger Perspektive) vermutlich auch die zukünftige Weltpolitik im Spannungsfeld zwischen Hegemonie und Gleichgewicht.

Zur Veranschaulichung der beschriebenen Ordnungsdynamik, der „beweglichen Ordnung" (Goethe), mag abschließend eine Analogie dienen, die Barrington Moore und Norbert Elias mit dem Vergleich zwischen internationalen und gesellschaftlichen Beziehungen und Tanzfigurationen hergestellt haben (s. Link, 1988). Die Führungsgruppen, die die internationalen Konfigurationen bilden, variieren in ihrer Zusammensetzung wie die Figurationen klassischer Tänze – mit nicht-willkürlichen, aber variablen Mustern, mit verschiedenen Tänzern und z. T. unterschiedlichen Teilnehmern, wobei manchmal Tänzer am Rande stehen und zeitweise an dem Gemeinschaftstanz nicht direkt beteiligt sind. Manchmal ist ein Tanzpaar oder ein Tänzer aufgrund besonderer Fähigkeiten in der Gesamttanzgruppe hervorgehoben, dazu prädisponiert, als Tanzführer zu fungieren bzw. als Solotänzer aufzutreten. Wichtige Tänzer oder Tanzpaare müssen aber stets einbezogen werden, wenn der Gesellschaftstanz gelingen und sich nicht in chaotischer Unordnung auflösen soll. Die analoge Anwendung dieser Sachverhalte auf die beschriebenen internationalen Konfigurationen dürfte ohne weiteres evident sein. Gewiß ist die Analogie zur Tanzfiguration, wie alle Analogien, nur begrenzt und nur mit Einschränkungen sinnvoll. So wird man z. B. in den internationalen Beziehungen vergeblich nach einer Entsprechung zum barocken Tanzmeister suchen (auch die USA sind nicht in einer analogen Position; sie befehlen und herrschen nicht, sondern sie führen – alleine oder gemeinsam mit anderen großen Mächten). Auf jeden Fall verweist die Tanzanalogie zutreffend und unübersehbar darauf, daß die neuen internationalen Konfigurationen als dynamische Beziehungsmuster con variatione zu verstehen sind und sich „fließend verändern" (Meinecke, 1963) – es sei denn, dramatische Ereignisse führten, wie 1989/90, zu revolutionären Veränderungen. Das ist heute, zu Beginn des 21. Jahrhunderts, so unwahrscheinlich wie vor einigen Jahren, für die Zukunft freilich nicht auszuschließen. Denn die Weltgeschichte ist nicht determiniert, sondern prinzipiell offen. Zumal für die ferne Zukunft gibt es – wie Lord Keynes zu sagen pflegte – nur eine Gewißheit: „In the long run we are all dead!"

Anhang

Anmerkungen

1 Mit dem jungen Marx könnte man freilich auch anders argumentieren: Er sah die „universelle Entwicklung der Produktivkräfte" und die universelle Ausbreitung des kapitalistischen Weltmarkts als notwendige praktische Voraussetzung für die „weltgeschichtliche Existenz" des Kommunismus an und verwarf folglich einen vorzeitigen „lokalen Kommunismus". Nach dessen notwendigem Scheitern würden sich die „alte Scheiße", der „Mangel" und die „Notdurft", nur wiederherstellen (Karl Marx, *Die deutsche Ideologie*, 1845/46).
Es ist mithin nicht unwahrscheinlich, daß *nach* der vollendeten „Globalisierung" die marxistische Theorie neuerlich Attraktivität gewinnt, weil – so könnte man argumentieren – nun erst die reale Voraussetzung für den Kommunismus existiere. Ansätze für eine solche Marx-Renaissance gibt es schon heute in einigen post-sowjetischen kommunistischen Zirkeln.
2 Vgl. dazu und zum folgenden Link (1988 und 1996a).
3 Zu der Neuerung eines internationalen Ad-hoc-Straftribunals zur Aburteilung von Personen, die im ehemaligen Jugoslawien und in Ruanda gegen das humanitäre Völkerrecht verstoßen haben, siehe unten (Kap. V.2)
4 Erst an letzter Stelle steht bei Huntington die Überlegung, daß auch ein profunderes Verständnis für die religiösen und philosophischen Grundannahmen und Interessen anderer Zivilisationen notwendig sei, um Elemente der Gemeinsamkeit zu entdecken.
5 Alle Angaben, falls nicht anders vermerkt, nach: Globale Trends, 1996.
6 Daß die Staaten internationale Vereinbarungen explizit zu dem Zweck treffen, ihre eigene Regelungskompetenz zu stärken, kann am Beispiel der Wachstumsbranche Bio-Technologie verdeutlicht werden:
Auf der Gipfelkonferenz in Rio de Janeiro 1992 wurde eine Konvention über biologische Vielfalt verabschiedet und inzwischen von der Mehrheit der Staaten ratifiziert. Sie kodifiziert die souveränen Rechte der Staaten über ihre biologischen Reichtümer (Regelung des Zugangs mit der Nutzung ihrer genetischen Ressourcen und der Aufteilung der Gewinne zwischen Anbieterland und Nutzer) und schafft somit die Grundlage zur „Nationalisierung" genetischer Ressourcen (Globale Trends 1996, S. 477f.).

7 Das gilt im übrigen auch für die Entwicklungsländer: „Wo die Rahmenbedingungen stimmen, wie in einigen asiatischen und neuerdings auch einigen lateinamerikanischen Ländern, kommt es von alleine zum Transfer von privatem Kapital und Wissen nach Marktbedingungen" (Molt, 1996), und die knappen Mittel der öffentlichen Entwicklungshilfe „schwimmen hinterher".
Die höheren Wachstumsraten in einer Untergruppe der Länder mit niedrigem Einkommen lassen sich – wie Mancur Olson (1996) gezeigt hat – dadurch erklären, daß diese Länder eine bessere Wirtschaftspolitik und effektivere politische Institutionen entwickelt haben.
8 Daß externe Herausforderungen und Einflüsse durchgängig eine entscheidende Rolle bei der Integration von Staaten spielen, hat vor allem Ruth Zimmerling (1991) gezeigt.
9 Mitglieder: Argentinien, Brasilien, Uruguay, Paraguay.
10 Mitglieder: Bolivien, Ecuador, Kolumbien, Peru, Venezuela.
11 Mitglieder: Bangladesh, Bhutan, Indien, Malediven, Nepal, Pakistan, Sri Lanka.
12 Mitglieder: Brunei, Indonesien, Malaysia, Philippinen, Singapur, Thailand, Vietnam, seit Juli 1997 auch Burma und Laos.
13 Mitglieder: ASEAN-Staaten, Australien, VR China, EU, Indien, Japan, Kambodscha, Kanada, Neuseeland, Rußland, Südkorea, USA.
14 Mitglieder: Australien, Brunei, Chile, VR China, Hong Kong, Indonesien, Japan, Kanada, Malaysia, Mexiko, Neuseeland, Papua-Neuguinea, Philippinen, Singapur, Südkorea, Taiwan, Thailand, USA.
15 Mitglieder: Benin, Burkina Faso, Elfenbeinküste, Gambia, Ghana, Guinea, Guinea-Bissau, Kap Verde, Liberia, Mali, Mauretanien, Niger, Nigeria, Senegal, Sierra Leone, Togo.
16 Mitglieder: Angola, Botswana, Lesotho, Malawi, Mozambique, Namibia, Swaziland, Tansania, Zambia, Zimbabwe.
17 Deshalb dürfte hier der Verweis auf diesen Aufsatz, auf die dort genannte Literatur und auf die kontroverse Debatte in den Folgenummern der Zeitschrift „International Security" genügen. Siehe ferner Baldwin (1993).
18 Der US-Botschafter bei den Vereinten Nationen, Thomas Pickering, erklärte am 13. November 1991 in einer Rede vor dem Auswärtigen Ausschuß des Senats: „Weder die Ausübung unserer Rechte nach Artikel 51 noch vorsichtiges Engagement zur Unterstützung unserer außenpolitischen Grundsätze verpflichten uns, stets nur mit ausdrücklicher Genehmigung der Vereinten Nationen zu handeln. Zwar mag dies vorzuziehen sein, aber man kann sich unschwer Bedingungen vorstellen, unter denen die rasche Entwicklung der Bedrohung zusammen mit der Unfähigkeit oder Nichtbereitschaft des Sicherheitsrats für eine regionale oder – unter gewissen Umständen – einseitige Reaktion im Einklang mit der Charta sprechen" (Europa-Archiv, 9/1992, S.D 364).

19 Im Zuge einer „stillschweigenden" Satzungsänderung genügt seit einiger Zeit auch die Stimmenthaltung.
20 Die Verhandlungen über eine Neue Weltwirtschaftsordnung, die in den siebziger Jahren im Rahmen der Generalversammlung und in der UNCTAD stattfanden, sind ein herausragendes Beispiel für diese Zusammenhänge (vgl. Link/Tücks, 1985).
21 Diese Annahme kombiniert (wie die Spezialisten der Politischen Theorie leicht feststellen werden) das Theorem der *„balance of power"* (Waltz, 1979) mit dem der *„balance of threat"* (Walt, 1987).
22 Vgl. dazu auch Michael Mastanduno (1997). Da er die Theorie der *„balance of power"* strikt von der Theorie der *„balance of threat"* trennt und nicht, wie ich es versuche, kombiniert, kommt er zu unterschiedlichen Ergebnissen im sicherheitspolitischen und ökonomischen Bereich. Aber auch er zeigt überzeugend, daß die USA die Strategie verfolgen, ihre „herausragende globale Position" zu erhalten. Eine Alternativstrategie des *„Offshore Balancing"* hat jüngst Christopher Layne (1997) vorgeschlagen und begründet.
23 Zu den USA führte er u. a. aus: „Wenn ich von ihrer Macht spreche, spreche ich von einem Faktum. Und ich tue es ohne Bissigkeit, das will ich betonen. Ein Faktum ist ein Faktum. Die Geschichte, der Wille ihrer Politiker, ihre berühmte Tatkraft, ihr Selbstvertrauen und die Schwäche vieler anderer Mächte haben sie zu dem gemacht, was sie sind. Aber diese Macht birgt, wenn sie ohne Gegengewicht ist, insbesondere heute, eine unilateralistische Versuchung, vor allem von seiten der gesetzgebenden Organe, und die Gefahr einer Hegemonie in sich. Wir werden also – je nach Sachlage – der Freund der Vereinigten Staaten sein oder ihr Verbündeter; in anderen Fällen werden wir ihnen im Namen unserer oder der europäischen legitimen Interessen oder auch unserer Vorstellung von den internationalen Beziehungen ,nein' sagen müssen – auch das ohne Bissigkeit. Das alles müssen wir ihnen im Rahmen eines freundschaftlichen, offenen, aufrichtigen und direkten Dialogs sagen" (Frankreich-Info der Französischen Botschaft in Bonn, 15. September 1997).
24 So wird ansatzweise – zum Beispiel im sogenannten Schäuble-Lamers-Papier vom September 1994 – von der die Regierung tragenden Mehrheitsfraktion, der CDU/CSU, die Schaffung eines Kern-Europa und die Umstrukturierung der NATO in eine ausgewogene amerikanisch-europäische Allianz befürwortet; bald darauf aber wird das Papier überarbeitet und dabei entschärft. Die Angebote einer amerikanisch-deutschen Doppelhegemonie (*„bigemony"*, Fred Bergsten) oder einer gemeinsamen „partnerschaftlichen Führung" (Bush) werden einerseits skeptisch beschieden, andererseits rühmt man sich auf der Hardthöhe eines stillen *„special relationship"* mit den USA. Die französische Forderung nach einer sichtbaren, personell und strukturell abgesicherten Änderung der NATO-Kommandostruktur wird zunächst unterstützt,

dann allerdings wieder fallengelassen. Die deutsche Regierung zieht eine vermittelnde Rolle vor (die der Bundespräsident mit dem Begriff des „ehrlichen Maklers" etikettiert, um ihr eine vermeintliche historische Weihe zu geben). Der Bundesverteidigungsminister bedient sich zur Untermauerung des Wunsches, die NATO-Grenze nach Osten zu verschieben, amerikanischer Gutachter, und dann verleiht ein diesen Gutachtern nahestehender amerikanischer Politikwissenschaftler dem entsprechenden NATO-Beschluß das zweifelhafte Gütesiegel „Made in Germany". Aber in der strittigen Frage, ob nicht auch Rumänien und vor allem der geographische Brückenstaat Slowenien in die erste Beitrittsrunde einbezogen werden müßten (was Frankreich und Italien forderten), hat die deutsche Politik offiziell überhaupt keine Position bezogen – Politikenthaltung statt Politikgestaltung in einer unmittelbar deutsche Interessen berührenden Frage! Nach dem Madrider Gipfel hat der CDU-Außenpolitiker Karl Lamers die Unfähigkeit der Europäer, in der NATO „eine Balance gegenüber den Amerikanern herzustellen", beklagt und eine größere Rolle der EU gefordert, aber die *deutsche* Untätigkeit dezent verschwiegen.

25 Nur im wirtschafts- und handelspolitischen Bereich ist die Bereitschaft zum einheitlichen balancierenden Handeln gegenüber den USA vorhanden (siehe das folgende Unterkapitel).

26 Aus chinesischer Sicht würde dieser Fall z.B. eintreten, wenn die USA in einem militärischen Konflikt mit Taiwan intervenierten.

27 Präsident Clinton hat dementsprechend die „weltweite Führungsrolle" der USA an dem Ziel ausgerichtet, daß die amerikanische Volkswirtschaft die „stärkste der Welt" und die USA die „konkurrenzfähigste Nation" bleiben solle (Bericht zur Lage der Nation, 4. Februar 1997).

28 Was die historische und die gegenwärtige Erfahrung manifestiert, ist politikwissenschaftlich aus der (bereits mehrfach erwähnten) kooperationsförderlichen Wirkung symmetrischer Gewinnverteilung (Machtbalance) erklärbar. Wirtschaftswissenschaftler kommen zu einer ähnlichen Einschätzung und Begründung: „Eine große Zahl interdependenter Entscheidungsträger und asymmetrische Machtkonstellationen verschlechtern i.d.R. die Chancen auf eine Koordination. Eine tripolare Weltwirtschaft mit EG, USA und Japan als gleichbedeutenden Partnern müßte demgegenüber eine recht günstige Plattform für das Freihandelsergebnis abgeben" (Manfred Stadler, 1994).

29 Jeffrey Garten, der, bevor er U.S. Under Secretary of Commerce for International Trade wurde, in einem Buch den „Kampf um Vorherrschaft" (1992) zwischen den USA, Japan und Deutschland perspektivisch beschrieben und als mehr oder weniger zwangsläufig gerechtfertigt hatte, stellte nach seinem Ausscheiden aus dem Regierungsamt mit schöner Deutlichkeit für die USA die Maxime auf (1995): „Wir haben heute, wenn auch widerstrebend, nur *eine* Wahl, nämlich das Spiel so hart wie die anderen zu spielen – soweit wie die meisten Unterstüt-

zungsmaßnahmen reichen, einschließlich finanzieller Mittel, hochrangiger Handelsmissionen und politischer Interventionen durch Botschafter, Kabinettsmitglieder und sogar den Präsidenten." Er fügte hinzu, daß – im Gegensatz zu Deutschland, wo sogar Bestechungsgelder von der Steuer abgesetzt werden könnten – Bestechung selbstverständlich keine Option für die USA sei, aus ethischen und juristischen Gründen. Was er großzügig verschwieg, war die Wirtschaftsspionage des amerikanischen Geheimdienstes, die in Japan und Frankreich zu heftigen Protesten geführt hat (auch in Deutschland wurde ein CIA-Mitarbeiter aus diesem Grunde ausgewiesen; vgl. FAZ, 12. März 1997).

30 Die transnationale Koalition zwischen den Wirtschaftsvertretern der EU-Länder und der USA („Transatlantic Business Dialogue") scheint die transatlantische Kooperation („Transatlantischer Dialog") zu fördern. Die Neue Transatlantische Agenda (1995) ist wesentlich von dem Transatlantic Business Dialogue befruchtet worden. Aber bei genauerem Hinsehen ist auch dort, in der transnationalen Koalition der Geschäftsleute, die Trennungslinie zwischen Europa und den USA erkennbar (siehe Bail/Reinicke/Rummel, 1997).

31 Siehe die neuen Verteidigungsrichtlinien, die im September 1997 zwischen den USA und Japan vereinbart wurden (FAZ, 25. September 1997).

32 Die Konkurrenz um den Zugang zu den Öl- und Gasreserven in der transkaukasischen Region (Kaspisches Meer) und die geopolitische Eindämmungspolitik gegen die Anrainerstaaten Iran und Irak bieten ein anschauliches Beispiel dieses wechselseitigen Zusammenhangs.

33 Daß die internationale Zusammenarbeit der Staaten durch Nicht-Gouvernementale Organisationen (NGOs) nicht gefördert wird, ist nach den jüngsten Erfahrungen bei der WTO-Konferenz in Seattle (1999) wohl kaum noch zu bezweifeln; die NGOs haben dort eher ihre Chaosmacht unter Beweis gestellt.

34 Speziell für die europäischen Staaten ist zu beobachten, daß der „Ausgang Europas aus seiner selbstverschuldeten Unmündigkeit" – aus hier nicht zu erörternden Gründen – ein säkularer Prozeß mit vielen Zwischenschritten und Zwischenstationen ist (s. Link, 1995b und 2000).

Literaturhinweise

Adams, Henry (1907), Die Erziehung des Henry Adams: Von ihm selbst erzählt, dt. Ausgabe Zürich 1953.
Adomeit, Hannes (1995), Russia As a „Great Power" in World Affairs: Images and Reality, in: International Affairs, Bd. 71, H. 1, S. 35–68.
Ajami, Fouad (1993), The Summoning, in: Foreign Affairs, Vol. 72, No. 4, S. 1–8.
Akaha, Tsuneo und Langdon, Frank (Hrsg.) (1993), Japan in the Posthegemonic World, Boulder und London.
Albright, Madeleine K. (1996), The UN, the U.S. , and the World: Remarks at a town meeting, Atlanta, Georgia, September 12, 1996, in: U.S. Department of State Dispatch, September 23, Vol. 7, No. 39, S. 474–477.
Alexandrova, Olga (1997a), Der außenpolitische Konsens in Rußland, in: Aktuelle Analysen des Bundesinstituts für ostwissenschaftliche und internationale Studien, Köln, Nr. 17.
Alexandrova, Olga (1997b), „Strategische Partnerschaft" aus russischer Sicht, in: Europäische Rundschau, 25. Jg., H. 4, S. 57–74.
Alten, Jürgen von (1994), Die ganz normale Anarchie, Berlin.
Altmann, Rüdiger (1987), Der wilde Frieden, Stuttgart.
Anderson, Kym und Blackhurst, Richard (Hrsg.) (1993), Regional Integration and the Global Trading System, New York u. a.
Annan, Kofi A. (2000), „Wir, die Völker": Die Rolle der Vereinten Nationen im 21. Jahrhundert (Millenniumsbericht), hrsg. vom Informationszentrum der Vereinten Nationen, Bonn.
Auswärtiges Amt (Hrsg.) (1988), Menschenrechte in der Welt: Konventionen, Erklärungen, Perspektiven. Dokumentation, Bonn.
Axelrod, Robert (1987), Die Evolution der Kooperation, München.
Bacevich, Andrew J. (1999), Policing Utopia: The Military Imperatives of Globalization, in: The National Interest, vol. 46, Summer, S. 5–13.
Bail, Christoph u. a. (1997), EU-US Relations: Balancing the Partnership, Baden-Baden.
Baldwin, David A. (Hrsg.) (1993), Neorealism and Neoliberalism, New York.
Balic, Smail (1996), Die innerislamische Diskussion zu Säkularismus, Demokratie und Menschenrechten, in: Ende/Steinbach (1996), S. 590–603.
Barber, Benjamin R. (1996), Djihad und McWorld: Der Mythos von der regulativen Kraft des Marktes, in: Frankfurter Allgemeine Zeitung vom 24.7.1996.
Bartley, Robert L. (1993), The Case for Optimism: The West Should Believe in Itself, in: Foreign Affairs, Vol. 72, No. 4, S. 15–18.

Benedek, Wolfgang (1995), Die neue Welthandelsorganisation (WTO) und ihre internationale Stellung, in: Vereinte Nationen, Jg. 43, H. 1, S. 13–19.

Bercovitch, Jacob (1995), Mediation in der Staatenwelt, in: Ropers/Debiel (1995), S. 89–111.

Bergsten, Fred C. (1992), The Primacy of Economics, in: Foreign Policy, No. 87, S. 3–24.

Bergsten, Fred C. (1996), Globalizing Free Trade, in: Foreign Affairs, Vol. 75, No. 3, S. 105–120.

Bergsten, Fred C. (1997), The Dollar and the Euro, in: Foreign Affairs, vol. 76, No. 4, S. 83–95.

Bernauer, Thomas (2000), Staaten im Weltmarkt, Opladen.

Bernstein, Richard und Munro, Ross H. (1997), The Coming Conflict with China, New York.

Bhagwati, J. N. (1993), Beyond NAFTA: Clinton's Trading Choices, in: Foreign Policy, 91, S. 155–162.

Binyan, Liu (1993), Civilization Grafting: No Culture is an Island, in: Foreign Affairs, Vol. 72, No. 4, S. 19–21.

Blechman, Barry M. u. a. (1997), The Partnership Imperative: Maintaining American Leadership in a New Era, Washington, D.C.

Blumenwitz, Dieter (1997), Die Strafe im Völkerrecht, in: Zeitschrift für Politik, 44. Jg., H. 3, S. 324–350.

Böhret, Carl und Wewer, Göttrik (Hrsg.) (1993), Regieren im 21. Jahrhundert: Zwischen Globalisierung und Regionalisierung, Opladen.

Bollard, Alan und Mayes, David (1992), Regionalism and the Pacific Rim, in: Journal of Common Market Studies, Vol. 30, No. 2, S. 195–209.

Borchgrave, Arnaud de (1996), Globalization – The Bigger Picture, in: The Washington Quarterly, Vol. 19, No. 3, S. 159–178.

Bornschier, Volker (1988), Westliche Gesellschaft im Wandel, Frankfurt und New York.

Borrmann, Axel u. a. (1995), Regionalismustendenzen im Welthandel, Baden-Baden.

Bracken, Paul (1997), The New American Challenge, in: World Policy Journal, Vol. 14, No. 2, S. 10–18.

Bredekamp, Horst (1996), Cyberspace, ein Geisterreich. Freiheit fürs Internet, in: Frankfurter Allgemeine Zeitung vom 3.2.1996.

Brock, Lothar und Albert, Mathias (1995), Entgrenzung der Staatenwelt: Zur Analyse weltgesellschaftlicher Entwicklungstendenzen, in: Zeitschrift für Internationale Beziehungen, 2. Jg., H. 2, S. 259–285.

Brzezinski, Zbigniew (1997), A Geostrategy for Eurasia, in: Foreign Affairs, Vol. 76, No. 1, S. 50–64.

Bull, Hedley (1977), The Anarchical Society: A Study of Order in World Politics, London und Basingstoke.

Bundesinstitut für ostwissenschaftliche und internationale Studien (Hrsg.) (1995), Zwischen Krise und Konsolidierung: Gefährdeter Systemwechsel im Osten Europas, München und Wien.

Bundesministerium für Bildung, Wissenschaft, Forschung und Technologie und Bundesministerium für Wirtschaft (1996), Aufwendungen der deutschen Wirtschaft für Forschung, Entwicklung und Produktion in Deutschland und im Ausland im Rahmen der globalen Verflechtung der Wirtschaftstätigkeit, Bonn.

Bush, George (1991), Rede vor der Generalversammlung der Vereinten Nationen, 23. 9. 1991, abgedruckt in: Europa-Archiv, 47. Jg., H. 9, S. D333–D337.

Bush, George (1992), Bericht zur Lage der Nation vom 28.1.1992, abgedruckt in: Europa-Archiv, 47. Jg., H. 5, S. D159–D166.

Buzan, Barry (1991), People, States, and Fear: An Agenda for International Security Studies in the Post-Cold War Era, 2. Aufl., New York u. a.

Buzan, Barry (1993), From International System to International Society: Structural Realism and Regime Theory Meet the English School, in: International Organization, Vol. 47, No. 3, S. 327–352.

Cable, Vincent und Henderson, David (Hrsg.) (1994), Trade Blocs? The Future of Regional Integration, London.

Caporaso, James A. (Hrsg.) (1989), The Elusive State: International and Comparative Perspectives, Newsbury Park u. a.

Cerny, Philip G. (1990), The Changing Architecture of Politics: Structure, Agency and the Future of the State, London.

Cerny, Philip G. (1993), Plurilateralism: Structural Differentiation and Functional Conflict in the Post-Cold War World Order, in: Millennium, Vol. 22, No. 1, S. 27–51.

Cerny, Philip G. (1995), Globalization and the Changing Logic of Collective Action, in: International Organization, Vol. 49, No. 4, S. 595–625.

Chirac, Jacques (1991), Rede vor der Académie des Sciences Morales et Politiques, Paris, am 17. 6. 1991, abgedruckt in: Le Monde, 19. 6. 1991.

Chirac, Jacques (1996), Rede vor der Konferenz der französischen Botschafter in Paris am 29. 8. 1996, abgedruckt in: Ambassade de France, Service de Presse et d'Information, Bonn, No. 24, 2. 9. 1996, S. 1–12.

Chirac, Jacques (1996): Rede vor dem Institut des Hautes Etudes de Défense Nationale (IHEDN) am 8. Juni 1996 in Paris, in: Dokumente, 5/96, S. 403–406.

Christopher, Warren (1994), American Foreign Policy: The Strategic Priorities, Rede vor dem Senate Relations Committee, Washington, am 4. November 1993, in: Vital Speeches of the Day, Vol. 60, No. 6, S. 162–167.

Claude, Inis L., Jr. (1964), Swords into Plowshares: The Problems and Progress of International Organization, 3. Aufl., New York.

Claude, Inis L., Jr. (1994/95), The New International Security Order: Changing Concepts, in: Naval War College Review, Vol. 47, No. 1, S. 9–17.

Clinton, William J. (1994), A National Security Strategy of Engagement and Enlargement, Washington, D. C.
Clinton, William J. (1995), Rede vor dem Freedom House am 6. 10. 1995, abgedruckt in: Amerika-Dienst, 25. 10. 1995.
Clinton, William J. (1997a), A National Security Strategy for a New Century, Washington, D.C.
Clinton, William J. (1997b), Bericht zur Lage der Nation vom 4. 2. 1997, abgedruckt in: Amerika-Dienst, 12. 2. 1997.
Conze, Eckart (1995a), Die gaullistische Herausforderung: Die deutsch-französischen Beziehungen in der amerikanischen Europapolitik 1958–1963, München.
Conze, Eckart (1995b), Hegemonie durch Integration?, in: Vierteljahrshefte für Zeitgeschichte, 42. Jg., H. 2, S. 297–340.
Cowhey, Peter F. (1990), The International Telecommunications Regime: The Political Roots of Regimes for High Technology, in: International Organization, Vol. 44, No. 2, S. 169–199.
Czempiel, Ernst-Otto (1986), Friedensstrategien: Systemwandel durch Internationale Organisationen, Demokratisierung und Wirtschaft, Paderborn u. a.
Czempiel, Ernst-Otto (1993), Weltpolitik im Umbruch, München, 2., neubearbeitete Auflage.
Czempiel, Ernst-Otto (1994a), Die Reform der UNO, München.
Czempiel, Ernst-Otto (1994b), Kollektive Sicherheit: Mythos oder Möglichkeit, in: Merkur, H. 546/547, S. 790–803.
Dehio, Ludwig (1948), Gleichgewicht oder Hegemonie: Betrachtungen über ein Grundproblem der neuen Staatengeschichte, Krefeld, 3. Auflage o.J., Mit einem Nachwort von 1960.
Delbrück, Jost (1979), Menschenrechte im Schnittpunkt zwischen universalem Schutzanspruch und staatlicher Souveränität, in: Jahrbuch für Internationales Recht, Bd. 22, Berlin, S. 384–402.
Deubner, Christian und Janning, Josef (1996), Zur Reform des Abstimmungsverfahrens im Rat der Europäischen Union: Überlegungen und Modellrechnungen, in: Integration, 19. Jg., H. 3, S. 146–158.
Dewitt, David u. a. (Hrsg.) (1993), Building a New Global Order: Emerging Trends in International Security, Toronto, Oxford und New York.
Dingemann, Rüdiger (1996), Krisenherde in der Welt: Konflikte und Kriege seit 1945, Westermann-Lexikon, Braunschweig.
Drucker, Peter F. (1993), Die postkapitalistische Gesellschaft, Düsseldorf.
Drucker, Peter F. (1997), The Global Economy and the Nation-State, in: Foreign Affairs, Vol. 76, No. 5, S. 159–171.
Dülffer, Jost, Kröger, Martin und Wippich, Rolf-Harald (1997), Vermiedene Kriege: Deeskalation von Konflikten der Großmächte zwischen Krimkrieg und Erstem Weltkrieg (1856–1914), München.
Durch, William J. (Hrsg.) (1993), The Evolution of UN Peacekeeping, New York.

Edwards, Geoffrey und Regelsberger, Elfriede (Hrsg.) (1990), Europe's Global Links: The European Community and Inter-Regional Cooperation, London.

Efinger, Manfred u. a. (1990), Internationale Regime und internationale Politik, in: Rittberger, Volker (Hrsg.), Theorien der Internationalen Beziehungen, PVS-Sonderheft Nr. 21, S. 263–285.

Eichengreen, Barry (1997), Transatlantic Economic Relations at the End of the Twentieth Century, in: Amerika-Studien/American Studies, Vol. 42, No. 1, S. 45–63.

Eizenstat, Stuart, Die neue transatlantische Agenda, in: Amerika-Dienst, H. 19, 1. Oktober 1997.

Elias, Norbert (1969), Über den Prozeß der Zivilisation, Bern und München, 2. Auflage.

Elias, Norbert (1987), Über die Begriffe der Figuration und der sozialen Prozesse, Institut für Soziologie der Technischen Universität Berlin (Diskussionsbeiträge IS/TUB 6), Berlin.

Ende, Werner und Steinbach, Udo (Hrsg.) (1996), Der Islam in der Gegenwart, München.

Enzensberger, Hans Magnus (1993), Aussichten auf den Bürgerkrieg, Baden-Baden.

Europäische Kommission (Hrsg.) (1995), Forschung und Technologie: Das vierte Rahmenprogramm (1994–1998), Brüssel und Luxemburg.

Falke, Andreas (1996), Handelspolitik, in: Dittgen, Herbert und Minkenberg, Michael (1996), Das amerikanische Dilemma: Die Vereinigten Staaten nach dem Ende des Ost-West-Konflikts, Paderborn, S. 319–349.

Fawcett, Louise und Hurrell, Andrew (Hrsg.) (1995), Regionalism in World Politics: Regional Organization and International Order, New York.

Fischer, Fritz (1967), Griff nach der Weltmacht, Düsseldorf.

Foot, Rosemary (1995), Pacific Asia: The Development of Regional Dialogue, in: Fawcett/Hurrell (1995), S. 228–249.

Forndran, Erhard (1976 und 1977), Grenzen des Realismus: Zu Erklärungsversuchen internationaler Beziehungen, Teil I und II, in: Zeitschrift für Politikwissenschaft, 6. Jg., H. 4., S. 97–104 und 7. Jg., H. 1, S. 33–77.

Freedom House (1996), Freedom in the World, Washington, D.C.

Frei, Daniel (1985), Die Entstehung eines globalen Systems unabhängiger Staaten, in: Kaiser/Schwarz (1985), S. 19–30.

Freitag-Wirminghaus, Rainer (1998), Geopolitik am Kaspischen Meer, Bundesinstitut für ostwissenschaftliche und internationale Studien, Köln, Sonderveröffentlichung Januar.

Friedberg, Aaron L. (1994), The Future of American Power, in: Political Quarterly, Vol. 109, No. 1, S. 1–22.

Frowein, Jochen A. (1996), Das Verhältnis zwischen den Vereinten Nationen und Regionalorganisationen bei der Friedenssicherung und Friedenserhaltung, in: Vorträge, Reden und Berichte aus dem Europa-Institut der Universität des Saarlandes, Nr. 343, S. 5–27.

Frye, Alton und Weidenfeld, Werner (Hrsg.) (1993), Europe and America: Between Drift and New Order, New York.

Fukuyama, Francis (1992), The End of History and the Last Man, New York.

Fuller, Graham E. und Arquilla, John (1996), The Intractable Problem of Regional Powers, in: Orbis, Vol. 40, No. 4, S. 609–621.

Gahlen, Bernhard u.a. (Hrsg.) (1994), Europäische Integrationsprobleme aus wirtschaftswissenschaftlicher Sicht, Tübingen.

Gardner, Richard N. (1990), The Comeback of Liberal Internationalism, in: The Washington Quarterly, Vol. 13, No. 3, S. 23–39.

Garrett, Geoffrey und Lange, Peter (1995), Internationalization, Institutions, and Political Change, in: International Organization, Vol. 49, No. 4, S. 627–655.

Garten, Jeffrey E. (1992), A Cold Peace: America, Japan, Germany, and the Struggle for Supremacy, New York.

Garten, Jeffrey E. (1995), Is America Abandoning Multilateral Trade?, in: Foreign Affairs, Vol. 74, No. 6, S. 50–62.

Garten, Jeffrey E. (1997), Business and Foreign Policy, in: Foreign Affairs, Vol. 76, No. 3, S. 67–79.

Gentz, Friedrich (1800), Über den ewigen Frieden, in: von Raumer, Kurt (1953), Ewiger Friede: Friedensrufe und Friedenspläne seit der Renaissance, Freiburg und München, S. 461–497.

German, Christiano (1996), Politische (Irr-)Wege in die globale Informationsgesellschaft, in: Aus Politik und Zeitgeschichte, B 32/96, 2. August 1996, S. 16–25.

Gibb, Richard (1994), Regional Economic Integration in Post-Apartheid Southern Africa, in: Gibb/Michalak (1994), S. 209–229.

Gibb, Richard und Michalak, Wieslaw (Hrsg.) (1994), Continental Trading Blocs: The Growth of Regionalism in the World Economy, Reprint 1996, Chichester.

Giddens, Anthony (1985), The Nation-State and Violence, Cambridge, UK.

Globale Trends, siehe: Stiftung Entwicklung und Frieden.

Goertz, Gary und Diehl, Paul F. (1992), Territorial Changes and International Conflict, London und New York.

Graefrath, Bernhard (1993), Jugoslawientribunal – Präzendenzfall trotz fragwürdiger Rechtsgrundlage, in: Neue Justiz, 47. Jg., H. 10, S. 433–437.

Grieco, Joseph M. (1988), Realist Theory and the Problem of International Cooperation, in: The Journal of Politics, Vol. 50, No. 3, S. 600–624.

Grieco, Joseph M. (1994), Variation in Regional Economic Institutions in Western Europe, East Asia, and the Americas: Magnitude and Sources, Diskussionspapier P 94–006 des Wissenschaftszentrums Berlin für Sozialforschung.

Grieco, Joseph M. (1995), The Maastricht Treaty, Economic and Monetary Union and the Neo-Realistic Research Programme, in: Review of International Studies, Vol. 21, S. 21–40.

Grimme, Ernst Günther (1994), Der Dom zu Aachen, Aachen.

Guéhenno, Jean-Marie (1992), Sicherheit und Verteidigung in Europa, in: Dokumente, H. 2, S. 121–127.

Guéhenno, Jean-Marie (1994), Das Ende der Demokratie, München und Zürich.

Gulick, Edward V. (1955), Europe's Classical Balance of Power, Ithaca.

Gurr, Ted Robert (1989), War, Revolution, and The Growth of the Coercive State, in: Caporaso (1989), S. 49–69.

Gwynne, Robert (1994), Regional Integration in Latin America, in: Gibb/Michalak (1994), S. 189–207.

Habermas, Jürgen (1996), „Die Einbeziehung des Anderen": Studien zur politischen Theorie, Frankfurt am Main.

Hacke, Christian (1993), Weltmacht wider Willen?, 2. Auflage, Stuttgart; 3. Auflage 1997 unter dem Titel: Die Außenpolitik der Bundesrepublik Deutschland, Berlin.

Haftendorn, Helga (1995), Der Beitrag regionaler Ansätze zur internationalen Ordnung nach dem Ende des Ost-West-Konflikts, in: Kaiser/Schwarz, S. 447–463.

Hagemann, Max (1964), Der provisorische Frieden, Erlenbach-Zürich und Stuttgart.

Haggard, Stephan und Simmons, Beth A. (1987), Theories of International Regimes, in: International Organization, Vol. 41, No. 3, S. 491–517.

Hagihara, Nobutoshi u.a. (Hrsg.) (1985), Experiencing the Twentieth Century, Tokio.

Harries, Owen (1993), The Collapse of „The West", in: Foreign Affairs, Vol. 72, No. 4, S. 41–53.

Hassner, Pierre (1993), Beyond Nationalism and Internationalism: Ethnicity and World Order, in: Survival, Vol. 35, No. 2, S. 49–65.

Hassner, Pierre (1999), Guerre sans morts ou morts sans guerre? Les paradoxes de l'intervention au Kosovo, in: Critique internationale, Presses de Sciences Po, Paris, S. 6–13.

Heinemann, Hans-Joachim (1994), Strategische Handelspolitik oder Europa als Partner in einer tripolaren Weltwirtschaft, in: Gahlen, Bernhard u.a. (1994), S. 287–309.

Held, David (1991), Democracy, the Nation-State and the Global System, in: Held, David (1991), Political Theory Today, Cambridge, S. 197–235.

Hellmann, Gunther (1994), Die Europäische Union und Nordamerika nach Maastricht und GATT, (KAS, Interne Studien Nr. 70), Sankt Augustin.

Helprin, Mark (1996), For a New Concert of Europe, in: Commentary, Vol. 101, No. 1, S. 30–37.

Herz, John H. (1974), Staatenwelt und Weltpolitik, Hamburg.

Hessler, Stephan und Menzel, Ulrich (1992), Regionalisierung der Weltwirtschaft und Veränderungen von Weltmarktanteilen 1968–1988, Bonn.

Hildebrand, Klaus (1995), Das vergangene Reich: Deutsche Außenpolitik von Bismarck bis Hitler, Stuttgart.

Hildebrand, Klaus (1997): Der deutsche Nationalstaat als Großmacht 1871–1918, in: Aretin, Karl Otmar Freiherr von u. a. (1997), Das deutsche Problem in der neueren Geschichte, München, S. 31–45.

Hilderbrand, Robert C. (1990), Dumbarton Oaks, Chapel Hills.

Hillgruber, Andreas (1977), Deutsche Großmacht und Weltpolitik im 19. und 20. Jahrhundert, Düsseldorf.

Hine, Robert C. (1992), Regionalism and the Integration of the World Economy, in: Journal of Common Market Studies, Vol. 30, No. 2, S. 115–123.

Hintze, Otto (1902), Staatenbildung und Verfassungsentwicklung, in: Historische Zeitschrift, Bd. 88, S. 1–21.

Hoffmann, Stanley (1992), Balance, Concert, Anarchy, Or None of the Above, in: Treverton, Gregory F. (Hrsg.), The Shape of the New Europe, New York, S. 194–220.

Hoffmann, Stanley (1995), The Crisis of Liberal Internationalism, in: Foreign Policy, No. 98, S. 159–177.

Holbraad, Carsten (1979), Superpowers and International Conflict, London u. a.

Holm, Hans-Henrik und Sørensen, Georg (1995), Whose World Order? Uneven Globalization and the End of the Cold War, Boulder u. a.

Hormats, Robert D. (1994), Making Regionalism Safe, in: Foreign Affairs, Vol. 73, No. 2, S. 97–108.

Hort, Peter (1997), Ein Fünfergespann anstelle der Troika?, in: Frankfurter Allgemeine Zeitung, 6.2.1997.

Hummer, W. und Hinterleitner, R. (1977), Überregionale, regionale und subregionale Kooperation auf dem afrikanischen Kontinent, in: Jahrbuch des öffentlichen Rechts der Gegenwart, 26. Jg. (N.F.), S. 631–681.

Huntington, Samuel P. (1991a), The Third Wave: Democratization in the Late Twentieth Century, Norman und London.

Huntington, Samuel P. (1991b), America's Changing Strategic Interests, in: Survival, Vol. 33, No. 1, S. 3–17.

Huntington, Samuel P. (1993a), The Clash of Civilizations?, in: Foreign Affairs, Vol. 72, No. 3, S. 22–49.

Huntington, Samuel P. (1993b), If Not Civilizations, What?: Paradigms of the Post-Cold War World, in: Foreign Affairs, Vol. 72, No. 5, S. 186–194.

Huntington, Samuel P. (1996a), Der Kampf der Kulturen. The Clash of Civilizations: Die Neugestaltung der Weltpolitik im 21. Jahrhundert, München und Wien.

Huntington, Samuel P. (1996b), Democracy for the Long Haul, in: Journal of Democracy, Vol. 7, No. 2, S. 3–13.

Huntington, Samuel P. (1996c), The West Unique, Not Universal, in: Foreign Affairs, Vol. 75, No. 6, S. 28–46.

Hurrell, Andrew (1995a), Explaining the Resurgence of Regionalism in World Politics, in: Review of International Studies, Vol. 21, S. 331–358.

Hurrell, Andrew (1995b), Regionalism in Theoretical Perspective, in: Fawcett/Hurrell (1995), S. 37–73.

Hurrell, Andrew (1995c), Regionalism in the Americas, in: Fawcett/Hurrell (1995), S. 250–282.

Hurrell, Andrew und Fawcett, Louise (1995), Conclusion: Regionalism and International Order?, in: Fawcett/Hurrell (1995), S. 309–327.

Jäger, Thomas und Kümmel, Gerhard (1996), Outsiders in Global Society: Isolation and Dissociation in International Politics (MS.).

Jäger, Thomas und Piepenschneider, Melanie (Hrsg.) (1997), Europa 2020: Szenarien politischer Entwicklung, Opladen.

Janning, Josef (2000), Das Regierungssystem der „großen EU", in: Europäische Rundschau, 28. Jh., Nr. 1, S. 9–15.

Jervis, Robert (1991/92), The Future of World Politics: Will It Resemble the Past?, in: International Security, Vol. 16, No. 3, S. 39–73.

Jervis, Robert (1992), A Political Science Perspective on the Balance of Power and the Concert, in: American Historical Review, Vol. 97, No. 3, S. 716–724.

Johnson, Hazel J. (1991), Dispelling the Myth of Globalization: The Case for Regionalization, New York u. a.

Junn, Robert S. (1983), Voting in the United Nations Security Council, in: International Interactions, Vol. 9, No. 4, S. 315–352.

Kahler, Miles und Link, Werner (1995), Europa und Amerika nach der Zeitenwende – die Wiederkehr der Geschichte, Gütersloh.

Kaiser, Karl und Schwarz, Hans-Peter (Hrsg.) (1995), Die neue Weltpolitik, Bonn.

Kaiser, Karl und Schwarz, Hans-Peter (Hrsg.) (1985), Weltpolitik, Bonn.

Kamp, Karl-Heinz (1995), The Folly of Rapid NATO Expansion, in: Foreign Policy, No. 98, S. 116–128.

Kant, Immanuel (1795), Zum ewigen Frieden, in: von Raumer, Kurt (1953), Ewiger Friede: Friedensrufe und Friedenspläne seit der Renaissance, Freiburg und München, S. 419–460.

Kaplan, Robert D. (1994), The Coming Anarchy, in: The Atlantic Monthly, Vol. 73, No. 2, S. 44–76.

Katzenstein, Peter J. (1995), The Role of Theory in Comparative Politics, in: World Politics, Vol. 48, No. 1, S. 10–15.

Kautsky, Karl (1908), Nationalität und Internationalität, Ergänzungsheft zu „Die Neue Zeit", Nr. 1.

Kennedy, Paul (1989), Aufstieg und Fall der großen Mächte: Ökonomischer Wandel und militärischer Konflikt von 1500 bis 2000, Frankfurt/M.

Keohane, Robert O. (Hrsg.) (1986), Neorealism and Its Critics, New York.

Keohane, Robert O. (1989), International Institutions and State Power, Boulder u. a.

Keohane, Robert O. und Hoffmann, Stanley (1993), Conclusion: Structure, Strategy, and Institutional Roles, in: Keohane, Robert O., Nye, Joseph und Hoffmann, Stanley (1993), After the Cold War: International Institutions and State Strategies in Europe 1989–91, Cambridge, Mass. u. a., S. 381–404.

Keohane, Robert O. und Nye, Joseph S. (1977), Power and Interdependence: World Politics in Transition, Boston.

Keohane, Robert O. und Nye, Joseph S. (2000), Informationsrevolution: Staat und Macht im Zeitalter globaler Information, in: Internationale Politik, 55. Jg., Nr. 10, S. 9–16.

Kirchhof, Paul (1997), Das Recht Europas und das der Staaten, in: Auslandsinformationen der Konrad-Adenauer-Stiftung, H. 8, S. 12–25.

Kirkpatrick, Jeane J. u. a. (1993), The Modernizing Imperative: Tradition and Change, in: Foreign Affairs, Vol. 72, No. 4, S. 22–24.

Kirste, Knut und Maull, Hanns W. (1996), Zivilmacht und Rollentheorie, in: Zeitschrift für Internationale Beziehungen, 3. Jg., H. 2, S. 283–312.

Kissinger, Henry A. (1994), Die Vernunft der Nationen: Über das Wesen der Außenpolitik, Berlin.

Knapp, Manfred und Krell, Gert (Hrsg.) (1996), Einführung in die Internationale Politik: Studienbuch, München und Wien.

Kohler-Koch, Beate (1993), Die Welt regieren ohne Weltregierung, in: Böhret, Carl und Wewer, Göttrik (1993), S. 109–141.

Kondylis, Panajotis (1992), Planetarische Politik nach dem Kalten Krieg, Berlin.

Kondylis, Panajotis (1996), Globale Mobilmachung: Konflikt der Kulturen oder Konflikte ohne Kultur?, in: Frankfurter Allgemeine Zeitung, 13. 7. 1996.

Kondylis, Panajotis (1997), Der Traum vom Weltstaat, in: Frankfurter Allgemeine Zeitung, 25. 1. 1997.

Kortunov, Sergei und Kortunov, Andrei (1994), From „Moralism" to „Pragmatics": New Dimensions of Russian Foreign Policy, in: Comparative Strategy, Vol. 13, No. 3, Juli–September, S. 261–276.

Krämer, Gudrun (1995), Menschenrechte und islamische Gesellschaftsordnung, in: Politische Studien, 46. Jg., Sonderheft 1, S. 56–65.

Krasner, Stephen D. (1982), Structural Causes and Regime Consequences: Regimes As Intervening Variables, in: International Organization, Vol. 36, No. 2, S. 185–205.

Krasner, Stephen D. (1991), Global Communications and National Power: Life on the Pareto Frontier, in: World Politics, Vol. 43, No. 3, S. 336–366.

Krasner, Stephen D. (1993), Sovereignty, Regimes, and Human Rights, in: Rittberger (1993), S. 139–167.

Krasner, Stephen D. (1994), International Political Economy: Abiding Discord, in: Review of International Political Economy, Vol. 1, No. 1, S. 13–19.

Krasner, Stephen D. (1995), Power Politics, Institutions, and Transnational Relations, in: Risse-Kappen, Thomas (1995), S. 257–279.

Krasner, Stephen D. (1995/96), Compromising Westphalia, in: International Security, Vol. 20, No. 3, S. 115–151.

Krauthammer, Charles (1991), The Unipolar Moment, in: Foreign Affairs, Vol. 70, No. 1, S. 23–33.

Kühne, Winrich (1993), Blauhelme in einer turbulenten Welt, Baden-Baden.

Kühnhardt, Ludger (1987), Die Universalität der Menschenrechte, München.

Kupchan, Charles A. und Kupchan, Clifford A. (1991), Concerts, Collective Security, and the Future of Europe, in: International Security, Vol. 16, No. 1, S. 114–161.

Kurat, Anke (1997), Die APEC und Lateinamerika unter besonderer Berücksichtigung Chiles und Mexikos, Magisterarbeit im Fach Politikwissenschaft, Universität Köln.

Kurth, James (1996), America's Grand Strategy: A Pattern of History, in: The National Interest, Vol. 43, No. 43, S. 3–19.

Langhammer, Rolf J. (1992), The Developing Countries and Regionalism, in: Journal of Common Market Studies, Vol. 30, No. 2, S. 211–231.

Lawrence, Robert Z. (1996), Regionalism, Multilateralism, and Deeper Integration, Washington, D. C.

Layne, Christopher (1993), The Unipolar Illusion: Why New Great Powers Will Rise, in: International Security, Vol. 17, No. 4, S. 3–51.

Layne, Christopher (1994), Kant or Cant: The Myth of the Democratic Peace, in: International Security, Vol. 19, No. 2, S. 5–49.

Layne, Christopher (1997), From Preponderance to Offshore Balancing: America's Future Grand Strategy, in: International Security, Vol. 22, No. 1, S. 86–124.

Leidhold, Wolfgang (1996/97), Tendenzen und Konzepte einer neuen Weltordnung, in: Politisches Denken, Jahrbuch, S. 75–100.

Leyton-Brown, David (1994), The Political Economy of North American Free Trade, in: Stubbs/Underhill (1994), S. 352–365.

Lieber, Robert J. (1991), No Common Power: Understanding International Relations, 2.Aufl., New York.

Link, Werner (1970), Die amerikanische Stabilisierungspolitik in Deutschland 1921–32, Düsseldorf.

Link, Werner (1987), Außen- und Deutschlandpolitik in der Ära Schmidt 1974–1982, in: Jäger, Wolfgang und Link, Werner, Republik im Wandel. Die Ära Schmidt 1974–1982 (Geschichte der Bundesrepublik Deutschland Band 5/II), Stuttgart und Mannheim.

Link, Werner (1988), Der Ost-West-Konflikt: Die Organisation der internationalen Beziehungen im 20. Jahrhundert, 2. überarb. und erw. Aufl., Stuttgart u. a.

Link, Werner (1989), Reflections on Paradigmatic Complementary in the Study of International Relations, in: Czempiel, Ernst-Otto und Rosenau, James N. (Hrsg.), Global Changes and Theoretical Challenges, Lexington, S. 99–116.

Link, Werner (1994), Adenauer, Amerika und die deutsche Nachwelt, in: Schwabe, Klaus (Hrsg.), Adenauer und die USA (Rhöndorfer Gespräche, Bd. 14), Bonn.

Link, Werner (1995 a), Europas Interesse an der Funktion der USA als europäische Balancemacht, in: Nötzold, Jürgen (Hrsg.), Wohin steuert Europa? Erwartungen zu Beginn der 90er Jahre, Baden-Baden, S. 235–263.

Link, Werner (1995 b), Historische Kontinuitäten und Diskontinuitäten im transatlantischen Verhältnis: Folgerungen für die Zukunft, in: Kahler/Link (1995), S. 49–164.

Link, Werner (1995 c), Ordnungsentwürfe für Europa, in: Kaiser/Schwarz (1995), S. 471–485.

Link, Werner (1996 a), Die Entwicklung des Ost-West-Konflikts, in: Knapp/Krell (1996), S. 242–274.

Link, Werner (1996 b), Nationalstaatliche Politik unter neuen Bedingungen, in: Hedrich, Klaus-Jürgen u. a., Globalisierung und Politik, Aktuelle Fragen der Politik Nr. 41, St. Augustin, S. 15–23.

Link, Werner (1997 a), Die europäische Neuordnung und das Machtgleichgewicht, in: Jäger/Piepenschneider (1997), S. 9–31.

Link, Werner (1997 b), Zur internationalen Neuordnung – Merkmale und Perspektiven, in: Zeitschrift für Politik, 44. Jg., H. 3, S. 258–277.

Link, Werner (2000), Europäische Sicherheitspolitik, in: Merkur, 54. Jg., H. 9/10, S. 916–928.

Link, Werner (2001), Die Rolle des Nationalstaates im zukünftigen Europa, in: Meimeth/Schild (2001).

Link, Werner und Tücks, Paul (1985), Der Nord-Süd-Konflikt und die Zusammenarbeit der Entwicklungsländer, Berlin.

Lipgens, Walter (1977), Die Anfänge der europäischen Einigungspolitik 1945–1950, Stuttgart.

Lohr, Steve (1996), Waging Cyberwar: Is the World Ready?, in: International Herald Tribune, 1. 10. 1996.

Londregan, John B. und Poole, Keith T. (1996), Does High Income Promote Democracy?, in: World Politics, Vol. 49, No. 1, S. 1–30.

Lorenz, Detlef (1991), Regionalisation versus Regionalism: Problems of Change in the World Economy, in: Intereconomics, Vol. 26, No. 1, S. 3–10.

Lorenz, Detlef (1995), The Relevance of Large Economic Areas for the Development and Efficiency of the World Economy, in: Journal of Asian Economics, Vol. 6, No. 1, S. 101–111.

Lundestad, Geir (Hrsg.) (1994), The Fall of Great Powers, Oxford u. a.

Luttwak, Edward N. (1990), From Geopolitics to Geo-Economics: Logic of Conflict, Grammar of Commerce, in: National Interest, Vol. 37, No. 20, S. 17–23.

Luttwak, Edward N. (1993), The Coming Global War for Economic Power, in: The International Economy, Vol. 7, No. 5, S. 18, 20–22, 64–67.

Luttwak, Edward N. (1993), The Endangered American Dream: How to Stop the United States from Becoming a Third World Country and How to Win the Geo-Economic Struggle for Industrial Supremacy, New York u. a.

MacFarlane, S. Neil und Weiss, Thomas G. (1992), Regional Organizations and Regional Security, in: Security Studies, Vol. 2, No. 1, S. 6–37.

Mahbubani, Kishore (1993), The Dangers of Decadence: What the Rest Can Teach the West, in: Foreign Affairs, Vol. 72, No. 4, S. 10–14.

Maier, Charles S. (Hrsg.) (1987), Changing Boundaries of the Political, Cambridge.

Maier, Hans (1997), Wie universal sind die Menschenrechte?, Freiburg u.a.

Maoz, Zeev (1997), The Controversy over the Democratic Peace: Rearguard Action or Cracks in the Wall?, in: International Security, Vol. 22, No. 1, S. 162–198.

Martin, Pierre (1994), The Politics of International Structural Change: Aggressive Unilateralism in American Trade Policy, in: Stubbs/Underhill (1994), S. 439–451.

Marx, Karl (1845/46), Die deutsche Ideologie, in: ders., Die Frühschriften, hrsg. von Siegfried Landshut, Stuttgart 1953, Kap. VIII.

Mastanduno, Michael (1997), Preserving the Unipolar Moment: Realist Theories and U.S. Grand Strategy After the Cold War, in: International Security, Vol. 21, No. 4, S. 49–88.

Maull, Hanns W. (1995), Welche Akteure beeinflussen die Weltpolitik?, in: Kaiser/Schwarz (1995), S. 301–315.

Mayall, James (1992), Nationalism and International Security after the Cold War, in: Survival, Vol. 34, S. 19–35.

McConnell, James und MacPherson, Alan (1994), The North American Free Trade Area, in: Gibb/Michalak (1994), S. 163–187.

Mearsheimer, John (1990), Back to the Future: Instability in Europe After the Cold War, in: International Security, Vol. 15, No. 1, S. 5–56.

Mearsheimer, John J. (1994/95), The False Promise of International Institutions, in: International Security, Vol. 19, No. 3, S. 5–49.

Meier-Walser, Reinhard C. (Hrsg.) (1997), Transatlantische Partnerschaft: Perspektiven der amerikanisch-europäischen Beziehungen, Landsberg am Lech.

Meimeth, Michael und Schild, Joachim (Hrsg.) (2001), Die Zukunft des Nationalstaates in der europäischen Integration, Opladen.

Meinecke, Friedrich (1963), Die Idee der Staatsräson in der neueren Geschichte, 3. Aufl.

Michalak, Wieslaw (1994), Regional Integration in Eastern Europe, in: Gibb/Michalak (1994), S. 111-132.
Milward, Alan S. (1992), The European Rescue of the Nation-State, London.
Minc, Alain (1995), Das neue Mittelalter, Hamburg.
Mitrany, David (1943), A Working Peace System, London, 1946, 4. Auflage.
Modelski, George (1996), Evolutionary Paradigm for Global Politics, in: International Studies Quarterly, Vol. 40, No. 3, S. 321-342.
Möller, Kay (1997), Pazifik 1997: Gleichgewicht oder Hegemonie? Pax Sinica mangels Alternative?, Ebenhausen.
Mols, Manfred u. a. (Hrsg.) (1993), Regionalismus und Kooperation in Lateinamerika und Südostasien, Münster und Hamburg.
Molt, Peter (1996), Es geht um menschenwürdiges Leben in Armut, in: Frankfurter Allgemeine Zeitung, 18. 10. 1996.
Monnet, Jean (1993), Le Mémorandum du 3 Mai 1950, abgedruckt in: Politique Etrangère, Vol. 58, No. 1, S. 121-125.
Moran, Theodore H. (1993), An Economics Agenda for Neorealists, in: International Security, Vol. 18, No. 2, S. 211-215.
Moritán, Roberto García (1992), The Developing World and the New World Order, in: The Washington Quarterly, Vol. 15, No. 4, S. 149-156.
Neyer, Jürgen (1995), Globaler Markt und territorialer Staat: Konturen eines wachsenden Antagonismus, in: Zeitschrift für Internationale Beziehungen, 2. Jg., H. 2, S. 287-315.
Niblett, Robin (1966), The European Disunion: Competing Visions of Integration, in: The Washington Quarterly, Vol. 20, No. 1, S. 91-108.
Nye, Joseph S. Jr. (1971), Peace in Parts: Integration and Conflicts in Regional Organization, Lanham u. a.
Nye, Joseph S. Jr. (1990), Bound To Lead: The Changing Nature of American Power, New York.
Nye, Joseph S. Jr. (1992), What New World Order?, in: Foreign Affairs, Vol. 71, No. 2, S. 83-89.
Nye, Joseph S. Jr. (1996), Conflicts after the Cold War, in: The Washington Quarterly, Vol. 19, No. 1, S. 5-24.
Oberthür, Sebastian und Gering, Thomas (Hrsg.) (1997), Internationale Umweltregime: Umweltschutz durch Verhandlungen und Verträge, Opladen.
OECD (Hrsg.) (1995), Regional Integration and the Multilateral Trading System: Synergy and Divergence, Paris.
OECD (Hrsg.) (1996), Shaping the 21st Century: The Contribution of Development Co-operation, Paris.
Olson, Mancur Jr. (1996), Big Bills Left on the Sidewalk: Why Some Nations are Rich, and Others Poor, in: Journal of Economic Perspectives, Vol. 10, No. 2, S. 3-24.
Oren, Ido (1995), The Subjectivity of the „Democratic" Peace: Changing U.S. Perceptions of Imperial Germany, in: International Security, Vol. 20, No. 2, S. 147-184.

Palmer, Norman (1991), The New Regionalism, New Haven.
Partsch, Karl J. (1994), Der Sicherheitsrat als Gerichtsgründer, in: Vereinte Nationen, 42. Jg., H. 1, S. 11–18.
Pelkmans, Jacques (1992), Regionalism in World Trade: Vice or Virtue?, Brüssel.
Pfetsch, Frank R. (1995), Die Rolle des Krieges in der neuen Epoche, in: Kaiser/Schwarz (1995), S. 140–146.
Pfetsch, Frank R. (1996), Die Macht, Kriege zu beenden, in: Frankfurter Allgemeine Zeitung, 9. Januar 1996.
Porter, Michael E. (1990), The Competitive Advantage of Nations, New York u. a.
Posen, Barry R. (1993), The Security Dilemma and Ethnic Conflict, in: Survival, Vol. 35, No. 1, S. 27–47.
Pye, Lucian W. (1985), Asian Power and Politics: The Cultural Dimensions of Authority, Cambridge und London.
Ravenhill, John (1990), The North-South balance of power, in: International Affairs, Vol. 66, No. 4, S. 731–748.
Reich, Robert B. (1991), The Work of Nations: Preparing Ourselves for 21st Century Capitalism, London u. a.
Reischauer, Robert D. (Hrsg.) (1997), Setting National Priorities: Budget Choices for the Next Century, Washington.
Reissner, Johannes (1996), Die innerislamische Diskussion zur modernen Wirtschafts- und Sozialordnung, in: Ende/Steinbach (1996), S. 151–163; S. 820 f.
Risse-Kappen, Thomas (Hrsg.) (1995), Bringing Transnational Relations Back In, Cambridge.
Rittberger, Volker (1994), Internationale Organisationen, Opladen.
Rittberger, Volker (Hrsg.) (1990), Theorien der Internationalen Beziehungen: Bestandsaufnahme und Forschungsperspektiven, Politische Vierteljahresschrift, 31. Jg., Sonderheft 21.
Rittberger, Volker (Hrsg.) (1993), Regime Theory and International Relations, Oxford.
Rittberger, Volker u. a. (1997), Vereinte Nationen und Weltordnung, Opladen.
Roloff, Ralf (1998), Globalisierung, Regionalisierung und Gleichgewicht, in: Masala, Carlo und Roloff, Ralf (Hrsg.), Herausforderungen der Realpolitik, Köln, S. 61–94.
Roloff, Ralf (2001), Europa, Amerika und Asien zwischen Globalisierung und Regionalisierung, Paderborn.
Ropers, Norbert und Debiel, Tobias (Hrsg.) (1995), Friedliche Konfliktbearbeitung in der Staaten- und Gesellschaftswelt, Bonn.
Rosecrance, Richard (1992), A New Concert of Powers, in: Foreign Affairs, Vol. 71, No. 2, S. 64–82.
Rostow, Walt W. (1990), The Coming Age of Regionalism: A „Metapher" For Our Time?, in: Encounter, Vol. 74, No. 5, S. 3–7.

Rotte, Ralph (1996), Das internationale System zwischen Globalisierung und Regionalisierung, Baden-Baden.

Rotte, Ralph (2001), Vom „Zwiespalt der Kulturen" zum „Clash of Civilizations" – Das exemplarische Scheitern des Liberalen Friedens 1914 (Habilitationsschrift, Universität der Bundeswehr München).

Ruggie, John Gerard (1993), Territoriality and Beyond: Problematizing Modernity in International Relations, in: International Organization, Vol. 47, No. 1, S. 139–174.

Ruggie, John Gerard (1996), Winning the Peace: America and World Order in the New Era, New York.

Ruggie, John Gerard (1997), The Past as Prologue? Interests, Identity, and American Foreign Policy, in: International Security, Vol. 21, No. 4, S. 89–125.

Rüland, Jürgen (1996), The Asia-Europe Meeting (ASEM) (Rostocker Informationen zu Politik und Verwaltung, H. 5), Rostock.

Ruloff, Dieter (1988), Weltstaat oder Staatenwelt: Über die Chancen globaler Zusammenarbeit, München.

Rummel, Rudolph J. (1995), Democracies are Less Warlike Than Other Regimes, in: European Journal of International Relations, Vol. 1, S. 457–479.

Rumpf, Helmut (1965), Demokratie und Außenpolitik: Vergleichende verfassungsrechtliche Betrachtungen, in: Schütz, Walter J. (Bearb.), Aus der Schule der Diplomatie, Festschrift zum 70. Geburtstag von Peter H. Pfeiffer, Düsseldorf und Wien, S. 111–152.

Russett, Bruce (1993), Grasping the Democratic Peace: Principles for a Post-Cold War World, Princeton.

Rüttgers, Jürgen (1996), Wandert der Wohlstand aus?, in: Frankfurter Allgemeine Zeitung, 21. 8. 1996.

Sandholtz, Wayne (1992), High-Tech Europe: The Politics of International Cooperation, Berkeley u. a.

Sandholtz, Wayne (1993), Choosing Union: Monetary Politics and Maastricht, in: International Organization, Vol. 47, No. 1, S. 1–39.

Sandholtz, Wayne und Zysman, John (1989/90), 1992: Recasting the European Bargain, in: World Politics, Vol. 42, No. 1, S. 35–128.

Sapir, André (1993), Regionalism and the New Theory of International Trade: Do the Bells Toll for the GATT? A European Outlook, in: The World Economy, Vol. 16, No. 4, S. 423–438.

Schaefer, Michael (1981), Funktionsfähigkeit des Sicherheitsmechanismus der Vereinten Nationen, Berlin u. a.

Scharpf, Fritz W. (1991), Die Handlungsfähigkeit des Staates am Ende des zwanzigsten Jahrhunderts, in: Politische Vierteljahresschrift, 32. Jg., H. 4, S. 621–634.

Schild, Joachim (2001), Nationale und europäische Identitäten – Komplementär oder unvereinbar?, in: Meimeth/Schild (2001).

Schirm, Stefan A. (1996), Transnational Globalization and Regional Governance: On the Reasons for Regional Cooperation in Europe and the Americas, Cambridge.
Schirm, Stefan A. (1997), Politische und ökonomische Auswirkungen der NAFTA, in: Außenpolitik, H. 1, S. 68–78.
Schirm, Stefan A. (1997), Transnationale Globalisierung und regionale Kooperation, in: Zeitschrift für Internationale Beziehungen, 4. Jg., H. 1, S. 69–106.
Schmitz, Hans Peter (1994), Struktureller Konflikt? Die Debatte um die Neue Weltinformations- und -kommunikationsordnung, Tübingen.
Schröder, Hans-Henning (1997), Die russischen Militärausgaben 1995–1997: Eine Auswertung der Haushaltsdaten (Berichte des Bundesinstituts für ostwissenschaftliche und internationale Studien, H. 23), Köln.
Schulze, Hagen (1994), Staat und Nation in der europäischen Geschichte, München.
Schwab, Klaus und Smadja, Claude (1996), Start Taking the Backlash Against Globalization Seriously, in: International Herald Tribune, 1. 2. 1996.
Schweigler, Gebhard (1997), Internationale Politik: Außenpolitische Auswirkungen der Informationsgesellschaft (SWP – S 418), Ebenhausen.
Schweller, Randall L. (1994), Bandwagoning for Profit: Bringing the Revisionist State Back In, in: International Security, Vol. 19, No. 1, S. 72–107.
Seitz, Konrad (1990), Die japanisch-amerikanische Herausforderung, München.
Seitz, Konrad (1995), Die neue Welt der Geo-Ökonomie, in: Kaiser/Schwarz (1995), S. 247–264.
Senghaas, Dieter (Hrsg.) (1989), Regionalkonflikte in der Dritten Welt: Autonomie und Fremdbestimmung, Baden-Baden.
Senghaas, Dieter (1994), Droht ein internationaler Kulturkampf?, in: Universitas, H. 9, S. 817–830.
Siedschlag, Alexander (1997), Neorealismus, Neo-Liberalismus und postinternationale Politik, Opladen.
Simma, Bruno (1979), Zur bilateralen Durchsetzung vertraglich verankerter Menschenrechte, in: Schreuer, Christoph (Hrsg.), Autorität und internationale Ordnung: Aufsätze zum Völkerrecht, Berlin, S. 129–154.
Simon, Gerhard (1994), Rußland: Hegemon in Eurasien? (Berichte des Bundesinstituts für ostwissenschaftliche und internationale Studien, Heft 6), Köln.
Singer, Max und Wildavsky, Aaron (1993), The Real World Order: Zones of Peace/Zones of Turmoil, Chatham.
SIPRI-Report (1993), Die Kriege der Welt – Das Sowjetische Erbe – Die Verbreitung von Massenvernichtungswaffen, Göttingen.
Spiro, David E. (1994), The Insignificance of the Liberal Peace, in: International Security, Vol. 19, No. 2, S. 50–86.

Spruyt, Hendrik (1994), The Sovereign State and Its Competitors, Princeton.
Stadler, Manfred (1994), Koreferat zum Referat Hans-Joachim Heinemann, in: Gahlen u. a., (1994), S. 315–318.
Stark, Jürgen (1996), Die künftige Finanzierung des EU-Haushaltes und der Beitrag der Bundesrepublik Deutschland, in: Integration, 19. Jg., H. 3, S. 159–163.
Steinbruner, John D. (1996), Problems of Predominance, in: The Brookings Review, Fall, S. 14–17.
Steinbruner, John D. und Kaufmann, William D. (1997), International Security Reconsidered, in: Reischauer, Robert D. (1997), S. 155–196.
Stiftung Entwickung und Frieden (Hrsg.) (1995), Globale Trends 1996: Fakten, Analysen, Prognosen, Frankfurt am Main.
Strange, Susan (1994), States and Markets, London.
Strange, Susan (1995), The Limits of Politics, in: Government and Opposition, Vol. 30, No. 3, S. 291–311.
Stubbs, Richard und Underhill, Geoffrey R.D. (Hrsg.) (1994), Political Economy and the Changing Global Order, London.
Szabo, Stephen F. (1997), Ein Projekt „Made in Germany", in: Frankfurter Allgemeine Zeitung, 24. 7. 1997.
Szukala, Andrea (1997), Frankreich, in: Hrbek, Rudolf (Hrsg.), Die Reform der Europäischen Union, Baden-Baden, S. 77–88.
Taylor, Paul (1993), International Organization in the Modern World: The Regional and the Global Process, London und New York.
Taylor, Paul und Groom, A.J.R. (Hrsg.) (1989), Global Issues in the United Nations' Framework, Houndmills und London.
Thiel, Elke (1996), Der „neue" Regionalismus in den internationalen Wirtschaftsbeziehungen, Ebenhausen.
Tibi, Bassam (1995), Krieg der Zivilisationen: Politik und Religion zwischen Vernunft und Fundamentalismus, Hamburg.
Tilly, Charles (Hrsg.) (1975), The Formation of National State in Western Europe, Princeton, N.J.
Timmermann, Heinz (1994), Die GUS-Staaten, Rußland und der Westen (Aktuelle Analysen des Bundesinstituts für ostwissenschaftliche und internationale Studien, Nr. 57), Köln.
Timmermann, Heinz (1994), Partnerschaft und Kooperation mit Moskau: Voraussetzungen und Perspektiven des Abkommens zwischen EU und Rußland (Aktuelle Analysen des Bundesinstituts für ostwissenschaftliche und internationale Studien, Nr. 60), Köln.
Tomuschat, Christian (Hrsg.) (1992), Menschenrechte, Bonn.
Triepel, Heinrich (1938), Die Hegemonie: Ein Buch von führenden Staaten, 2. Neudruck 1974, Aalen.
UNCTAD (Hrsg.) (1997), World Investment Report 1997: Investment, Trade and International Policy Arrangements, New York und Genf.
UNCTAD (Hrsg.) (1999), World Investment Report 1999, New York und Genf.

UNCTAD (Hrsg.) (2000); World Investment Report 2000, New York und Genf.

Védrine, Hubert (1997), Rede vor der Konferenz der französischen Botschafter in Paris am 28.8.1997, abgedruckt in: Frankreich-Info, Bonn, 15. 9. 1997, S. 1–8.

Volgy, Thomas J. und Imwalle, Lawrence E. (1995), Hegemonic and Bipolar Perspectives on the New World Order, in: American Journal of Political Science, Vol. 39, No. 4, S. 819–834.

Wade, Robert (1996), Globalization and Its Limits, in: Berger, Suzanne und Dore, Ronald (Hrsg.), National Diversity and Global Capitalism, Ithaca, S. 60–87.

Walt, Stephen M. (1987), The Origins of Alliances, Ithaca.

Walter, Gerd (1996), EU-Finanzierung auf dem Prüfstand, in: Integration, 19. Jg., H. 3, S. 164–168.

Walter, Norbert (1995), Der globalisierte Kapitalmarkt und die nationalen Währungssysteme, in: Kaiser/Schwarz, S. 208–213.

Waltz, Kenneth N. (1979), Theory of International Politics, Reading, Mass.

Waltz, Kenneth N. (1990), Realist Thought and Neorealist Theory, in: Journal of International Affairs, Vol. 44, No. 1, S. 21–37.

Waltz, Kenneth N. (1993), The Emerging Structure of International Politics, in: International Security, Vol. 18, No. 2, S. 44–79.

Waltz, Kenneth N. (1993), The New World Order, in: Millennium, Vol. 22, S. 187–195.

Waters, Malcolm (1995), Globalization, London und New York.

Weber, Alfred (1925), Die Krise des modernen Staatsgedankens in Europa, Stuttgart u. a.

Weidenbaum, Murray (1996), American Isolationism versus the Global Economy, in: Society, S. 54–58.

Weidenfeld, Werner (1969), Kulturbruch mit Amerika?, Gütersloh.

Weidenfeld, Werner (Hrsg.) (1996), Demokratie am Wendepunkt: Die demokratische Frage als Projekt des 21. Jahrhunderts, Berlin.

Weinacht, Paul-Ludwig (Hrsg.) (1996), Concordia discors: Europas prekäre Eintracht, Baden-Baden.

Welfens, Paul J.J. und Graack, Cornelius (1996), Telekommunikationswirtschaft: Deregulierung, Privatisierung und Internationalisierung, Heidelberg und Berlin.

Weltbank (Hrsg.) (1996), Global Economic Prospects and the Developing Countries, Washington.

Weltbank (Hrsg.) (1997), China 2020: Development Challenges in the New Century, New York.

Weltbank (Hrsg.) (1997), Jahresbericht 1996, Washington D.C.

Weltbank (Hrsg.) (1997), World Development Indicators, Washington, D.C.

Wessels, Wolfgang (2000), Die Öffnung des Staates. Modelle und Wirklichkeit grenzüberschreitender Verwaltungspraxis 1960–1995, Opladen.

Wielandt, Rotraud (1996), Islam und kulturelle Selbstbehauptung, in: Ende/Steinbach (1996), S. 718–726.

Wise, Mark (1994), The European Community, in: Gibb/Michalak (1994), S. 75–109.

Wohlforth, William C. (1999), The Stability of a Unipolar World, in: International Security, vol. 24, No. 1, S. 5–41.

Wolf, Klaus Dieter (1991), Internationale Regime zur Verteilung globaler Ressourcen, Baden-Baden.

Wolf, Reinhard (1992), Kollektive Sicherheit und das neue Europa, in: Europa-Archiv, 47. Jg., H. 13, S. 365–374.

Wolfrum, Rüdiger (1991), Handbuch Vereinte Nationen, 2., völlig neu bearbeitete Auflage, München.

World Trade Organization (Hrsg.) (1995), Regionalism and the World Trading System, Genf.

Wyatt-Walter, Andrew (1995), Regionalism, Globalization, and World Economic Order, in: Fawcett/Hurrell (1995), S. 74–121.

Young, Soogil (1993), East Asia as a Regional Force for Globalism, in: Anderson, Kym und Blackhurst, Richard (Hrsg.), Regional Integration and the Global Trading System, New York u.a., S. 126–143.

Zagorski, Andrei (1994), Die Entwicklungstendenzen der GUS, Berichte des Bundesinstituts für ostwissenschaftliche und internationale Studien, Köln, Nr. 24.

Zelikow, Philip (1996), The Masque of Institutions, in: Survival, Vol. 38, No. 1, S. 6–18.

Zellmer-Bjick, Martina (1997), Canada's Asia Pacific Policy on the Eve of the APEC-Summit 1997, Rostocker Informationen zu Politik und Verwaltung, H. 9.

Zimmerling, Ruth (1991), Externe Einflüsse auf die Integration von Staaten: Zur politikwissenschaftlichen Theorie regionaler Zusammenschlüsse, München.

Zürn, Michael (1998), Regieren jenseits des Nationalstaates, Frankfurt a.M.

Personenregister

Adams, Henry 151
Adenauer, Konrad 85
Ajami, Fouad 43
Albert, Mathias 12
Albright, Madeleine 124, 133
Alexandrowa, Olga 137
Altmann, Rüdiger 19
Amato, Giuliano 166
Annan, Kofi 124, 154, 163
Arquilla, John 135

Bacevich, Andrew J. 164
Bail, Christoph 164
Balic, Smail 35
Bercovitch, Jacob 154
Bergsten, Fred C. 142, 163, 167
Bernauer, Thomas 181
Bernstein, Richard 136
Bhagwati, J. N. 93
Blair, Tony 166
Blumenwitz, Dieter 118
Borrmann, Axel 53, 64, 70 f.
Bredekamp, Horst 58
Bressand, Albert 80
Brock, Lothar 12
Bull, Hedley 51
Burstein, Daniel 96
Bush, George 20 f., 93, 132, 162
Butros-Ghali, Butros 154

Cameron, M. A. 91
Chirac, Jacques 137 f., 143, 165
Clausewitz, Karl von 171
Claude, Inis L., Jr. 120
Clinton, William J. 82, 107 f., 132, 137, 163
Conze, Eckart 84
Cook, Robin 88, 148
Czempiel, Ernst-Otto 23, 50, 58, 106

Dehio, Ludwig 16, 19
Delbrück, Jost 33
Drucker, Peter F. 54, 58
Dülffer, Jost 17

Edwards, Geoffrey 88
Eizenstat, Stuart 157
Elias, Norbert 19, 117, 173
Erhard, Ludwig 85
Esambert, Bernard 145

Falke, Andreas 90
Fawcett, Louise 82, 155
Feng, Zhonglin 131
Fischer, Fritz 17
Fischer, Joschka 163, 170
Foot, Rosemary 94
Frei, Daniel 51
Frowein, Jochen A. 112 f., 154 f.
Fukuyama, Francis 20, 23
Fuller, Graham E. 135

Garten, Jeffrey E. 67, 101, 143, 152, 163
de Gaulle, Charles 85 f.
Gentz, Friedrich 16 f.
German, Christiano 59
Gibb, Richard 98
Giscard d'Estaing, Valgry 87
Goethe, Johann Wolfgang von 173
Gore, Al 58
Graack, Cornelius 147
Graefrath, Bernhard 117
Grieco, Joseph M. 126
Grimme, Ernst Günther 13
Grinspun, Ricardo 91
Guéhenno, Jean-Marie 12, 60 f., 138
Gulick, Edward 17
Gurr, Ted Robert 62
Gwynne, Robert 93

Habermas, Jürgen, 105
Hacke, Christian 149
Hagemann, Max 110, 120
Hassner, Pierre 171
Held, David 59
Helms, Jesse 124
Herz, John 15, 103
Hildebrand, Klaus 17
Hilderbrand, Robert C. 110f.
Hinterleitner, R. 97
Hintze, Otto 27
Hoffmann, Stanley 59
Hummer, Waldemar 97
Huntington, Samuel P. 27, 29, 36–48, 158, 160
Hurrell, Andrew 78, 82, 93, 155

Jäger, Thomas 81
Janning, Josef 163
Jelzin, Boris 89, 137
Jospin, Lionel 138
Junn, Robert S. 111

Kant, Immanuel 11, 16, 20, 23 f., 104
Kausikan, Bilahari 37
Kautsky, Karl 12
Keohane, Robert O. 104, 162
Keynes, John Maynard 174
Kirchhof, Paul 156
Kohl, Helmut 101
Kondylis, Panajotis 32, 35
Krauthammer, Charles 21, 48
Kühnhardt, Ludger 33
Kümmel, Gerhard 81
Kuhn, Thomas 39
Kurth, James 135

Lamers, Karl 162 f.
Layne, Christopher 21, 25, 162
Link, Werner 48, 83, 85 f., 134, 148, 160, 162, 163, 168, 170, 174
Lipgens, Walter 75
Lipponen, Paavo 156
Lorenz, Detlef 77
Luttwak, Edward N. 146

MacFarlane, S. Neil 155
MacPherson, Alan 91
Maier, Hans 33, 36
Martin, Pierre 90
Marx, Karl 160
Mastanduno, Michael 162
Maull, Hanns W. 68
McConnell, James 91
Mearsheimer, John 107, 150
Meinecke, Friedrich 160, 174
Milwards, Alan 156
Minc, Alain 58
Mitrany, David 105
Möller, Kay 158
Mols, Manfred 93
Molt, Peter 161
Monnet, Jean 84
Moore, Barrington 173
Munro, Ross H. 136

Nicolaides, Kalypso 80
Nixon, Richard 94
Nye, Joseph S., Jr. 152, 162

Olson, Mancur, Jr. 69, 161
Oren, Ido 24

Palmer, Norman 88
Pfetsch, Frank R. 113
Pickering, Thomas 161
Pompidou, Georges 86
Porter, Michael E. 64, 66, 69
Putin, Vladimir 169
Pye, Lucian W. 44

Qiang, Song 136

Regelsberger, Elfriede 88
Reinicke, Wolfgang H. 164
Rittberger, Volker 117, 125
Roloff, Ralf 82, 88, 101, 145
Roosevelt, Franklin D. 110
Rüland, Jürgen 101
Rummel, Rudolph J. 23, 164
Russet, Bruce 23

Sandholtz, Wayne 87
Sapir, André 78
Scalapino, Robert 94
Schaefer, Michael 111
Schäuble, Wolfgang 162
Scharping, Rudolf 168, 172
Schild, Joachim 162
Schirm, Stefan A. 80
Schmidt, Helmut 86f.
Schröder, Gerhard 165
Schröder, Hans-Henning 129
Schuman, Robert 84
Seitz, Konrad 54–56, 144–146
Senghaas, Dieter 43
Simma, Bruno 33f.
Simon, Gerhard 89
Spiro, David E. 26
Spruyt, Hendrik 13
Stadler, Manfred 163
Steinbrunner, John D. 129
Stubbs, Richard 88
Szabo, Stephen F. 134

Tibi, Bassam 43
Tilly, Charles 15
Tomuschat, Christian 33
Triepel, Heinrich 93, 127
Tücks, Paul 162

Underhill, Geoffrey R. D. 88

Védrine, Hubert 138, 152, 156, 165

Wade, Robert 52, 54, 64f., 69, 74
Walt, Stephen M. 162
Walter, Norbert 53, 57
Waltz, Kenneth N. 22, 162
Weber, Alfred 13
Weber, Max 60
Weiss, Thomas G. 155
Welfens, Paul J. J. 147
Wessels, Wolfgang 162
Wilson, Woodrow 18
Wohlforth, William C. 173
Wolf, Reinhard 122
Wyatt-Walter, Andrew 77, 99

Xiaobo, Zhang 136

Zagorski, Andrei 89
Zelikow, Philip 114
Zellmer-Bijck, Martina 91, 96
Zemin, Jian 137
Zimmerling, Ruth 161
Zürn, Michael 162

Buchanzeigen

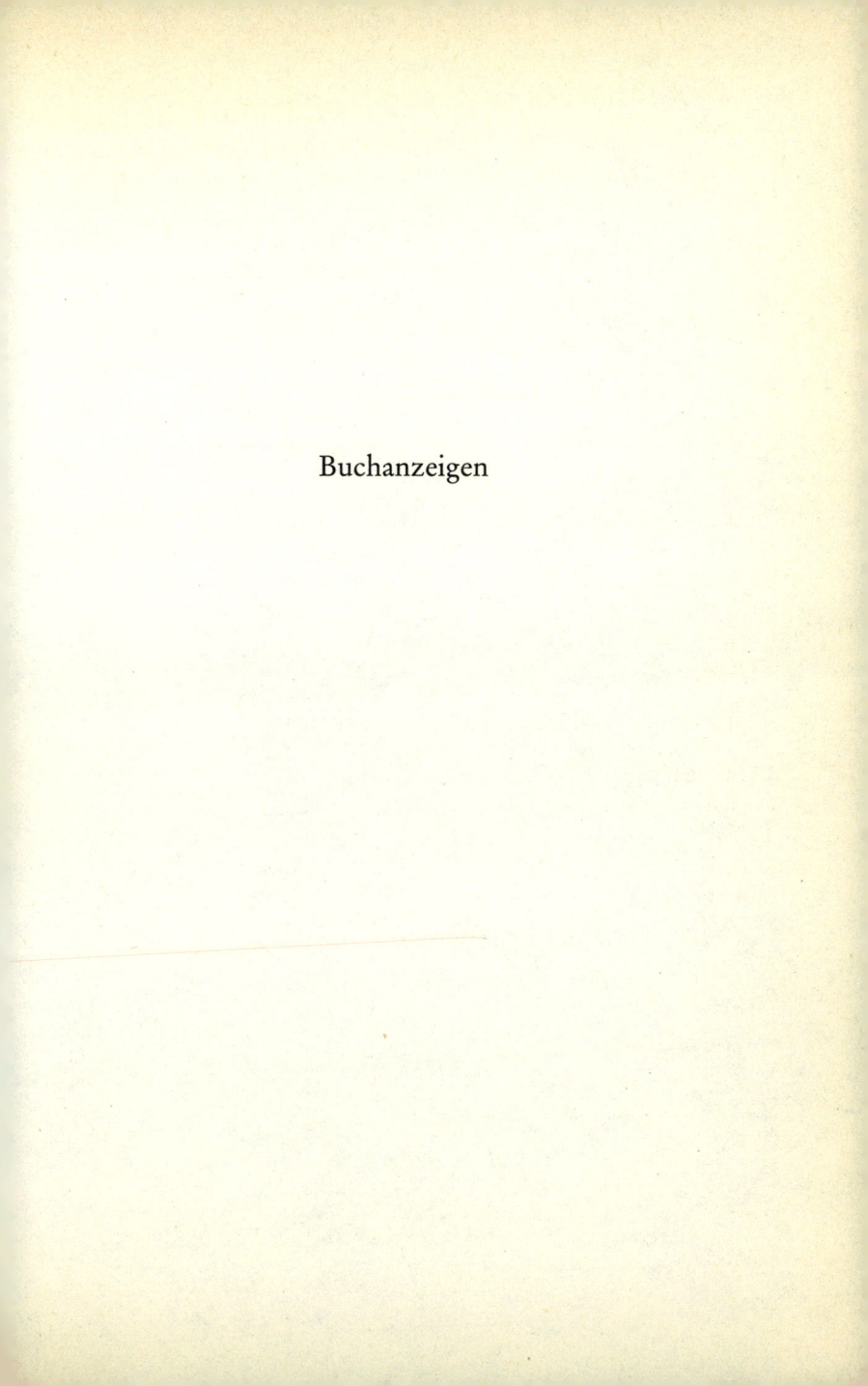

Geschichte bei C. H. Beck

Michael Salewski
Geschichte Europas
Staaten und Nationen von der Antike bis zur Gegenwart
2000. 1146 Seiten. Leinen
Beck's Historische Bibliothek

Klaus J. Bade
Europa in Bewegung
Migration vom späten 18. Jahrhundert bis zur Gegenwart
2000. 510 Seiten. Leinen
Europa bauen

Manfred Hildermeier
Geschichte der Sowjetunion 1917–1991
Entstehung und Niedergang des ersten sozialistischen Staates
1998. 1206 Seiten mit 73 Tabellen, 8 Diagrammen und einer Karte.
Leinen

Norman Davies
Im Herzen Europas
Geschichte Polens
Aus dem Englischen von Friedrich Griese
Mit einem Geleitwort von Bronislaw Geremek
2. Auflage. 2001. XVIII, 505 Seiten mit 30 Abbildungen,
12 Karten und 4 Diagrammen im Text. Leinen

Peter Wende (Hrsg.)
Große Revolutionen der Geschichte
Von der Frühzeit bis zur Gegenwart
2000. 391 Seiten. Leinen

Gregor Schöllgen
Geschichte der Weltpolitik von Hitler bis Gorbatschow
1941–1991
1996. 573 Seiten mit 14 Abbildungen. Leinen

Verlag C. H. Beck München

Internationale Politik in der Beck'schen Reihe

Ernst-Otto Czempiel
Die Reform der UNO
Möglichkeiten und Mißverständnisse
1994. 200 Seiten. Paperback
Beck'sche Reihe Band 1078

Ernst-Otto Czempiel
Weltpolitik im Umbruch
Das internationale System nach dem Ende des Ost-West-Konflikts
2., neubearbeitete Auflage. 1993. 171 Seiten mit 2 Schaubildern.
Paperback
Beck'sche Reihe Band 444

Peter J. Opitz (Hrsg.)
Grundprobleme der Entwicklungsregionen
Der Süden an der Schwelle zum 21. Jahrhundert
2. Auflage. 1999. 262 Seiten mit 11 Abbildungen, 16 Tabellen
und 1 Karte. Paperback
Beck'sche Reihe Band 1230

Franz Ansprenger
Politische Geschichte Afrikas im 20. Jahrhundert
3., neubearbeitete und erweiterte Auflage. 1999. 240 Seiten. Paperback
Beck'sche Reihe Band 468

Marc Frey
Geschichte des Vietnamkriegs
Die Tragödie in Asien und das Ende des amerikanischen Traums
5., durchgesehene und aktualisierte Auflage. 2000.
256 Seiten mit 2 Karten. Paperback
Beck'sche Reihe Band 1278

Ernst Weisenfeld
Geschichte Frankreichs seit 1945
Von de Gaulle bis zur Gegenwart
3., völlig neu bearbeitete und aktualisierte Auflage. 1997.
390 Seiten. Paperback
Beck'sche Reihe Band 1207

Verlag C. H. Beck München